宝马经典案例解析与故障诊断

发动机分册

李培军　主编

化学工业出版社

·北京·

内容简介

本书通过各种维修案例对宝马发动机技术进行系统分析,将宝马发动机各系统的控制逻辑和诊断方法进行整理、总结、归纳。本书在各系统中配有来自一线资深维修技师提供的典型故障维修案例共40余个,具有典型的代表意义,有助于提高宝马一线维修技师的维修技能和效率。

由于发动机的技术具有较大的相通之处,本书对其他汽车品牌维修技师同样具有参考价值。本书内容和呈现方式很有特色,也可以用于各大专科学校发动机诊断教学辅助用书。

图书在版编目(CIP)数据

宝马经典案例解析与故障诊断. 发动机分册 / 李培军主编. —北京:化学工业出版社,2021.8
ISBN 978-7-122-39106-3

Ⅰ.①宝… Ⅱ.①李… Ⅲ.①汽车-发动机-车辆修理②汽车-发动机-故障诊断 Ⅳ.①U472.4

中国版本图书馆CIP数据核字(2021)第087481号

责任编辑:周　红　　　　　　　　　　　文字编辑:陈小滔　张　宇
责任校对:张雨彤　　　　　　　　　　　装帧设计:王晓宇

出版发行:化学工业出版社(北京市东城区青年湖南街13号　邮政编码100011)
印　　装:大厂聚鑫印刷有限责任公司
787mm×1092mm　1/16　印张15½　字数316千字　2021年9月北京第1版第1次印刷

购书咨询:010-64518888　　　　　　　　售后服务:010-64518899
网　　址:http://www.cip.com.cn
凡购买本书,如有缺损质量问题,本社销售中心负责调换。

定　　价:99.00元　　　　　　　　　　　　　　　　　　　　　版权所有　违者必究

前 言

近几年来,随着汽车消费市场的逐步细分,宝马家族里的新车型可谓是层出不穷,在新车型上应用的新技术更是越来越多。这对广大售后维修人员也提出了更大挑战,如果知识更新速度赶不上车型技术更新的步伐,在维修过程中就会遇到比较大的问题。编写此书的目的正是想对宝马发动机技术进行系统的分析和总结,力求将宝马发动机各系统的控制逻辑和诊断方法进行整理、总结、归纳,提高宝马一线维修技师的维修技能和效率。

本书在各系统中共配有典型故障案例40余个。典型的案例都来自一线的资深维修技师,具有典型的代表意义。在此对提供案例的各位技师:张国金先生(沈阳华宝)、贾昆先生(沈阳华宝)、才肖南先生(沈阳信宝行)、赖志强先生(商丘商德宝)、常晓龙先生(长春通立冠宝)、何峥先生(温州力宝行)、杨选林先生(贵阳宝源)、胡立富先生(上虞金昌宝顺)、侯晓光先生(呼和浩特顺宝行)、袁凤美先生(泰州宝景)、夏辉先生(赣州宝晋)、黄信鹏先生(广州广德宝)、康杰先生(上海宝诚)、郑昌琳先生(枣庄宝景)、胡知文先生(武汉鄂宝)、李培红先生(福建星之宝)、郑亚男先生(临沂宝景)、李世平先生(北京骏宝行)、蔡俊杰先生(潍坊乾宝行)、洪辉先生(南昌万宝行)、刘章富先生(茂名宝捷)的大力支持表示感谢。

由于发动机技术具有较大的相通之处,书中总结的发动机各系统控制逻辑和诊断方法不仅适用于宝马品牌维修技师,同样也有助于其他汽车品牌维修技师提升发动机维修诊断技能。同时,本书的内容和呈现方式富有特色,因此本书也可以用于各大专科学校发动机诊断教学辅助用书。

由于编者水平有限,书中难免有疏漏不当之处,恳请广大读者批评指正。

编者

目录

第 1 章 发动机机械系统

1.1 气门室罩盖 /1

    1.1.1 经典维修故障案例 /1
        1.1.1.1 F15 发动机异响 /1
        1.1.1.2 G38 发动机机油消耗异常 /3
    1.1.2 故障解析 /5
        1.1.2.1 气门室罩盖结构特点 /5
        1.1.2.2 气门室罩盖故障分析 /7
        1.1.2.3 气门室罩盖故障诊断方法 /7

1.2 气缸盖 /8

    1.2.1 经典维修故障案例 /8
        1.2.1.1 F30 发动机怠速抖动 /8
        1.2.1.2 F07 发动机冷却液经常缺失 /9
    1.2.2 故障案例解析 /11
        1.2.2.1 气缸盖结构特点 /11
        1.2.2.2 气缸盖故障分析 /13
        1.2.2.3 气缸盖故障诊断方法 /14

1.3 曲轴及活塞 /15

    1.3.1 经典故障案例 /15
        1.3.1.1 F25 发动机缸体损坏 /15
        1.3.1.2 G38 发动机抖动，故障灯报警 /17
        1.3.1.3 F18 发动机自动熄火 /18
    1.3.2 故障案例解析 /20
        1.3.2.1 结构特点 /20
        1.3.2.2 故障分析 /25

1.3.2.3 故障诊断方法 /25

第 2 章
发动机控制系统

2.1 发动机控制单元 /31

2.1.1 经典维修故障案例 /31
2.1.1.1 F18 传动系统故障报警 /31
2.1.1.2 F30 车辆无法启动 /32
2.1.2 故障分析 /37
2.1.2.1 控制单元特点 /37
2.1.2.2 控制单元故障分析 /41
2.1.2.3 控制单元故障诊断方法 /41

2.2 传感器 /43

2.2.1 经典维修故障案例 /43
2.2.1.1 F18 发动机无法启动 /43
2.2.1.2 F02 发动机故障灯亮 /45
2.2.2 故障解析 /48
2.2.2.1 传感器结构特点 /48
2.2.2.2 传感器故障分析 /52
2.2.2.3 传感器故障诊断方法 /53

2.3 执行器 /55

2.3.1 经典维修故障案例 /55
2.3.1.1 F02 车辆无法启动 /55
2.3.1.2 F20 发动机报警，加速无力 /58
2.3.2 执行器故障解析 /60
2.3.2.1 执行器结构特点 /60
2.3.2.2 执行器故障分析 /67
2.3.2.3 执行器故障诊断方法 /68

第 3 章 进气控制系统

3.1 VVT 控制系统 /71

3.1.1 经典故障案例 /71
- 3.1.1.1 F25 发动机怠速抖动 /71
- 3.1.1.2 F49 发动机故障灯亮 /73

3.1.2 故障解析 /76
- 3.1.2.1 VVT 系统结构特点 /76
- 3.1.2.2 VVT 系统故障分析 /78
- 3.1.2.3 VVT 系统故障诊断方法 /78

3.2 VANOS 控制系统 /83

3.2.1 经典维修故障案例 /83
- 3.2.1.1 F45 发动机怠速抖动，传动系统报警 /83
- 3.2.1.2 F02 发动机加速无力 /85

3.2.2 故障解析 /87
- 3.2.2.1 VANOS 系统结构特点 /87
- 3.2.2.2 VANOS 系统故障分析 /90
- 3.2.2.3 VANOS 系统故障诊断方法 /90

3.3 废气涡轮增压控制系统 /92

3.3.1 经典维修故障案例 /92
- 3.3.1.1 F02 传动系统报警 /92
- 3.3.1.2 G30 发动机故障灯亮 /95
- 3.3.1.3 F02 加速无力，传动系统报警 /96

3.3.2 故障解析 /97
- 3.3.2.1 废气涡轮增压控制系统结构特点 /97
- 3.3.2.2 废气涡轮增压控制系统故障分析 /102
- 3.3.2.3 废气涡轮增压控制系统故障诊断方法 /103

第 4 章
电控燃油供给系统

4.1 低压燃油供给系统 / 106

4.1.1 经典故障案例 / 106
4.1.1.1 F20 行驶中熄火，无法启动 / 106
4.1.1.2 G28 车辆无法启动 / 108
4.1.1.3 F45 车辆无法启动 / 110

4.1.2 故障解析 / 113
4.1.2.1 低压燃油供给系统结构特点 / 113
4.1.2.2 低压燃油供给系统故障分析 / 115
4.1.2.3 低压燃油供给系统故障诊断方法 / 115

4.2 高压燃油供给系统 / 119

4.2.1 经典维修故障案例 / 119
4.2.1.1 F02 发动机启动延迟 / 119
4.2.1.2 F20 大修后发动机故障灯亮 / 120

4.2.2 故障解析 / 123
4.2.2.1 高压燃油供给系统结构特点 / 123
4.2.2.2 高压燃油供给系统故障分析 / 125
4.2.2.3 高压燃油供给系统故障诊断方法 / 126

4.3 混合气控制系统 / 129

4.3.1 经典维修故障案例 / 129
4.3.1.1 F25 发动机故障灯点亮 / 129
4.3.1.2 F18 发动机轻微抖动，故障灯亮 / 130
4.3.1.3 F35 行驶中发动机故障灯突然点亮 / 132

4.3.2 故障解析 / 134
4.3.2.1 混合气控制系统结构特点 / 134
4.3.2.2 混合气控制系统故障分析 / 138
4.3.2.3 混合气控制系统故障诊断方法 / 138

4.4 燃油箱通风及泄漏诊断系统 / 143

4.4.1 故障案例 / 143
　　4.4.1.1 F02 加油跳枪 / 143
　　4.4.1.2 G38 发动机故障灯亮 / 146
4.4.2 故障解析 / 148
　　4.4.2.1 燃油箱通风系统结构特点 / 148
　　4.4.2.2 燃油箱通风系统故障分析 / 155
　　4.4.2.3 燃油箱通风系统故障诊断与排除 / 155

第 5 章 冷却系统

5.1 电子节温器式冷却系统 / 161

5.1.1 经典故障案例 / 161
　　5.1.1.1 F15 行驶过程中发动机高温报警 / 161
　　5.1.1.2 G12 发动机高温报警 / 162
5.1.2 故障解析 / 164
　　5.1.2.1 电子节温器式冷却系统结构特点 / 164
　　5.1.2.2 电子节温器式冷却系统故障分析 / 166
　　5.1.2.3 电子节温器式冷却系统故障诊断方法 / 167

5.2 热量管理模块式冷却系统 / 172

5.2.1 经典故障案例 / 172
　　5.2.1.1 F35 发动机高温报警 / 172
　　5.2.1.2 F34 行驶中发动机前部冒白烟 / 174
5.2.2 故障解析 / 178
　　5.2.2.1 热量管理模块式冷却系统结构特点 / 178
　　5.2.2.2 热量管理模块式冷却系统故障分析 / 182
　　5.2.2.3 热量管理模块式冷却系统故障诊断方法 / 182

第 6 章 润滑系统与点火系统

6.1 润滑系统 /186

6.1.1 经典故障案例 /186
- 6.1.1.1　F49 发动机怠速抖动熄火　/186
- 6.1.1.2　F35 机油油位无法测量　/189

6.1.2 故障解析 /190
- 6.1.2.1　润滑系统结构特点　/190
- 6.1.2.2　润滑系统故障分析　/196
- 6.1.2.3　润滑系统故障诊断方法　/196

6.2 点火系统 /199

6.2.1 经典故障案例 /199
- 6.2.1.1　G12 发动机抖动，传动系统报警　/199
- 6.2.1.2　F18 抖动严重并且发动机故障灯点亮　/202

6.2.2 故障解析 /205
- 6.2.2.1　点火系统结构特点　/205
- 6.2.2.2　点火系统故障分析　/207
- 6.2.2.3　点火系统故障诊断方法　/208

第 7 章 启动系统

7.1 启动控制系统 /212

7.1.1 经典故障案例 /212
- 7.1.1.1　F02 发动机启动后自动熄火　/212
- 7.1.1.2　F02 遥控钥匙功能失效，车辆无法启动　/214

7.1.2 故障解析 /217
- 7.1.2.1　启动控制系统结构特点　/217

7.1.2.2　启动系统故障分析　/221
　　　7.1.2.3　启动系统故障诊断方法　/221

7.2　发动机自动启停系统　/223

　7.2.1　经典故障案例　/223
　　　7.2.1.1　F12 发动机自动启停功能报警　/223
　　　7.2.1.2　F02 自动启停功能（MSA）失灵　/226
　7.2.2　故障解析　/228
　　　7.2.2.1　自动启停系统结构特点　/228
　　　7.2.2.2　自动启停系统故障分析　/232
　　　7.2.2.3　自动启停系统故障诊断方法　/233

案例索引

第1章 发动机机械系统

1.1 气门室罩盖

1.1.1 经典维修故障案例

1.1.1.1 F15 发动机异响

（1）车辆信息

车型	发动机型号	里程/km
X5，F15	N55	20000

（2）故障现象描述

客户反映：车辆在热车怠速的情况下，发动机舱里偶尔会有异响。

故障现象确认：经检查，客户描述情况属实，车辆在热车怠速的情况下发动机舱里偶尔会传出来"叽叽"异响，打开发动机舱听声音来源，感觉声音来自发动机后部油封处，并且油封处有轻微漏油。

（3）故障分析思路及排除方法

由于异响是从曲轴后油封处发出，并且曲轴后油封处有漏油，所以决定先更换曲轴前、后油封。更新曲轴前、后油封后试车，故障消失，以为故障彻底解决，没多想就让客户把车开走了。第二天客户过来投诉说车没修好，说发动机舱里还有异响，经检查发现异响的部位和之前一样，还是曲轴后油封位置，也就是说之前的异响故障没有彻底解决，引起异响的根本原因没有找到。

究竟是什么原因导致曲轴油封处有异响呢？接下来仔细分析导致油封产生异响的原因。

油封产生异响的原因主要有以下两个方面：

一是油封本身气密性不足损坏，造成空气与曲轴箱之间渗漏产生异响。

二是曲轴箱压力调节装置损坏，造成曲轴箱与外界空气之间的压差过大，而油封无法承受太大的压力，导致漏气，产生异响。

由于油封刚更新过，所以暂时排除油封再次损坏的可能，于是把检查重点放在曲轴箱压力调节装置上。在出现异响时打开机油加注口盖，异响消失，这也进一步验证了之前的判断。

由于曲轴箱压力调节装置集成在气门室罩盖上，那我们如何去判断曲轴箱压力调节装置到底是不是真的出现问题了呢？这时突然想起以前培训时老师讲过可以通过专用工具设备测量曲箱压力来判断曲轴箱压力调节装置好坏。于是找到专用工具，连接好后对故障发动机曲轴箱压力进行测量，如图1-1所示。

此时显示标准大气压力为1.024bar[①]，曲轴箱的压力为0.974bar，曲轴箱的真空度为50mbar。由于不知道标准，于是找到一辆无故障的车辆进行对比测量，如图1-2所示。正常车辆测得的曲轴箱压力为0.967bar，曲轴箱真空度为54mbar。

图1-1 故障车测量曲轴箱压力

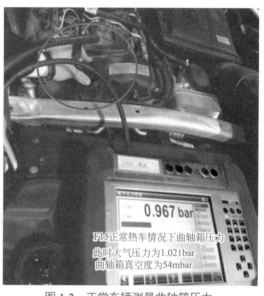
图1-2 正常车辆测量曲轴箱压力

经查阅技术手册与标准进行对比，可以判断为压力调节装置故障，由于无法单独更换，于是更换气门室罩盖，经多次反复试车后没有再次出现故障。后经对客户回访得知，车辆也没有再出现类似故障，故障彻底排除。

(4) 故障总结

该故障是典型的由于曲轴箱调压装置损坏导致的曲轴箱压力异常故障。曲轴箱压力异常又导致曲轴油封损坏，造成发动机异响。第一次进行维修时没有仔细分析曲轴油封损坏的原因，只是简单地更换了损坏部件，从而导致车辆再次返场维修。这个案例提示我们在遇到这种故障时，不能盲目更换发生异响的部件，要想想产生异响的原因，否则是治标不治本。

---

① 1bar=100kPa=0.1MPa

1.1.1.2 G38 发动机机油消耗异常

(1) 车辆信息

车型	发动机型号	里程/km
530Li, G38	B48	7000

(2) 故障现象

客户反映：新车第一次保养还没做，CID 提示机油下限信息。

故障现象确认：测量机油油位确实位于最下限，客户反映情况属实。

(3) 故障分析思路及排除方法

由于是新车，才行驶 7000km，缺少机油，分析可能的原因主要有以下几个方面：

一是出厂时机油加注量不够；

二是油封等处不密封导致机油泄漏，一般这种泄漏外部可见；

三是机油进入燃烧室参与燃烧，有可能是活塞环、气门油封、油气分离器等故障；

四是机油没少，错误报警，可能是机油油位传感器、线路、软件、控制单元等故障。

本着**从简到繁**的原则逐项检查，要先弄清楚机油量实际值，判断机油量是真少还是错误报警。

首先检查发动机各密封处，无机油泄漏痕迹，密封情况完好，无外部泄漏。然后放出机油测量实际机油量为 3.8L，如图 1-3 所示。正常 B48 发动机机油加注量 5.25L，明显缺少，可以判断机油是真的缺少，没有错误报警。

根据上面的检查，基本可以初步判断造成机消耗增加的原因是机油在气缸内燃烧，为了验证是烧机油导致的机油消耗异常，拆下火花塞检查，发现 1 缸和 2 缸火花塞电极明显有较多的机油油泥，且火花塞缸盖螺纹处可见油滴，3 缸和 4 缸火花塞则正常，如图 1-4 所示。

图 1-3 发动机实际排出的机油量

图 1-4 故障车型火花塞状况

接着用内窥镜查看缸内情况，1 缸和 2 缸内积炭严重，活塞顶部油泥积炭十分厚，3 缸和 4 缸正常较为干净。1 缸和 2 缸气门背部用内窥镜查看积炭也十分厚，积炭程度和车辆行驶里程不符，用内窥镜查看各个气缸壁正常无拉伤。

根据以上检查结果，可以判断机油异常消耗的原因是机油在 1 缸和 2 缸内参与燃烧，故障范围进一步缩小了。为什么机油只漏到 1 缸和 2 缸内，而 3 缸和 4 缸状况良好，是

1缸和2缸的气门油封或活塞环同时出现问题，还是有其他原因？没弄清具体原因就贸然拆解发动机检查很有可能费力不讨好，先查询PUMA，发现有相关案例，说是更换气门室罩盖。

图1-5 气门室罩盖上的通风通道

为了弄清楚原因，我们对B48发动机气门室罩盖进行了拆卸研究，终于发现了其中的奥秘。B48发动机油气分离器集成在气门室罩盖里，根据油气分离器的结构和曲轴箱通风原理可知，自吸模式和增压模式的油气分离器在气门室罩盖上是相互独立的。自吸模式下空气通过一个油气分离器，分离过后分别通过两个通道到达4个气缸的进气道，1缸和2缸共用一个通道，3缸和4缸共用一个通道，如图1-5所示。所以我们怀疑是油气分离器故障造成机油直接进入燃烧室燃烧了。

为了证明，我们查看自吸模式下通向各个气缸的油气分离孔，发现1缸和2缸有机油滴，而3缸和4缸无机油滴，如图1-6所示，此现象让我们更加坚信油气分离器有故障。

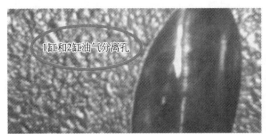 

图1-6 检查油气分离孔

拆下气缸盖罩后用压缩空气吹，发现气门室罩盖自吸模式油气分离孔通向1缸和2缸处有焊接裂纹，如图1-7所示。裂纹导致空气不经过油气分离器直接吸进1缸和2缸进气道进入气缸烧掉。

更换气门室罩盖，重新加注机油后让客户开回去观察，后期回访得知车辆一切正常，没有出现机油消耗的故障，故障彻底排除。

图1-7 气门室罩盖上的裂纹

（4）故障总结

本故障是典型的由气门室罩盖损坏导致机油消耗异常故障。此案例中的裂纹导致集成在气门室罩盖里的油气分离器失效，从而造成机油消耗异常故障。排除故障过程中根据故障现象的共性，结合气门室罩盖油气分离器理论知识，锁定油气分离器故障。本故障提示我们在排除故障时要多思多想，如果不分析直接拆解发动机进行检查，会费时费力走弯路。同时也提示我们对于新总成结构特点的理解和掌握也会使故障排除更加事半功倍。

1.1.2 故障解析

1.1.2.1 气门室罩盖结构特点

宝马 N 系列和 B 系列发动机采用的气门室罩盖是一个全新开发的产品，除了具有密封气缸盖顶端、隔离发动机产生的噪声、固定传感器和电缆导管、防止点火线圈产生的电磁波向外辐射等基本作用外，还将泄漏通道以及用于曲轴箱通风的所有部件采用集成方式集成在气门室罩盖内。以宝马 N20 发动机气门室罩盖为例，其结构如图 1-8 所示。

（1）曲轴箱通风

对于涡轮增压发动机，其曲轴箱通风分为增压模式和自然吸气模式两部分，如图 1-9 所示。发动机根据运行模式可以通过不同的通风路径进行曲轴箱通风。

气门室罩盖内集成了油气分离器，泄漏气体通过气缸进气侧区域的开口到达三个簧片分离器处。附着在泄漏气体上的机油通过簧片分离器分离向下通过单向阀流回气缸盖内。分离出机油后的净化泄漏气体此时根据运行状态进入进气系统内。

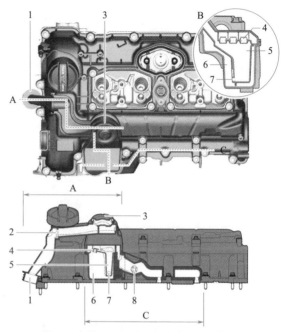

图 1-8 宝马 N20 发动机气门室罩盖结构
1—连接废气涡轮增压器前的洁净空气管；2,8—单向节流阀；3—调压阀；4—簧片隔离片；5—油气分离器；6—集气室；7—单向阀；A—剖面图 A；B—剖面图 B；C—剖面图 C

发动机在自然吸气模式下，进气集气管内的真空压力使气缸盖罩泄漏通道内的单向阀打开并通过调压阀抽吸泄漏气体。同时真空压力使增压空气进气管路通道内的第二个单向阀关闭。泄漏气体通过集成在气缸盖罩内的分配管直接进入气缸盖内的进气通道中。

废气涡轮增压器前的洁净空气管以及曲轴箱相连的清洁空气管路通过单向阀直接将新鲜空气输送至曲轴空间内。曲轴空间内的真空压力越大，进入曲轴箱内的空气量就越大。通过这种清污方式可防止调压阀结冰。

发动机在增压模式下，由于此时新鲜空气需求较大，因此废气涡轮增压器与进气消声器之间的洁净空气管内产生真空压力。该真空压力足够用于打开增压模式通风单向阀门并在无调节的情况下直接抽吸泄漏气体。由于此时只产生较低真空压力无需进行限制，因此泄漏气体会绕过调压阀。此时进气集气管内的压力升高，气门室罩盖泄漏通道内自然吸气通风模式的通风单向阀关闭连接进气集气管的通道，从而防止曲轴箱出现过压。

（2）调压阀

调压阀的功用是调节曲轴箱内的压力平衡，避免在曲轴箱内产生过大真空压力及过压。其结构和工作原理如图 1-10 所示。

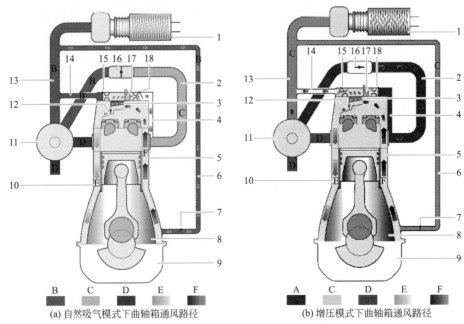

(a) 自然吸气模式下曲轴箱通风路径　　(b) 增压模式下曲轴箱通风路径

图 1-9　不同模式下曲轴箱通风路径

1—空气滤清器；2—进气集气管；3—簧片隔离片；4—气缸盖和气缸盖罩内的通道；5—机油回流通道；6—清洁空气管路；7—单向阀；8—曲轴空间；9—油底壳；10—机油回流通道；11—废气涡轮增压器；12—机油回流单向阀；13—增压进气管路；14—增压空气进气管路通道；15,18—节流单向阀；16—节气门；17—调压阀；
A—增压压力；B—环境压力；C—真空；D—废气；E—机油；F—泄漏气体

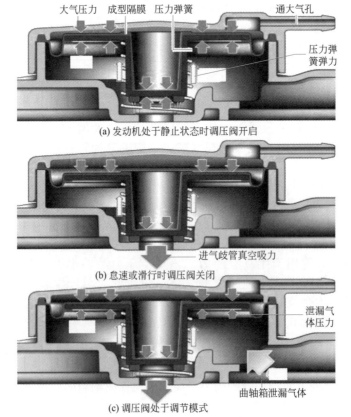

(a) 发动机处于静止状态时调压阀开启

(b) 怠速或滑行时调压阀关闭

(c) 调压阀处于调节模式

图 1-10　调压阀的结构和工作原理

调压阀处在开或关的位置取决于作用在成型隔膜上的力。隔膜上受到向下的力有大气压力与进气歧管的真空吸力，隔膜上受到的向上的力有压力弹簧的弹力和曲轴箱内泄漏气体的压力。

当发动机处于静止状态时，曲轴箱的压力与大气压力接近，进气歧管内没有真空。隔膜在弹簧弹力的作用下处于开启状态。

当发动机处于怠速或者滑行阶段时，进气歧管产生较大的真空。该真空将隔膜向下吸，调压阀关闭，切断进气歧管与曲轴箱的通道，此时曲轴箱内的压力处于正常状态。

当发动机处于中等负荷时，曲轴箱内的泄漏气体增加，对隔膜向上的力增大，调压阀打开，泄漏气体在进气歧管真空的作用下被吸进气缸进行通风。当曲轴箱内的泄漏气体减少时，对隔膜向上的力减小，调压阀处于关闭状态，关闭通风通道。调压阀在打开和关闭两个位置不断进行调节，从而保持曲轴箱内的压力平衡，此时曲轴箱压力处于正常状态。

1.1.2.2　气门室罩盖故障分析

根据上述内容，由于气门室罩盖的特殊结构，气门室罩盖故障主要分为以下几类。

一是气门室罩盖密封不良，导致气门室罩盖漏油，主要原因是密封圈老化或安装不当导致的变形。

二是气门室罩盖的压力调节装置损坏，导致曲轴箱压力失去平衡，造成曲轴箱压力过低或过高。曲轴箱压力异常又会导致曲轴油封损坏或油底壳密封不良，造成曲轴箱异响或漏油。

三是油气分离装置损坏，导致机油通过通风装置吸入燃烧室造成机油消耗异常。

四是气门室罩盖有轻微裂纹，导致曲轴箱通风系统轻微漏气，造成发动机轻微抖动。

1.1.2.3　气门室罩盖故障诊断方法

① 对于气门室罩盖有轻微裂纹或密封不良故障，建议采用烟雾测试仪对气门室罩盖进行密封性检查。不建议采用压缩空气检查，因为压缩空气压力比较高，可能会损坏气门室罩盖内的单向阀。为了避免不正当维修损坏，气门室罩盖拆装需要严格按照维修技术手册要求进行，例如B48发动机拆装时对固定螺栓的拆装顺序和力矩都进行了明确要求。如图1-11所示，拆卸时按照15至1的顺序松开螺栓，安装时更新螺栓并按照1至15的顺序接合气门室罩盖的所有螺栓1/2圈，再按1至15的顺序固定气门室罩盖的螺栓，拧紧力矩5N·m，然后再将固定螺栓拧100°。

② 对于调压装置损坏造成的曲轴箱压力异常故障，建议采用测量曲轴箱压力的方法进行检查，在测量曲轴箱压力时会用到一个专用工具，如图1-12所示。

图1-11　气门室罩盖的拆装顺序

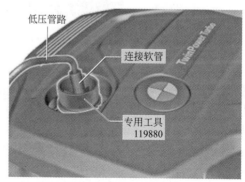

图1-12　曲轴箱压力测量专用工具

具体测量方法如下：

将低压管路与连接软管连接在一起，将 IMIB 的诊断接口与低压管路连接，将连接软管插接在专用工具上。打开机油加注口密封盖，将专用工具用力装入机油加注口，启动发动机并使其处于怠速运行状态，在 IMIB 上显示的压力值就是曲轴箱内部压力值。

比较曲轴箱内部压力与大气压力之间的偏差值，如果偏差值在 ±0.04bar 之间，说明曲轴箱内部压力正常，调压装置正常。如果偏差明显超过 -0.04bar，说明曲轴箱通风中的调压系统损坏，例如隔膜损坏。如果偏差明显超过 +0.04bar，说明曲轴箱通风系统堵塞，例如污物冻住或通风管弯折。

1.2 气缸盖

1.2.1 经典维修故障案例

1.2.1.1 F30 发动机怠速抖动

（1）车辆信息

车型	发动机型号	里程/km
316i，F30	N13	80000

（2）故障现象描述

客户反映：怠速时车辆抖动。

故障现象确认：启动发动机后检查，发现怠速时发动机确实抖动，客户反映现象属实。

（3）故障分析思路及排除方法

根据故障现象推测是发动机缺缸造成的发动机抖动。连接 ISID 进行车辆测试，调取故障码，显示故障码 140410，第 4 缸缺火。于是拆检第 4 缸火花塞，发现第 4 缸火花塞上积炭较多，如图 1-13 所示。

图 1-13　故障车火花塞积炭

考虑到火花塞可能是使用里程太长，导致第 4 缸点火性能不良。于是更换 1 组火花塞，试车，怠速运转平稳，加速良好。快速清除故障码后试车，行驶 20km，怠速运转良好，也未出现故障码，于是将车交给客户。过了 10 天左右，客户又回到店里投诉车辆故障没修好，怠速时发动机又抖了。试车后确实怠速抖动，用 ISID 检测，还是上次出现的故障码 140410，拆检火花塞发现火花塞积炭仍然很严重，说明上次的故障确实没有彻底修复。由于火花塞已经更换过了，难道是第 4 缸喷油器喷射质量不良，导致缸内积炭严重，影响了火花塞点火性能？于是更换第 4 缸喷油器，并对火花塞积炭进行清理，试车近 30km 后故障没有再现，于是将车交给客户，让维修接待在一周内及时电话回访。

第1章 发动机机械系统

一周不到，该车又进入维修车间，客户反映，该车跑了一趟长途后，不仅出现怠速不稳，而且发动机机油报警灯点亮。用 ISID 检测到的故障码还是第 4 缸缺火。导致第 4 缸缺火的原因到底是哪里呢，难道是第 4 缸在烧机油，导致火花塞积炭严重影响点火？为了确认该车机油消耗量是否过大，于是将机油彻底放出，经过测量推算，该车平均 1000km 机油消耗达到 1L。

导致第 4 缸缺火的原因总算找到了，是第 4 缸烧机油，导致第 4 缸点火不稳定造成怠速抖动。机油会从哪里进入第 4 缸呢？难道第 4 缸活塞环装配不当，活塞环跑对口了？

于是用内窥镜检查第 4 缸和其他气缸内表面，第 4 缸除内表面较湿润外，其他正常。用气缸压力表对 4 个缸的气缸压力进行测量，第 4 缸气缸压力和其他 3 个缸的压力一致。因此怀疑是气门油封老化，机油从气门导管进入燃烧室内，在征得客户同意后，对气缸盖进行拆检。检测第 4 缸气门和气门导管的配合间隙，将气门从导管内拉出 10mm，用百分表抵触气门头部边缘并与气门杆垂直，左右摇动气门头部至极限，百分表指示值的一半即为气门和气门导管的配合间隙，经过测量比对，并查阅资料，配合间隙完全符合要求。于是对气门和气门座工作面积炭进行清理和适当研磨，对气门油封予以更换后，装复发动机，试运转，一切正常。担心没有彻底维修会引起客户的不满，在征得客户同意后，将该车留厂试车观察。

经过几天的不断试车，为了避免机械事故的发生，试车过程中同时注意观察机油压力灯和检查机油液面，结果又出现怠速抖动，第 4 缸点火不正常现象。机油进入第 4 缸的部位还是没有找到。此时旁边工位上正好用压缩空气在清理发动机舱的灰尘，于是想到，如果把压缩空气加到气缸里面，能不能找出气缸盖的密封不良部位呢，再次拆卸凸轮轴等部件，用专用工具连接火花塞口，用压缩空气枪对着火花塞孔向缸内注射压缩空气，同时观察气缸盖上是否有气体渗漏。通过该方法，泄漏部位终于找到了，原来是第 4 缸进气门导管和导管孔密封不良，如图 1-14 所示。以同样的方法对其他 3 个气缸进行密封性试验，没有出现第 4 缸这样气体由导管外围漏出的情况。

气门导管与气门导管孔间密封不良，导致第 4 缸在进气行程中将机油吸入气缸内燃烧，造成火花塞积炭严重，影响到点火性能而导致怠速抖动。由于气门导管和气缸盖采用的是过盈配合，一般很难怀疑到该部位会出现密封不良。对气缸盖整体更换，故障排除。

（4）故障总结

图 1-14 第 4 缸进气门导管和导管孔

事实上在本次案例中，出现第 4 缸点火性能下降的原因在出现机油报警灯点亮时就已经确认了，但在查找机油消耗量大的部位时却忽略了气门导管与气缸盖之间的密封性检查。事实上，在维修中，气缸盖的密封性检查属于常规的检测，只不过我们大部分维修人员没有严格按照规范流程操作。因此，在检测中我们做到每一步都要细致，尽量少走弯路，提高维修效率和维修质量。

1.2.1.2 F07 发动机冷却液经常缺失

（1）车辆信息

车型	发动机型号	里程/km
535i, F07	N55	115000

(2) 故障现象描述

客户反映：车辆经常提示缺冷却液。

故障现象确认：经检查，CID 中确实提示冷却液缺失，客户反映情况属实，同时在储液罐周围发现有冷却液喷出留下的印迹。

(3) 故障分析思路及排除方法

询问客户维修情况，并查询历史维修记录，得知半年前客户在外面修理厂更换过水泵，但是缺冷却液的故障是最近才出现的，换完水泵后大概行驶有 5000km 左右了。

连接 ISID 读取故障代码，没有与冷却系统相关的故障码。接着查看了一下钥匙数据，确实有冷却液过低的记录，而且就在进厂前的几公里出现的。

考虑到储液罐周围有冷却液溢出的痕迹，再看冷却液的颜色不正常，决定先换原厂冷却液。为了检查冷却系统除了储液罐往外喷冷却液之外是不是还有其他地方存在泄漏，对冷却系统及水壶盖进行打压测试，如图 1-15 所示。结果冷却系统压力正常，而水壶盖在压力较高时不卸掉压力，从库房换新的水壶盖打压到一定程度时自动卸掉压力。

图 1-15 冷却系统压力测试

图 1-16 检查控制信息

与客户沟通后决定更换了水壶和水壶盖，还有原厂冷却液，但是客户说"换了不管用，你们做的这些，他在外面已经试过了"。随后客户有事把车留店里，说有什么问题给他打电话就可以了，一定把毛病找出来修好。

当天更换储液罐，原厂冷却液，按照 BMW 标准流程用专用工具加注的冷却液，最后信心满满地去试车。试车回来车辆没有任何报警提示，打开发动机舱盖，发现储液罐周围有冷却液溢出来了。是冷却液加多了？还是洗车没洗干净？将车辆开进洗车房将发动机舱清洗干净，打开机盖，让车辆在院内怠速着车，怠速加油，20min 左右，储液罐周围也没有什么异常。为了将车辆放心地交出去，决定第二天按照相同的路线再次试车，最终冷却液又从水壶周围溢出来了。车辆经过两次试车，可以确定故障没修好，肯定是冷却系统高温导致了冷却液外溢。这时我突然想到技术视频上有个关于检查控制信息的 ABL 可以确认一下客户提出的经常缺冷却液到底有多频繁。钥匙数据上面只有一次，但按照现在试车的结果估计几天就会提示冷却液液位低。检查控制信息显示的结果如图 1-16 所示。

故障 ID 代码 166 表示冷却液液位过低，故障 ID 代码 257 表示冷却液温度过高。检查控制信息里显示的冷却液液位低的次数确实很吓人，而且还夹杂着车辆高温的故障。

当时感觉冷却液外溢、缺失可能与发动机高温有直接关系，但这只是猜想，需要用事实来证明。接下来就是检查是不是高温导致的燃烧室废气窜入了冷却系统。

通过缸压泄漏检测仪检查是不是有气缸存在泄漏情况，发现 5 缸泄漏量比其他缸大，对 5 缸进行测量时，观察冷却液储液罐有气泡溢出，判断 5 缸存在密封不良情况。为了做出更准确的结论，把多年不用的尾气分析仪派上用场，最终测得储液罐中含有碳氢化合物，并与正常车辆进行了对比。用鼻子来闻这台车的储液罐，发现故障车辆储液罐明显有尾气的味道。最终我们提出分解发动机，并征得客户同意。在分解发动机的过程中发现 5 缸附近紧挨在一起的三颗缸盖螺栓明显松动，而且松下来的螺栓上面连带着有缸体上的铝螺纹碎屑，可以判断缸体的螺纹孔受损，如图 1-17 所示。

 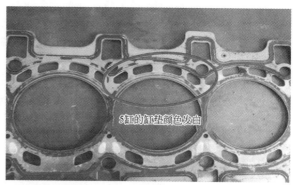

图 1-17　5 缸故障部位

最终与客户沟通更换了发动机总成，试车后一切正常，交给客户使用。对客户进行一个月的跟踪回访，没再出现此故障。

（4）故障总结

此故障案例是典型的由于装配不当导致的气缸盖变形故障。气缸盖变形后导致气缸盖密封不严，使燃烧室高温气体窜入冷却系统，从而导致冷却液消耗异常并且伴有高温报警。当传统的故障代码、钥匙数据查看不了故障信息时，可以通过从服务功能中调用检查控制信息，查看车辆故障的真实情况。做出需要分解发动机等重大维修决定前，一定要有足够的多方面的测量分析做支持，切不可根据经验盲目下结论。

1.2.2　故障案例解析

1.2.2.1　气缸盖结构特点

（1）气缸盖结构举例

气缸盖的主要作用有构成发动机燃烧室并密封气缸的上部；部署发动机的水道与油道并进行密封；承受机械负荷并作为固定气门机构、Valvetronic（可变电子气门控制系统）伺服电机、高压泵、火花塞、喷油器及油轨等总成的装配基体。目前宝马 N 系列发动机和 B 系列发动机的气缸盖的结构如图 1-18 和图 1-19 所示。

气缸盖采用铝合金材料 AlSi7MgCu0.5，采用横流冷却的方式。采用横流冷却方案时，冷却液从较热排气侧流向较冷进气侧，其优点是在整个气缸盖内热量分布比较均匀。此外可以防止冷却液循环回路内压力降低。

从 N55 发动机开始之后的 N 系列和 B 系列发动机上都采用了废气涡轮增压器、Valvetronic 和直接喷射装置，组合称为 TVDI，再加上集成式电磁阀的中央 VANOS（可变凸轮轴正时控制系统），使得气缸盖结构更加紧凑和复杂。

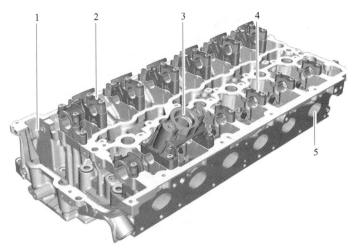

图 1-18 B58 发动机气缸盖

1—气缸盖；2—进气凸轮轴轴向支撑；3—高压泵固定装置；4—排气凸轮轴轴向支撑；5—排气通道

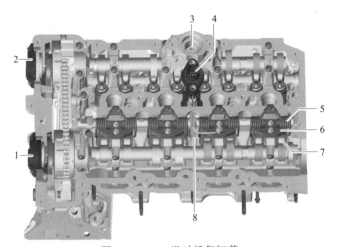

图 1-19 N20 发动机气缸盖

1—进气 VANOS 电磁执行机构；2—排气 VANOS 电磁执行机构；3—高压泵滚柱推杆；4—Valvetronic 伺服电机；5—弹簧；6—月牙板；7—中间推杆；8—偏心轴

在新款 B 系列中等功率的发动机上，将排气歧管集成到了气缸盖上，如图 1-20 所示。

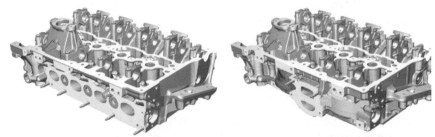

(a) 排气歧管未集成在气缸盖上　　(b) 排气歧管集成在气缸盖上

图 1-20 B 系列发动机气缸盖排气歧管布置形式

通过将排气歧管集成到气缸盖壳体中可以获得以下优点：

① 由于发动机预热更快，因此在耗油量和污染物排放方面具有优势；
② 使用铝代替钢，减轻了重量；
③ 省略单独的排气歧管，降低了成本；
④ 简化了气缸盖和废气涡轮增压器的拆卸和安装。

（2）气缸盖密封垫

气缸盖密封垫采用三层弹簧钢密封垫，如图 1-21 所示，通过在气缸缸径区域焊接一个止动片达到足够的密封压紧力。三层密封垫均带有涂层，与气缸盖和发动机缸体接触的面带有含不粘涂层的局部氟橡胶涂层。

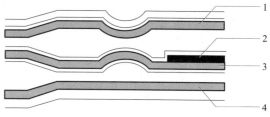

图 1-21 气缸盖密封垫
1—带有不粘涂层的上部弹簧钢层；2—焊接的止动片；3—带有涂层的中间弹簧钢层；4—带有不粘涂层的下部弹簧钢层

1.2.2.2 气缸盖故障分析

由于气缸盖的结构形状复杂，并且是工作在高温、高压、热负荷和交变载荷的环境下。因此，气缸盖经常出现的故障形式主要表现为气缸盖变形和气缸盖裂纹。气缸盖变形致使气缸体和气缸盖结合面压力不足，结合面密封性不好，高温、高压气体从变形处的缝隙冲出而烧坏气缸垫。无论出现哪种故障形式，最终都会导致发动机的油、气、水通道相通，气缸盖失去密封作用。根据故障部位的不同，发动机会出现排白烟、冷却液消耗异常、机油乳化变质、动力不足、发动机抖动等故障现象。

（1）气缸盖变形

气缸盖变形主要是由装配不当造成的，气缸盖在维修操作时要严格按维修手册的标准进行。拆装气缸盖时的温度、气缸盖螺栓的拆装顺序和力矩都会影响到气缸盖的变形。以 N55 发动机为例，在拆卸气缸盖时要按照图 1-22 所示的 ⑭ 至 ⑪ 顺序用专用工具 114420 松开气缸盖螺栓，再用专用工具 118580 按照 ⑩ 至 ① 的顺序松开气缸盖螺栓。安装时，注意首先要更新螺栓，然后用专用工具 118580 按 ① 至 ⑩ 顺序装入气缸盖螺栓，再用专用工具 114420 按 ⑪ 至 ⑭ 顺序装入气缸盖螺栓。注意气缸盖螺栓的拧紧力矩要求，必须严格执行。接合力矩 30Nm+ 转角 90°+ 转角 180°。

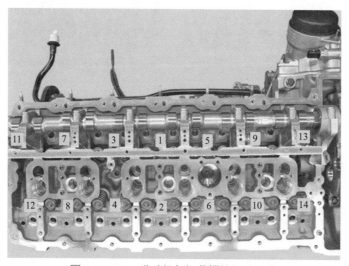

图 1-22 N55 发动机气缸盖螺栓拆装顺序

(2) 气缸盖裂纹

气缸盖出现裂纹的原因比较多，主要有以下几个方面。

① 气缸盖结构复杂，各处壁厚不均衡，在一些薄弱部位，刚度低易出现裂纹。

② 在高转速时，曲轴产生振动，增加了缸体的负荷，在薄弱部位发生裂纹。

③ 加工部位与未加工部位不同壁厚的过渡处都将产生应力集中，当应力集中与铸造时的残余内应力共同作用时，易产生裂纹。

④ 使用不当，如发动机长时间在超负荷条件下工作，造成气缸盖和气缸体裂纹。

(3) 气缸垫烧损

造成气缸垫烧损主要有以下几个方面的原因。

① 缸盖螺母（螺栓）松紧不均引起气缸垫烧损。在维修过程中，缸盖螺栓拧紧顺序和力矩没有按标准执行，会使缸盖螺栓拧紧不均，造成气缸垫不能均匀地夹在气缸体与气缸盖之间；气缸盖螺栓扭紧力矩超过规定值过大，气缸盖螺栓与螺孔滑扣、变形，或者螺栓伸长，使缸盖与机体密封不严。以上情况，均可致使气缸体和气缸盖结合面压力不足，结合面密封性不好，高温、高压气体从局部扭力较小的缝隙冲出而烧坏气缸垫。

② 缸盖与机体结合面不平引起烧缸盖垫。修理、更换零件时不注意检查，使缸盖或机体的结合平面翘曲变形，或有烧蚀、锈蚀、凹坑及麻点等，使缸盖底面或机体顶面的平面度超过规定值，导致气缸垫失去作用，使气缸密封性变差，高温燃气会从缝隙处窜出，从而使气缸垫烧损。

1.2.2.3 气缸盖故障诊断方法

(1) 气缸盖变形的检查

气缸盖变形可以通过气缸盖平面度测量进行检查。用刀口尺和塞尺检测气缸盖密封面的平整度，具体方法如图1-23所示。纵向平面度偏差最大为0.10mm。横向平面度偏差最大为0.05mm。如果检测结果超过标准值，根据技术要求对气缸盖进行磨削加工或直接更换。

图1-23 气缸盖平面度检测

(2) 气缸盖裂纹的检查

气缸盖裂纹可以使用专用工具通过对气缸盖进行水密性测量来判断。下面以N55发动机为例，具体检查方法如下。

① 用最大15Nm的力矩固定安装专用工具117191，如图1-24所示。

② 用螺栓安装专用工具114342，将滚花螺钉沿箭头方向旋入，密封法兰必须平放，如图1-25所示。

③ 用专用工具114344固定螺栓，如图1-26所示。

④ 通过气门嘴向气缸盖内注入压缩空气，气门上的压缩空气不能超过3bar。将气缸盖

加热到60℃并放入水池中，在水池中检查是否形成气泡。如果有气泡冒出，则说明气缸盖存在裂纹，并且裂纹处就是气泡冒出的位置。

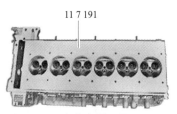
图1-24　安装专用工具117191

图1-25　安装专用工具114342

图1-26　安装专用工具114344

如果气缸盖出现裂纹，则必须更换气缸盖。

（3）气缸垫烧损检测方法

① 通过看散热器水花检测气缸垫密封性。打开散热器盖，发动机保持怠速运转，观察散热器冷却液加注口，此时迅速将加速踏板踩到底，突然加速时若有水泡不断从冷却液中涌出，则说明气缸垫密封不良。气泡越多漏气越严重，严重时怠速状态下散热器口会翻水花。

② 用尾气分析仪检测气缸垫密封性。打开散热器盖，将尾气分析仪的测量头置于打开的散热器盖处，不要沾到冷却液，急加速时若能测到碳氢化合物（HC），说明气缸垫密封不良。

1.3　曲轴及活塞

1.3.1　经典故障案例

1.3.1.1　F25发动机缸体损坏

（1）车辆信息

车型	发动机型号	里程/km
X3，F25	N20	35000

（2）故障现象描述

客户反映：在车辆倒车时听到发动机"嘭"的一声，随后发动机舱冒烟，底盘有大量油液渗出，车辆抛锚，拖车进店。

故障现象确认：经检查后发现发动机有金属碎片散落，发动机缸体被击穿损坏。通过破口查看，发现发动机连杆断裂，导致发动机缸体击穿。

（3）故障分析思路及排除方法

导致连杆断裂的原因主要有以下几个方面：

一是发动机内部有液体进入，导致损坏，例如发动机曾经进过水、喷油嘴严重漏油等；

二是连杆自身材质质量问题；

三是出厂时装配故障。

查询该车维修历史记录，没发现有进水的记录。询问客户，客户表示该车一直在4S店维修，从来没有进过水。

连杆到底是如何断裂的呢？带着疑问，对发动机进行拆检。

拆检中检查进气管及空气滤清器没有发现进水痕迹。如果进过水的话，只要客户没有进行专业地清洗，就算水干了上面也一定会留下水痕。所以暂时不能确定是发动机进水导致的连杆断裂。

图1-27　断裂的2缸连杆

拆下喷油嘴进行测试，喷油嘴没有泄漏，查看维修历史记录，该车没有更换过喷油嘴。

分解发动机发现2缸连杆断裂，但2缸连杆及活塞装配对应完好，如图1-27所示。基本可以确定不是出厂时装配的问题导致连杆断裂。

从连杆整体长度看，其前段和后段均有弯曲，且从整个断面接口来看，该连杆在断裂之前就已经出现变形现象。测量2缸内积炭宽度为15mm，其他缸积炭宽度为0.9mm，如图1-28所示。从积炭的宽度来看，2缸连杆弯曲的情况明显已经存在很长时间。

 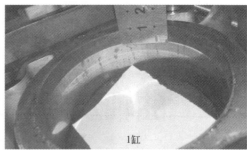

图1-28　测量活塞上止点到气缸表面的距离

通过检查可以确定，车辆在出现事故之前2缸连杆就已经出现了变形现象。那么，导致连杆断裂的原因是连杆自身的质量问题还是由于液体进入气缸导致的呢？

考虑到连杆弯曲导致的连杆断裂多数是由于液体进入气缸导致的，由于喷油器已经检查没有问题，那么可能性最大的是发动机曾经进过水。如果是由于进水，那就是人为原因，是客户原因导致。如果是连杆自身质量问题，那就是车辆质量问题，需要向厂家索赔，就会导致客户投诉。之前询问时，客户说车辆没有进过水，那客户到底有没有说谎？

疑问太多，却没有找到突破口，检查陷入了僵局。重新调整思路，一定是忽略了什么重要的信息，于是我们再次将拆下的部件逐个进行排查。

通过仔细排查发现：除1缸外，其他缸的缸筒里面均有不同程度的锈迹，如图1-29所示。我们知道油气是不可能让发动机产生锈迹的，只有水才会导致缸筒生锈，且就算曾在潮湿的地方长期停放导致有一定锈迹，在发动机运转几千公里后锈迹也会被清除。查看该车使用记录，没有发现长期停放的情况。那么唯一的可能就是，该车发动机进过水且应该发生在近期内。

既然事情都到了这一步，到此就下结论相信客户也还会争辩，于是打算一查到底，首先该车一直在A市使用，查看近期的天气，于是将时间锁定在发生水淹车高峰的XX月XX

日—XX月时段，联系A市几家大型的拖车公司逐个排查，最终在XX拖车公司的记录上找了该车的记录：备注上是由于进水拖车。

图1-29　进水发动机缸筒与没进水发动机缸筒对比

事实真相终于水落石出，面对大量的证据，客户最终承认了发动机进水事实。由于发动机进水在修理厂维修过，当时由于连杆变形不明显没有发现，最终导致该故障的发生。最后客户自己出钱更换发动机。

（4）故障总结

该故障是典型的由车辆涉水导致的连杆变形故障。由于最初的检查不仔细，没有检查出连杆弯曲变形，最后导致连杆断裂击穿气缸体的严重事故发生，同时给车主造成比较大的经济损失。这个故障提示我们对涉水车的检查一定要仔细，特别是对连杆、活塞、曲轴、气缸筒等重要总成部件要用专业标准检测方法进行检查。故障中用到的对发动机涉水和连杆弯曲的判断方法同样值得借鉴。

1.3.1.2　G38发动机抖动，故障灯报警

（1）车辆信息

车型	发动机型号	里程/km
525Li，G38	B48	35000

（2）故障现象描述

客户反映：行驶中车辆突然抖动，停车后怠速抖动，发动机故障灯报警，车辆拖车进厂。

故障现象确认：车辆进厂后着车检查，发动机怠速抖动严重，感觉缺缸，客户反映属实。

（3）故障分析思路及排除方法

用ISID对车辆进行检测，有"气缸4熄火，喷射装置关闭"等故障，如图1-30所示。

图1-30　故障代码

根据保养措施，引起缺缸的原因有点火、喷油、气缸密封等，如图1-31所示。

图1-31 保养措施

按故障代码提示执行相应的检测计划。执行检测计划后，检测计划提示更换"四缸喷油嘴"。更换喷油嘴后试车故障依旧。接下来又与其他缸对调了火花塞和点火线圈，故障依然存在。测量缸压发现4缸压力5bar，其他缸11bar，

根据缸压测量的结果，判断是4缸的密封出现了问题，有可能是活塞环、气门密封部件出现的问题。用内窥镜检查4缸，没有发现异常。拆下气门室盖检查进、排气机构未见异常。经与客户沟通，决定对发动机进行分解检查。将缸盖拆下后检查进、排气门的密封性正常，将四个活塞转到同一平面，将缸筒内倒满机油，测试2h后发现4缸的机油液面明显比其他缸的要低，如图1-32所示，显然是4缸的活塞环出现了问题。

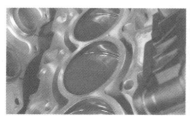 

图1-32 判断气缸密封性

图1-33 损坏的活塞环

将发动机分解后发现4缸活塞销上部断裂损坏，同时油环和二道气环损坏，如图1-33所示。

仔细检查4缸气缸筒并进行相应测量，没有发现异常，最后更换活塞、活塞环及活塞销后故障排除。

（4）故障总结

本故障是典型的由活塞销和活塞环机械损坏引起的气缸不密封故障。由于单个气缸不密封，从而造成单个气缸工作不良，导致发动机缺缸抖动。对于引起发动机抖动的故障原因很多，有机械故障原因也有控制故障原因，本故障中采用的检查气门和活塞环密封的方法值得借鉴。当然对于本故障的判断如果能够利用发动机平稳值数据流分析并借助气缸泄漏检测仪进行检查效果会更好。

1.3.1.3 F18发动机自动熄火

（1）车辆信息

车型	发动机型号	里程/km
520Li, F18	N20	52000

（2）故障现象描述

客户反映：发动机运行一会儿就自动熄火。

故障现象确认：经试车检查，故障现象与车主描述一样，发动机运行一会儿就自动熄火，经询问车主得知该车不久前因为发动机漏油更换了发动机油底壳密封垫。

（3）故障分析思路及排除方法

首先对发动机进行基本检查。发动机进气管路连接良好，发动机各处插头连接也正常，检查发动机油底壳密封垫安装良好，没有漏油情况，基本排除发动机外围问题。

用 ISID 对车辆进行诊断，发现有如图 1-34 所示的故障代码。

0x120408	增压压力调节：作为后续反应关闭	55486	否
0x130F20	排气凸轮轴：与曲轴的角度偏差在公差范围之外	55485	未知
0x1D2404	电子节温器，控制：断路	55485	未知

图 1-34　车辆故障代码

一般出现"排气凸轮轴：与曲轴的角度偏差在公差范围之外"的故障代码表示车辆的正时有问题。于是将气门室盖拆开用专用工具进行正时检查，检查发现正时确实存在偏差。检查配气机构都是正常的，未发现明显异常就重新用专用工具对正时，当对好正时后试车时发现发动机运行很不稳。

再次用 ISID 对车辆进行诊断发现有 0x130304 VANOS，排气控制故障，凸轮轴卡住；0x130E20，进气凸轮轴与曲轴的角度公差在公差范围之外的故障。

从故障码上看还是正时存在问题，此时陷入一个疑问，正时为什么又会有问题，刚对完的正时呀？仔细分析影响正时的因素，其主要包括以下几个方面：

① 正时工具有问题；

② 对正时操作不规范；

③ 正时链条拉长了；

④ 正时链条张紧装置有问题；

⑤ 机油油道堵塞；

⑥ 曲轴位置传感器和凸轮轴位置传感器。

到底是哪个环节导致发动机正时错误呢？带着这些疑问我们重新梳理了一下思路。

首先我们要确认目前实际正时是否真的不对，但是用专用工具确认就需要再次拆开气门室盖，工作量也不小，于是我们想到了曲轴信号的波形和进、排气凸轮轴信号的波形之间的关系可以通过示波器来对比检查。测量了进、排气凸轮轴之间的波形如图 1-35 所示，测量了进气凸轮轴和曲轴之间的波形如图 1-36 所示。经检查发现测量的信号波形和正常的信号波形存在偏差，可以确认正时确实再次出现了问题。

(a) 测得进、排气凸轮轴信号波形

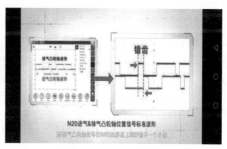
(b) 正常进、排气凸轮轴信号波形

图 1-35　进、排气凸轮轴信号波形对比测量

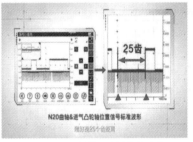

(a) 测得进气凸轮轴和曲轴信号波形　　(b) 正常进气凸轮轴和曲轴信号波形

图 1-36　进气凸轮轴信号波形与曲轴信号波形对比测量

检查正时工具，没有变形，一切正常，对正时的操作完全是按 ISTA 上的要求规范进行的，也不存在问题，所以可以排除工具和操作不规范的原因。

进一步检查机油，拆下机油滤清器检查，机油是干净的，滤芯也是干净无油泥，油道堵塞的可能性不是很大。

检查链条的张紧装置时，经过仔细检查发现链条导轨有破裂。将整个链条导轨拆出发现下部已经严重断裂，如图 1-37 所示，可以肯定这是导致正时错误的主要原因。又将正时链条长度进行测量，和大修间的一台分解了的发动机进行对比也是正常的，可以排除链条的问题。

更换了新的链条导轨和张紧器后重新对正时，试车发动机运行就正常了。

此时我们有了一个新的疑问，正时链条导轨的损坏是正常使用损坏还是与更换油底壳密封垫有关呢？经分析，二者之间可能存在着一定的联系，如果在更换油底壳密封垫的时候为了放干净机油将机油滤芯盖打开，更换油底壳垫整个过程时间较长，油道内的机油排空较多，此时启动发动机时，油道内机油需要一个较长的建

图 1-37　损坏的链条导轨

压的过程，此时张紧器由于没有足够的油压，不能对链条张紧，链条跳动过大就将链条导轨打断裂了，同时正时跳齿。

（4）故障总结

该故障是典型的机械正时错误故障，引起该故障的原因是正时链条导轨损坏。而正时链条导轨损坏可能是由于在更换油底壳密封垫时维修工作考虑不够全面和细致。在进行更换发动机油底壳垫或者发动机大修等工作时，应该要做一道"上机油"的工序。最好将火花塞拆掉，让发动机无负荷的空打电机运转，保证机油到达缸盖上部。油道建立了压力，再正常启动发动机，这样可以有效避免正时跳齿、拉瓦等意外情况的发生。

1.3.2　故障案例解析

1.3.2.1　结构特点

（1）曲轴箱结构特点

图 1-38 所示为 B58 发动机曲轴箱。曲轴箱采用封闭式端盖全新结构，在排气和进气侧带有细致复杂的加强筋组合，在油底壳侧带有一个附加的加固框架，可显著提高固有频率。经过质量优化的带压花齿的曲轴主轴承盖采用封闭式盖板结构、侧壁向下延伸结构，用于特

性曲线控制式机油泵的机油通道

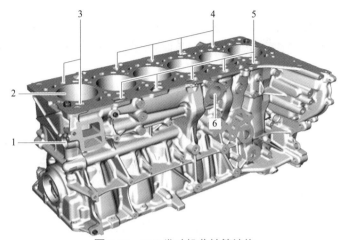

图 1-38　B58 发动机曲轴箱结构
1—散热器回流；2—带 DS 层的气缸套；3—冷却液通道；4—发动机机油通道（排气侧）；
5—发动机机油通道（进气侧）；6—冷却液从曲轴箱溢出

B 系列发动机的气缸套采用电弧丝喷涂工艺。采用这种工艺时，对具有良好导电性的金属丝进行加热直至其熔化，之后通过高压将熔液喷涂到气缸套上。仅有 0.3mm 厚的铁基材料层非常耐磨，可很好地将燃烧室热量传递至曲轴箱并最终传递至冷却液通道。采用这种工艺使得曲轴箱重量较好，耐磨性较好，向曲轴箱散热性较好，发动机内部摩擦较小。由于电弧丝喷涂工艺的材料涂层较薄，因此无法对气缸套进行后续加工。

采用封闭式端盖结构时，围绕气缸的冷却液通道顶部采用封闭设计并带有冷却液开孔，具有结构稳定的优点。

采用侧壁向下延伸结构时，侧壁一直向下延伸。这样可使曲轴箱具有较高稳定性并在活塞行程长度方面具有较高灵活性。

（2）曲轴结构特点

如图 1-39 所示为 B58 发动机的曲轴，采用钢锻造而成，用于正时机构和机油泵的链条小齿轮集成在曲轴内。曲轴采用模压加工的曲轴轴承盖，模压连接时主轴承盖采用成型断面结构。首次拧紧主轴承盖螺栓时，该成型断面压入曲轴箱侧的轴承座表面内。曲轴主轴承盖必须按规定顺序和方向装配，否则会导致发动机损坏。

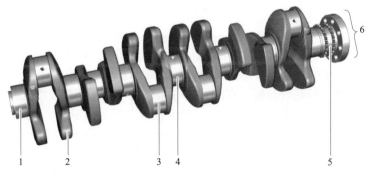

图 1-39　B58 发动机的曲轴
1—曲轴主轴承；2—平衡重块；3—连杆轴承轴颈；4—导向轴承；5—集成式驱动小齿轮；6—动力输出端

(3) 活塞结构特点

在活塞上带有一个安装位置箭头。进行安装时该箭头始终沿发动机纵向方向指向皮带传动机构。必须确保活塞安装位置正确，否则非对称气门凹坑以及进气侧和排气侧的不同强度会相对较快地造成气门损坏或封闭式活塞壁破裂，从而导致完全损坏。活塞的结构如图1-40所示。

(4) 活塞环结构特点

活塞环分为气环和油环。气环主要用来密封活塞和气缸壁，使气缸内产生较高的压力，完成工作循环。油环主要用来保证润滑气缸壁，起刮油和分布机油的作用。为了达到较好的密封效果，起密封作用的气环一般分为两道，第一道气环采用矩形环，第二道气环采用鼻形环。油环一般采用组合式油环，由两片弹簧片和一个附加弹簧组成。活塞环的结构如图1-41所示。发动机运行期间，环塞环在环槽内转动，从而改变环口的位置，可以有效清除环槽内的积炭。

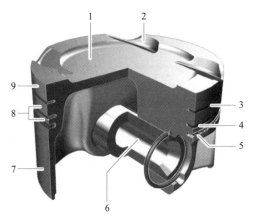

图1-40 活塞结构

1—活塞顶；2—气门凹坑；3—第一气环，矩形环；4—第二气环，鼻形锥面环；5—刮油环；6—活塞销；7—活塞裙；8—活塞环岸；9—火力岸

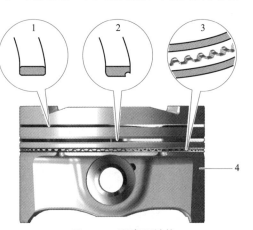

图1-41 活塞环结构

1—第一气环，矩形环；4—第二气环，鼻形锥面环；3—刮油环；4—活塞

(5) 连杆结构特点

连杆的结构如图1-42所示，B系列发动机采用经过质量优化的模锻断裂加工式连杆。如果安装连杆轴承盖时方向颠倒或将其装在另一个连杆上，就会破坏两个部件的断裂结构，连杆轴承盖也无法准确定位。在此情况下必须用新部件替换整套连杆。进行维修时，应遵守维修说明中规定的接合力矩和转角数据。

同时为了满足发动机节能启停功能的要求，在连杆的轴瓦上采用了IROX涂层。发动机节能启停功能会导致启动循环激增。为了确保发动机正常运行，需要在曲轴轴颈处提供充足的润滑油。在确保机油供给的情况下，由于连杆轴承轴颈与轴瓦间存在较薄润滑油膜，因此不会出现固体接触。如果此时关闭发动机，机械驱动的机油泵无法保持机油供给，轴颈间的油膜就会流失，连杆轴承轴颈与轴瓦间就会出现固体接触。如果重新启动发动机，需要一定时间才会建立起足够的润滑油膜，在此期间可能会造成轴瓦磨损。IROX涂层可将这种磨损降至最低，其结构如图1-43所示，它由聚酰胺酰亚胺粘合树脂基、包含在其中的硬颗粒和固体润滑剂构成。聚酰胺酰亚胺与硬颗粒一起确保轴瓦具有较硬表面，从而避免出现材料侵蚀。固体润滑剂可减小表面摩擦，可在启动期间暂时取代轴瓦与连杆轴承轴颈间缺失的油膜。带IROX涂层的轴瓦仅位于连杆轴承杆侧，因为在此向轴瓦施加主要负荷。轴瓦盖采用不带IROX涂层的轴瓦。由于采用特殊涂层，带IROX涂层的轴瓦为红色。

第1章 发动机机械系统

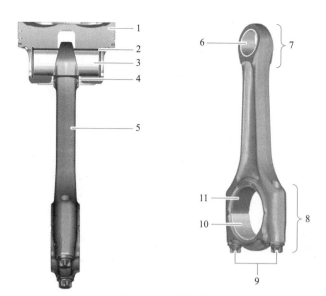

图 1-42 连杆结构

1—活塞；2—动力传输面；3—活塞销；4—带成型孔的连杆轴套；5—连杆；6—连杆轴套；
7—小连杆头（梯形）；8—大连杆头（断裂加工）；9—连杆轴承盖的连杆螺栓；
10—连杆轴承盖的连杆轴瓦；11—连杆的连杆轴瓦（带 IROX 涂层）

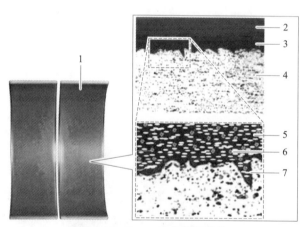

图 1-43 IROX 涂层轴瓦结构

1—带 IROX 涂层的轴瓦；2—油膜；3—IROX 涂层；4—轴瓦；5—粘合树脂；6—硬颗粒；7—固体润滑剂

连杆小头内带有成型孔，如图 1-44 所示。图 1-44（a）为不带成型孔的标准连杆的表面负荷，压力作用在活塞上，活塞力经过活塞销后主要作用在小连杆头轴套的边缘上。图 1-44（b）为带成型孔的连杆小头负荷分布，这个成型孔可以使活塞通过活塞销作用的力最佳分布在轴套表面上并降低边缘处的负荷，作用在轴套边缘处的负荷明显减小。

（6）平衡轴结构特点

为了使发动机运转更加平顺、稳定，在

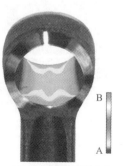
(a) 不带成型孔连杆小头

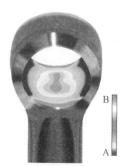
(b) 带成型孔连杆小头

图 1-44 带成型孔的连杆小头

23

三缸和四缸发动机上都装有平衡轴。B38和B48发动机的平衡轴如图1-45和图1-46所示。三缸发动机采用一根平衡轴，四缸发动机采用两根平衡轴，平衡轴在装配时一定要严格按照技术要求进行正时标记对正，否则会导致发动机抖动。

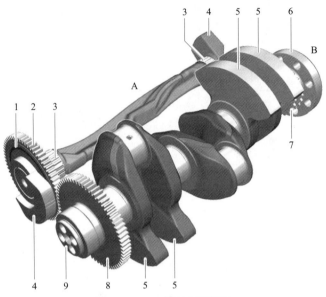

图1-45 B38发动机平衡轴

A—平衡轴；B—曲轴；1—硫化；2—直齿啮合；3—滚针轴承；4—平衡轴重块；5—曲轴重块；6—变速箱侧输出法兰；7—正时链从动小齿轮；8—曲轴从动齿轮；9—皮带侧曲轴法兰

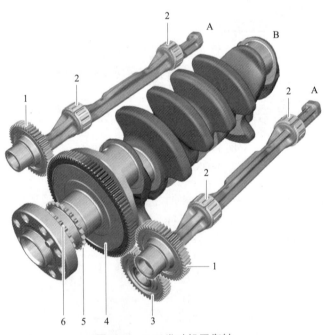

图1-46 B48发动机平衡轴

A—平衡轴；B—曲轴；1—直齿啮合；2—滚针轴承；3—中间齿轮；4—曲轴从动齿轮；5—正时链从动齿轮；6—机油泵链从动小齿轮

1.3.2.2 故障分析

凸轮轴、曲轴、活塞、连杆、曲轴箱等发动机机械部件的故障形式主要表现为有异响和变形。

相互运动零件表面由于磨损导致配合间隙超出标准就会出现异响故障，比如曲轴和轴瓦、凸轮轴和轴瓦、活塞销和活塞、活塞环和活塞、活塞和气缸之间等相互配合间隙要求较高的相互运动部件。活塞和气缸之间的间隙会影响到气缸的密封性，如果间隙超过标准，还会导致气缸密封不良，出现烧机油及发动机动力不足等故障现象。

活塞、连杆、曲轴等承受负荷较大的零件由于受到过大负荷的冲击会产生变形。例如发动机进水后对活塞、连杆、曲轴造成的冲击会导致活塞、连杆、曲轴等零件变形。

凸轮轴、曲轴、平衡轴、活塞、轴瓦等具有对应位置关系要求的零件，若相对位置关系不正确会导致发动机产生异响、抖动、无法启动等故障现象。

1.3.2.3 故障诊断方法

（1）间隙判断

对于配合间隙超出标准导致的异响故障，可以通过测量配合间隙然后与技术标准进行比对来判断。

① 曲轴和凸轮轴轴承径向间隙测量。使用塑料间隙规（002590）对曲轴和凸轮轴轴承径向间隙进行测量。测量时先将轴颈与轴瓦清洁干净，不能涂抹润滑油，每根塑料间隙规长度约1cm，轴向放置在每个轴颈最上方；使用旧的轴承盖及螺栓按照规定的扭矩与角度紧固，紧固后不能转动曲轴；使用塑料间隙规的量尺测量印痕的最宽位置，读取数值（单位有inch与mm两种，选取mm），如图1-47所示。测量完毕清洁曲轴及轴瓦上的印痕。不同发动机的标准数值不一样。以N20发动机为例，曲轴轴承径向间隙标准值为：0.020～0.046mm。连杆轴承径向间隙标准值为：0.025～0.071mm。径向间隙过小，则更换更薄的轴瓦；径向间隙过大，则更换更厚的轴瓦。

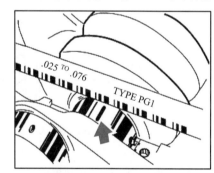

图1-47 读取径向间隙值

② 曲轴轴向间隙测量。使用百分表对曲轴轴向间隙进行测量将百分表的表针与曲轴垂直抵到曲轴法兰上，使表盘有2mm左右的压缩量，调整表盘使表针指到零刻度，使用起子左右撬动曲轴并读取指针最大的摆动量。N20发动机曲轴轴向间隙标准值为0.060～0.250mm。如果轴向间隙过大，则更换止推轴承。

③ 活塞安装间隙测量。用气缸的直径减去活塞的直径即可得出活塞的安装间隙。以N20发动机为例，用千分尺在活塞下边缘的测量点A处，与活塞销的轴线成90°方向测量活塞直径，如图1-48所示。测量点A（位置）与下边缘距离为12mm，标准活塞直径为：83.95～83.96mm。

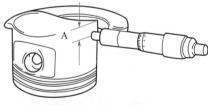

图1-48 测量活塞直径

用量缸表按横向和纵向分别测量气缸底部、中部和顶部的直径，如图1-49所示，每个气缸得出6个测量值。用气缸的最大值减去活塞直径就是活塞的安装间隙，对于使用过的发动机就是活塞和气缸的总磨损间隙。

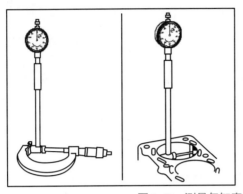
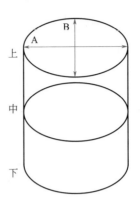

图 1-49　测量气缸直径

上部位置：活塞在上止点时，第 1 道气环以下的缸壁位置。
中部位置：上部和下部的中间位置。
下部位置：活塞在下止点时，第 1 道气环以上的缸壁位置。
活塞安装间隙标准值：新活塞为 0.01～0.03mm；已磨合过的活塞为 0.02～0.08mm。
活塞和气缸间允许的总磨损间隙标准：磨合过的发动机最大允许值为 0.15mm。
以总磨损间隙为判定标准，将最大的气缸内径减标准活塞直径，如果合格更换活塞，如果不合格更换缸体。

④ 活塞环间隙测量。用塞尺测量活塞环的开口间隙和轴向间隙，如图 1-50 所示。测量开口间隙时，将拆开的活塞环插入气缸内径中，用活塞头将活塞环定位在其测量位置。

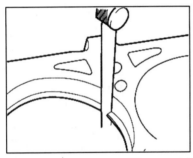
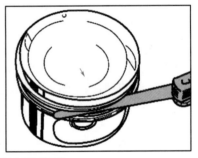

图 1-50　测量活塞环间隙

活塞环的间隙为标准值为：第 1 个槽开口间隙 0.15～0.30mm，轴向间隙 0.03～0.08mm；第 2 个槽开口间隙 0.30～0.50mm，轴向间隙 0.02～0.06mm；第 3 个槽开口间隙为 0.20～0.90mm，轴向间隙不可测量。

注意

新的活塞只允许与新的活塞环一起安装。

（2）变形判断

① 曲轴弯曲测量。曲轴弯曲的测量需要在专用的检测平台上进行，如图 1-51 所示。将曲轴两端轴颈放在 V 型铁上，用百分表测量曲轴中间轴颈的最大偏心值，中间主轴承轴颈允许的最大偏心值为 0.15mm。如果超过标准，需要更换曲轴。

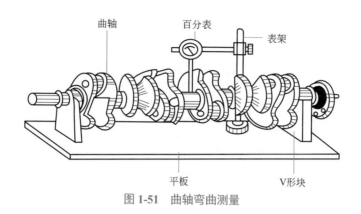

图 1-51 曲轴弯曲测量

② 连杆弯曲判断。较小的连杆弯曲变形通过外观检查很难发现，在维修中也很少用检测设备对其进行直接弯曲测量，可以通过间接方法进行检查。通常采用测量各缸活塞上止点与气缸体上表面的距离进行判断。如果某一气缸的测量值小，则说明该气缸的连杆弯曲变形。也可以将连杆拆下来，与标准连杆对比。

③ 链条伸长量测量。对于 N20 发动机，用专用工具 2411399 可以检查链条伸长量。拆下链条张紧器，移除密封环，将专用工具 2411399 旋入；按照旋转方向，稳定地旋转发动机 4 次；根据正时链的拉力和压力，沿箭头方向均匀地伸出和缩回专用工具 2411399 上的测量线脚；检查专用工具 2411399 上测量线脚的凸起或凹槽，如图 1-52 所示。如果能够在专用工具 2411399（测量线脚）上看到凸起，则表明正时链状态良好；如果能够在专用工具 2411399（测量线脚）上看到凹槽或平齐，则必须更新正时链和链条张紧器。

（3）相对位置关系的判断

① 发动机配气正时的检查。不同发动机配气正时检查的方法略有差异，但都是对正曲轴和凸轮轴的相对位置，以 N20 发动机为例介绍配气正时检查方法。

如图 1-53 所示，用专用工具 2219548 对正曲轴位置。将曲轴转到上止点位置，将专用工具 2219548 推入标定孔并固定曲轴。专用工具 2219548 只能固定在飞轮上规定的位置（参见箭头），当用专用工具 2219548 在正确的标定孔上固定好飞轮时，就不能再通过中心螺栓移动发动机。

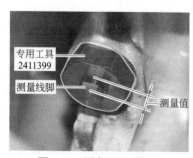

图 1-52 链条伸长量测量

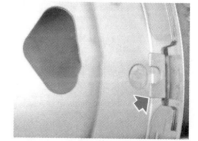

图 1-53 用专用工具对正曲轴位置

用专用工具 2212831 对正凸轮轴位置，如图 1-54 所示。将专用工具 1 与专用工具 4 用螺栓固定在气缸盖上。将专用工具 2 有凹口地固定在进气凸轮轴的双平面段上。在气缸处于点火上死点位置时，进气凸轮轴的凸轮斜着向上将专用工具 3 无凹口地固定在排气凸轮轴的双平面段上。在1缸压缩上止点位置中，排气凸轮轴的凸轮倾斜指向上部。

(a) 固定专用工具(1)和(4)　　　　(b) 固定在进气凸轮轴　　　　(c) 固定在进气凸轮轴

图 1-54　用专用工具对正凸轮轴位置

如图 1-55 所示，用专用工具 2212830 检查凸轮轴传感器齿盘的调整情况。如果错误调整了凸轮轴传感器齿盘，则必须松开中心螺栓。

如果上述定位工具都能正确定位，则说明发动机正时调整正确，否则需要重新对正发动机正时。

② 平衡轴装配标记。平衡轴装配时必须按规定的标记进行安装，否则会导致发动机抖动。不同发动机的装配标记不同，以 B48 发动机为例，其装配标记如图 1-56 所示。将进气侧齿轮 1 的三角标记，排气侧齿轮 2 的四边形标记，排气侧惰轮 3 的四边标记垂直指向油底壳密封面。

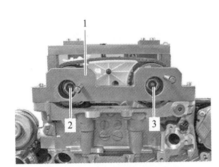 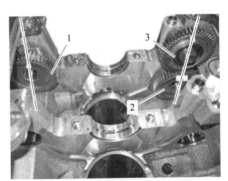

图 1-55　凸轮轴传感器齿盘　　　　　　　图 1-56　平衡轴装配标记
1—专用工具 2212830；2—排气中心螺栓；3—进气中心螺栓　　1—进气侧齿轮；2—排气侧齿轮；3—排气侧惰轮

③ 活塞环装配要求。活塞环的安装方向和位置都有要求，如图 1-57 所示，带有"TOP"标记的活塞环必须指向活塞头。活塞环的对接位置必须错位约 120°布置，对接位置不允许布置在活塞销孔上方，K1（上部活塞环）对应 4 点钟位置；K2（中间活塞环）对应 12 点钟位置；O1（上部挡油环）对应 8 点钟位置；O2（弹簧片）对应 4 点钟位置；O3（下部挡油环）对应 12 点钟位置。

④ 连杆装配要求。连杆和连杆轴承盖均用配对字母标记，如图 1-58 所示，不得混淆。连杆轴承盖混淆或在连杆座上错误安装将导致发动机损坏。

⑤ 曲轴轴瓦选配。曲轴轴瓦必须与曲轴轴颈相匹配，如果选配不当会导致曲轴轴瓦径向间隙过大或过小，导致发动机异响或抱死。曲轴轴瓦的选配应根据相应的标记进行，下面以 N20 发动机为例介绍曲轴轴瓦的选配方法。曲轴轴瓦分为上下两部分，如图 1-59

所示。必须将带润滑槽的轴瓦安装于曲轴箱上部，没有润滑槽的轴瓦必须安装于曲轴箱下部。

对于曲轴箱上部的曲轴轴瓦使用标识字母 A/B/C 三个等级，字母顺序越靠后，曲轴轴瓦越厚。标识字母 K 代表离合器方向，如果有字母 K，与字母 K 相邻的字符表示最后一道轴瓦的代码等级，如图 1-60 所示，CCCCC 分别代表第五至第一道曲轴上部轴瓦等级。如果没有标识字母 K 时，第一个字符表示第一道轴瓦的代码等级。

(a) 活塞环安装的方向标记

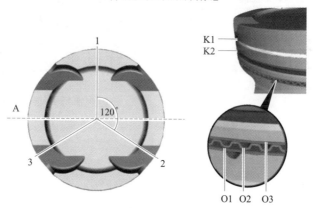

(b) 活塞环安装的位置要求

图 1-57　活塞环装配要求

1—12 时钟位置；2—4 时钟位置；3—8 时钟位置；A—活塞销轴；K1—上部活塞环；
K2—中间活塞环；O1—下部挡油环；O2—弹簧片；O3—上部挡油环

图 1-58　连杆装配要求

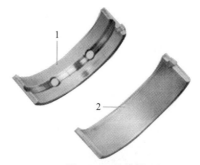

图 1-59　曲轴轴瓦

1—带油槽的上瓦；2—不带油槽的下瓦

对于曲轴箱下部轴瓦使用数字 1/2/3 三个轴瓦等级，数字越大，表示轴瓦越厚，如图 1-61 所示。21211 分别代表第一至第五道曲轴下部轴瓦等级。

字母/数字组合得出一个轴瓦对。通过不同的颜色对轴承标记。

曲轴箱上的标识字母A代表带润滑槽的黄色轴瓦，标识字母B代表带润滑槽的蓝色轴瓦，标识字母C代表带润滑槽的红色轴瓦。

曲轴上的代号1代表不带润滑槽的黄色轴瓦，代号2代表不带润滑槽的蓝色轴瓦，代号3代表不带润滑槽的红色轴瓦。

装配举例：对于曲轴箱上的标识字母为C且曲轴上的代码为2的轴承，选用红色标记的上部轴瓦和蓝色标记的下部轴瓦组合。

注意！不得安装黄色和红色颜色组合，在这个颜色组合中，必须选择蓝色/蓝色轴瓦颜色。

图1-60　曲轴上轴瓦等级标识

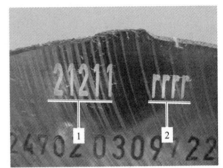

图1-61　曲轴下轴瓦标识
1—曲轴下轴瓦标识；2—连杆轴瓦标识

第 2 章 发动机控制系统

2.1 发动机控制单元

2.1.1 经典维修故障案例

2.1.1.1 F18 传动系统故障报警

（1）车辆信息

车型	发动机型号	里程/km
535Li，F18	N55	36000

（2）故障现象描述

客户反映：行驶中车上出现传动系统故障报警。

故障现象确认：接车后对车辆进行检查，没有发现报警信息，当前故障不存在。

（3）故障分析思路及排除方法

由于客户描述的故障当前不存在，先用 ISTA 对车辆进行检测，故障代码如图 2-1 所示。

DME-MEVD17_2-DME	0x1B5202	电源，总线端 KL.15N_1：对地短路
DME-MEVD17_2-DME	0x213604	动力管理：休眠电流故障

图 2-1 故障代码

因车辆有休眠电流故障，执行电源诊断并确认车辆蓄电池老化，检查发现该车安装非原装蓄电池，建议客户更换蓄电池，但客户表示暂不更换。考虑到蓄电池老化暂时不会影响传动系统报警故障的产生，因此暂时先排除蓄电池老化的问题。由于当前故障不存在，先检查了 PDM 和 DME 相关供电线后未发现异常，决定进行路试。路试十几公里后在 CID 和 KOMBI 弹出传动系统故障，客户投诉的故障出现了。经多次试车确认，此故障一闪而过，仅在加速时会弹出，故障出现后几乎每次加速都有。

路试后再次用 ISTA 对车辆检测，仅有故障码"0x1B5202 电源，总线端 Kl.15N_1：对地短路"一直存在，次数 30。根据故障代码描述，产生该故障码的条件是 DME 主继电器打开，在 DME 输入端 KL87-1 或 15N-1 上没有电压。由于 DME 的主继电器是由集成供电模块 PDM 控制，所以怀疑 PDM 或 PDM 到 DME 之间的线路有问题。

根据图 2-2 所示的电路图检查 PDM 及线路。经检查线路和供电都正常，考虑到故障是在加速时突然出现，有可能是线路接触不好，所以在测量的时候晃动线束进行再次检查。

晃动线束检查时，测量所有的供电和接地线路都没有问题。但是晃动集成式供电模块 PDM 及相连接线束时故障不出现，而晃动 DME 处供电与传感器线束时故障重现。在故障报警时用示波功能测量 DME 从 PDM 来的 12V 供电、DME 给出的 12V_1 传感器的供电，电压稳定，都是 12V 无变化，测量结果都正常。

为什么测量值都正常，而在晃动 DME 处供电与传感器线束时会出现故障报警呢？进一步分析此故障的报码条件得知，DME 内部 12V 监控电路收不到 12V 电压时才会报出此故障代码，至此怀疑 DME 内部 12V 输入电压监控有问题。为了确定是 DME 的问题，又重复多次排查了 PDM 和 DME 的接地、供电、供电输出及线束，均未发现问题。

经与客户沟通，决定更换 DME。更换 DME 后经多次路试都没有出现报警，故障修复。后来回访客户得知也没有再出现此故障。

后来咨询专业 DME 维修技师，该故障有可能是 DME 内部供电功率管长期使用后老化、接触不良导致的 DME 内部监控电路出现了问题。

（4）故障总结

该故障是典型 DME 内部损坏导致的车辆报警故障案例，N55 和 N20 的 DME 本身问题较多，由于更换 DME 的费用较大，确认 DME 的故障要谨慎，需要对 DME 供电、接地、相关线束进行全面检查。只有确定了外围部件及线束没有问题，才能确定是 DME 的问题。同时在维修时要仔细阅读故障代码产生的条件。

2.1.1.2 F30 车辆无法启动

（1）车辆信息

车型	发动机型号	里程/km
320i, F30	N20	23000

（2）故障现象描述

客户反映：车辆突然无法启动。

故障现象确认：拖车进厂后试车，按压启动按钮，仪表能正常显示，但起动机没反应，车辆无法启动。

第 2 章 发动机控制系统

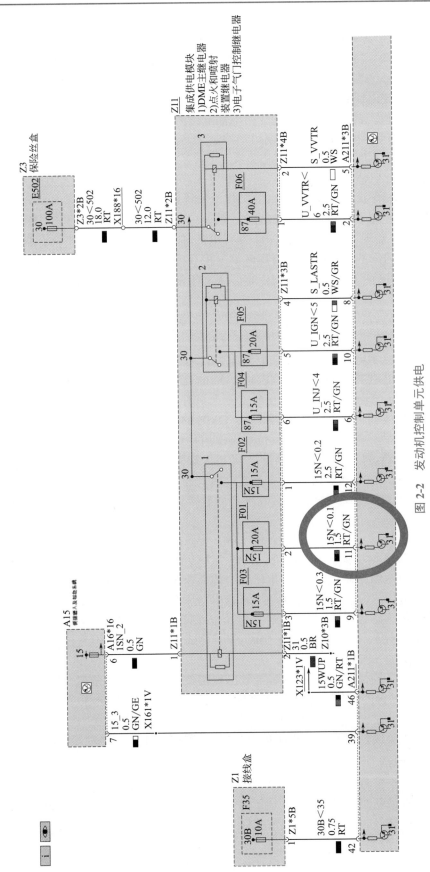

图 2-2 发动机控制单元供电

(3) 故障分析思路及排除方法

根据故障现象，按压启动按钮起动机没有反应。分析可能的原因主要有以下几个方面：一是蓄电池故障；二是启动控制线路及起动机故障；三是启动授权相关控制模块和线路故障；四是总线系统出现故障。

根据以上分析，首先检查蓄电池，蓄电池电压为12.5V，电压正常。按压启动按钮测量启动控制线路电压，电压为0V，说明启动控制线路没有发出控制电压。根据以上测量结果可以判断是启动控制线路或启动授权相关系统出现了故障。

接下来用ISTA对车辆进行诊断，经诊断发现存储S0392与发动机控制单元无通信故障代码。根据保养措施提示，先检查DME的供电和接地。

查阅DME控制系统电路图，如图2-3所示。根据电路图检查DME控制单元的供电和接地。经检查发现F01、F02和F04没有电压输出，而F03供电正常，根据检查结果可以判断PDM内部的熔丝损坏。因集成供电模块的熔丝无法单独更换，我们安装了一个修复过的供电模块在车上测试，DME通信恢复正常。启动时起动机能转了，但是还是无法启动。

删除故障代码后，再次对发动机进行检测，故障代码如图2-4所示。发动机控制单元记录了5V传感器电源监控和一些传感器的电气故障。

查阅图2-5所示电路图，并仔细分析故障代码，发现DEM记录的故障代码都涉及在15（5V_1）这一串供电下面。在DME插头A46*1B处连接适配器测量15（5V_1）输出电压，发现DME应该输出的5V电压信号实际上只有1.47V。依次拔下加速踏板、电子气门插头等，当拔下发动机机油压力传感器时，DME的5V供电电压恢复正常。将发动机机油压力传感器拔下后，将其余插头均复位后再次启动试车，发动机能够正常启动，但是风扇一直高速运转。通过以上隔离可以判断发动机无法启动应该是机油压力传感器或其线路故障导致电子气门伺服电机传感器故障，进而导致进气门无法正常打开，发动机无法启动。再次测量机油压力传感器线路，没有发现任何故障，判断该故障是由机油压力传感器故障导致的。

再次删除故障后重新进行电脑诊断，DME记录故障如图2-6所示。除了机油压力传感器是由于插头拔下报功能异常故障外，其他5个传感器报故障信息都报"对正极短路"故障。读取发动机水温，显示-49℃。电子风扇的高速运转正是这个原因导致的。根据相关传感器的电路图进行测量，发现传感器供电和信号电压都是5.02V，测量结果与故障代码相符。即使拔下某个传感器后测量，传感器信号电压也保持5.02V不变。试着将所有报故障的5个传感器插头全部拔下后，测量，电压变成0V。尝试安装一个新的进气压力传感器后插上插头时电压再次变成5.02V。

至此，初步怀疑是DME内部故障导致出现相关传感器的电气故障。从同款试驾车上倒换了DME后重新诊断，传感器电气故障不再存储。将故障车的DME安装在试驾车上后再次报5个传感器"对正极短路"的电气故障，判断为DME内部故障。

最后更换了集成供电模块、机油压力温度传感器和DME，车辆故障彻底排除！

(4) 故障总结

这是一则多个故障同时存在的复杂故障案例，涉及控制单元供电、传感器及控制单元内部故障。在检查诊断时，需仔细全面地了解系统的原理和控制逻辑，采用合理高效的隔离手段，仔细验证所怀疑的故障位置，只有这样才能有效地解决比较复杂的车辆故障。

第 2 章 发动机控制系统

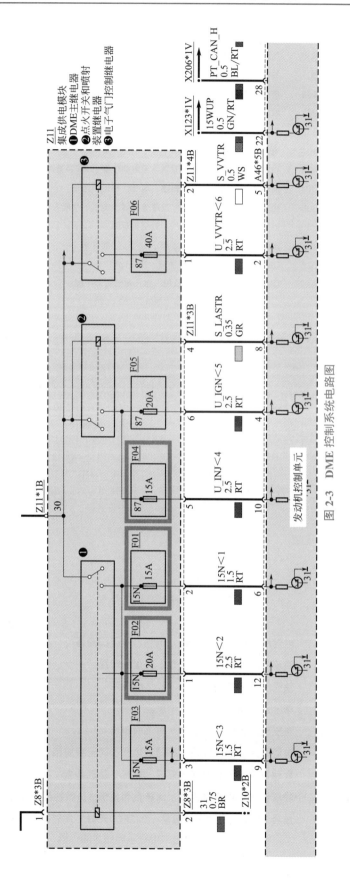

图 2-3 DME 控制系统电路图

代码	描述
103002	加速踏板模块，踏板位置传感器1，电气：对地短路
103008	加速踏板模块，踏板位置传感器1，工作范围：电压过低
119001	油轨压力传感器，电气：对正极短路
120408	增压压力调节：作为后续反应关闭
121201	增压压力传感器，可信度，空转：压力过高
121532	增压压力 - 环境压力，比较：增压压力过高
123401	电动减压装置，极限位置学习：功能异常
123422	电动减压装置，极限位置学习：起动位置(减压装置关闭)未发现
12A701	废气触媒转换器后氧传感器，电气：对正极短路
135808	电子气门控制伺服马达、位置传感器、电气：功能异常
164030	排气凸轮轴传感器，电气：对正极短路
1C3110	发动机机油压力温度传感器，电气：功能异常
1F0526	DME，内部故障，安全功能：扭矩比较
1F1A90	DME，5V 传感器电源监控：电压超过有效范围

图 2-4　故障车辆的故障代码

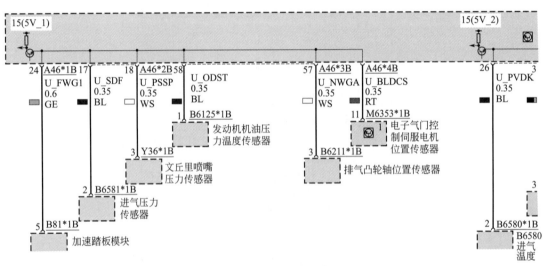

图 2-5　故障传感器电路图

代码	描述
104401	绝对压力传感器，吸管，电气：对正极短路
109001	冷却液温度传感器，电气：对正极短路
119001	油轨压力传感器，电气：对正极短路
120408	增压压力调节：作为后续反应关闭
121001	增压压力传感器，电气：对正极短路
123701	电动减压装置，位置传感器，电气：对正极短路
1C3110	发动机机油压力温度传感器，电气：功能异常
420652	驻车锁止器被错误退出：驾驶员希望值/传感器反馈信息可信度
CF2DE2	信号(发动机驱动装置温度，0x3F9)无效，发射器 DME/DDE

图 2-6　拔掉机油压力传感器后的故障代码

2.1.2 故障分析

2.1.2.1 控制单元特点

（1）版本信息

宝马发动机控制单元主要采用博士公司和西门子公司的产品。不同发动机控制单元版本信息用不同的字母表示。下面以MEVD17.2.4为例介绍DME版本信息。

ME：博士发动机管理系统；MS：西门子发动机管理系统；V：电子气门调节系统；D：直接喷射装置；17：控制单元版本；2：用于宝马的项目编号；4：控制单元索引。

（2）插头布置

在对DME进行诊断时经常会对DME插头进行测量。以N55发动机DME为例，N55发动机使用的是MEVD17.2发动机管理系统，集成在进气装置内由进气进行冷却。MEVD17.2可利用Flexray总线工作且直接为传感器和执行机构供电，其插头及外形如图2-7所示，处于插接状态时，导线束与DME之间的插接连接件可防水。

图2-7 N55发动机，MEVD17.2发动机管理系统外形及插头
1—模块100，传感器2接口；2—模块200，传感器1接口；3—模块300，车辆导线束接口；4—模块400，Valvetronic接口；5—模块500，供电模块接口；6—模块600，喷射和点火装置接口

DME各插接器针脚说明见表2-1～表2-6。

表2-1 模块100插头上的线脚布置

线脚号码	含义	线脚号码	含义	线脚号码	含义
1	电源	11	霍尔传感器接地	18	电动风扇控制
2	转速信号	12	局域互联网总线信号	22	总线端唤醒信号
4	电动风扇断电继电器控制	13	PT-CAN总线信号	24	加速踏板模块电源
7	霍尔传感器电源	16	霍尔传感器信号	25	CAS子总线

续表

线脚号码	含义	线脚号码	含义	线脚号码	含义
27	加速踏板模块接地	36	百叶窗控制	43	总线信号
28	总线信号	38	废气风门控制	44	总线信号
29	离合器模块信号	39	发动机启动信号	47	总线信号
32	霍尔传感器信号	40	电源总线端 KL.15	48	总线信号

表 2-2　模块 200 插头上的线脚布置

线脚号码	含义	线脚号码	含义	线脚号码	含义
1	前氧传感器信号	20	油压调节阀控制	38	油轨压力传感器供电
2	前氧传感器供电	21	减压装置阀门压力变换器控制	39	电动节气门调节器
3	油轨压力传感器供电	22	前氧传感器	40	后氧传感器
4	电动节气门调节器供电	23	前氧传感器接地	41	油位传感器信号
5	油压调节阀供电	24	进气温度/增压压力传感器接地	42	电动节气门调节器接地
6	油位传感器供电	25	曲轴传感器供电	43	曲轴传感器
7	后氧传感器	26	进气温度/增压压力传感器供电	45	减压装置阀门压力变换器供电
9	前氧传感器	27	零挡传感器供电	50	电动节气门调节器信号
10	进气温度/增压压力传感器	28	未占用	51	后氧传感器接地
11	进气压力传感器	29	零挡传感器接地	52	文丘里喷嘴压力传感器信号
12	进气温度/增压压力传感器	30	油位传感器接地	53	油轨压力传感器
13	爆震传感器 2	31	供电废气触媒转换器后氧传感器	54	零挡传感器
14	爆震传感器 2	32	局域互联网总线信号	55	量控阀供电
15	爆震传感器 1	35	接地曲轴传感器	56	量控阀控制
16	爆震传感器 1	36	文丘里喷嘴压力传感器接地	57	电动节气门调节器
18	文丘里喷嘴压力传感器供电	37	进气压力传感器接地	58	电动节气门调节器

表 2-3 模块 300 插头上的线脚布置

线脚号码	含义	线脚号码	含义	线脚号码	含义
1	发动机排气加热装置供电	21	循环空气减压阀供电	42	发动机油压力温度传感器信号
2	发动机排气加热装置接地	25	冷却液温度传感器接地	43	热膜式空气质量计信号
4	VANOS 进气电磁阀控制	27	进气凸轮轴传感器供电	44	排气凸轮轴传感器信号
5	循环空气减压阀控制	28	发动机油压力温度传感器供电	46	特性线节温器供电
7	油箱排气阀控制	29	电气减压装置阀门供电	49	油箱排气阀供电
9	VANOS 排气电磁阀控制	30	进气凸轮轴传感器接地	50	电气减压装置阀门传感器接地
12	热膜式空气质量计接地	33	VANOS 进气电磁阀供电	52	电气减压装置阀门传感器信号
14	排气凸轮轴传感器接地	34	VANOS 排气电磁阀供电	54	冷却液温度传感
16	进气凸轮轴传感器信号	35	电动冷却液泵控制	55	电气减压装置阀门控制
17	局域互联网总线信号	37	特性线节温器控制	56	电气减压装置阀门控制
20	热膜式空气质量计供电	41	发动机油压力温度传感器接地	58	发动机油压力温度传感器供电

表 2-4 模块 400 插头上的线脚布置

线脚号码	含义	线脚号码	含义
1	电机位置传感器供电	6	电子气门控制伺服电机控制
2	电机位置传感器信号	7	电子气门控制伺服电机控制
3	电机位置传感器信号	8	电机位置传感器信号
4	电机位置传感器信号	9	电机位置传感器信号
5	电子气门控制伺服电机控制	10	电机位置传感器接地

表 2-5 模块 500 插头上的线脚布置

线脚号码	含义	线脚号码	含义
1	接地	7	接地
2	电子气门控制系统供电	8	点火开关和喷射装置过载保护继电器控制
3	接地	9	供电
4	供电	10	供电
5	电子气门控制系统继电器、配电器控制	11	接地
6	电源	12	电源

表 2-6　模块 600 插头上的线脚布置

线脚号码	含义	线脚号码	含义
1	气缸 1 点火线圈控制	14	气缸 3 点火线圈控制
2	气缸 4 点火线圈控制	17	气缸 3 点火线圈供电
8	气缸 1 喷油器控制	18	气缸 4 点火线圈供电
9	气缸 1 喷油器供电	19	气缸 1 点火线圈供电
10	气缸 4 喷油器供电	20	气缸 2 点火线圈供电
11	气缸 3 喷油器供电	22	气缸 3 喷油器控制
12	气缸 2 喷油器供电	23	气缸 2 喷油器控制
13	气缸 2 点火线圈控制	24	气缸 4 喷油器控制

（3）主要功能

DME 是发动机电控系统的控制中枢。在发动机工作时，它不断地接收各输入信号输入的信息，并进行运算、分析、比较，按内部存储的程序计算出最佳的控制参数，并向执行器发出控制指令。发动机电控系统的主要功能是根据各种传感器的信号控制发动机的喷油和点火，同时还具有进气增压控制、温度控制、能量控制、自诊断及应急控制等许多辅助控制功能。

① 燃油喷射控制。燃油压力传感器根据燃油泵与高压泵之间的系统压力将一个电压信号输出给 DME。DME 控制单元不断比较规定压力与实际压力。当规定压力与实际压力出现偏差时，发动机控制单元提高或降低电动燃油泵的电压，调节高压泵所需的供给压力。燃油量控制阀控制共轨内的燃油压力。DME 利用脉冲宽度调制信号控制燃油量控制阀，节流口开度取决于脉冲宽度，从而针对发动机当前运行状态调节所需燃油量。

② 点火控制。DME 根据发动机转速和位置信号控制基本点火提前角，然后根据其他传感器对点火提前角进行修正，使发动机在各种工况条件下都能获得最佳点火提前角，从而改善发动机的燃烧过程，以实现提高发动机动力性、经济性和降低排放污染的目的。DME 通过控制点火线圈初级绕组的通断实现点火控制功能。

③ 增压压力控制。DME 通过废气涡轮增压器上的废气旁通阀调节增压压力。在此使用电控气动压力转换器以无级方式为废气旁通阀提供真空，转换器根据发动机管理系统信号和规定压力信号执行。

④ 温度控制。具有温度特性曲线的发动机控制系统可以根据发动机对负荷的要求，控制发动机按不同的工作温度进行工作，该控制功能可通过控制特性曲线节温器及电子水泵等电控元件实现发动机不同的冷却模式。发动机控制单元按以下温度范围进行控制：108℃，经济运行模式；104℃，正常运行模式；95℃，高功率运行模式；90℃，高功率运行模式且通过特性曲线节温器调节。

⑤ 自诊断控制。DME 具有自我诊断能力，可对电控系统工作情况进行监控，当识别到系统有故障时，仪表板上的故障指示灯会发出警报，以提示驾驶人发动机有故障，并将故障码存储。在维修时，通过一定操作程序可将故障码调出，进行有针对性的检查。

⑥ 失效保护控制。当自诊断系统判定某传感器或其电路出现故障（即失效）时，失效保护控制便进入工作状态，给 DME 提供设定的目标信号来代替故障信号，以保持控制系统继续工作，确保发动机仍能继续运转。

⑦ 应急控制。当 DME 或少数重要的传感器出现故障、车辆无法行驶时，应急控制功能可以让 ECU 把燃油喷射和点火控制在设定的水平上，作为一种备用功能使汽车能维持基本行驶，以便把车辆开到最近的维修站或适宜的地方。

2.1.2.2 控制单元故障分析

发动机控制系统的主要故障形式是控制单元本身损坏以及控制单元无通信故障。

控制单元本身损坏故障一般没有规律，有可能导致整个控制单元无法工作，也有可能是控制单元某个控制功能不能正常工作，通常是由于控制单元内部的三极管、电容及集成电路故障导致。

控制单元无通信主要是由于控制单元本身、控制单元供电模块、总线及相关线路故障导致。

2.1.2.3 控制单元故障诊断方法

(1) 控制单元本身损坏

对于控制单元本身损坏导致的故障，主要采用的诊断方法是排除法，也就是将控制单元外围相关的元件及线路都排除，确认都没有故障的情况下，才能确认是控制单元内部故障导致的。如果需要进一步确认是控制单元内部故障，在对控制单元内部控制电路比较熟悉的基础上可以通过简单的测量进行确认。例如需要确认 N55 发动机控制单元点火控制电路的电容由于高电压击穿导致损坏，需要清楚地知道控制单元点火控制的内部电路，如图 2-8 所示。在知道内部电路的前提下，可以测量相对应的控制单元端子与主接地之间的电阻值，如果电阻值很小，可以确认电容器被击穿。如果没有相关技术标准，可以找同款发动机控制单元进行对比测量。

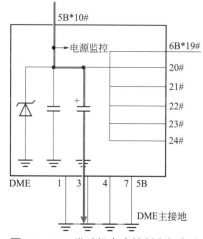

图 2-8 N55 发动机点火控制内部电路

(2) 控制单元无通信故障诊断

对于控制单元供电、接地或相关线路导致的控制单元无通信故障，可以对照相应控制单元供电系统电路图通过对照测量的方法进行故障隔离。不同的发动机控制单元供电控制略有不同，N 系列和 B 系列发动机控制单元供电，如图 2-9 所示。

N 系列发动机控制单元 DME 主供电由 30B 供电端经 DME 的 1B 插接器的 1 号针脚给 DME 供电，如果该针脚得不到供电，DME 将无法正常工作，会导致 DME 无通信故障。集成供电模块中有 3 个继电器和 6 个熔丝，其中 DME 主继电器由 FEM 或 BDC 控制闭合，点火和喷射装置继电器及电子气门控制继电器由 DME 控制闭合，通过继电器和熔丝分别给 DME 的 12V 执行器及点火喷油控制电路供电。如果集成供电模块损坏会导致 DME 部分控制功能不可用，但不会导致 DME 无法通信。诊断测量时要分别测量 DME 主供电及集成供电模块上的输入及输出电压，标准值为 12V 左右的蓄电池电压。集成供电模块内的熔丝无法单独更换，如果判断集成供电模块内的熔丝损坏，在彻底排除故障后需要更换集成供电模块。

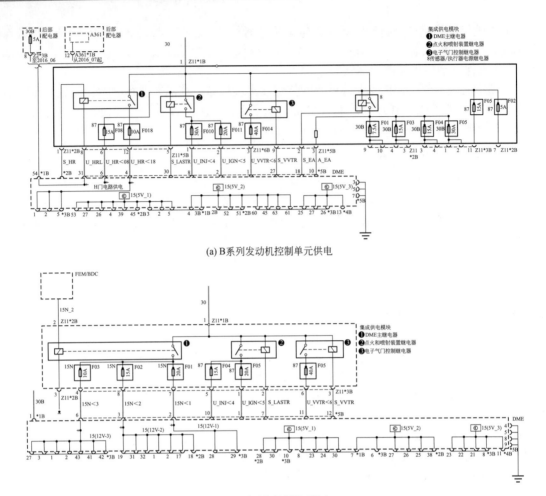

(a) B系列发动机控制单元供电

(b) N系列发动机控制单元供电

图 2-9　发动机控制单元供电

B 系列发动机供电系统与 N 系统发动机供电系统有所不同。B 系列集成供电模块内有 4 个继电器和 11 个熔丝，4 个继电器均由 DME 控制，同时 DME 主继电器还控制其他 3 个继电器。当 DME 主继电器闭合后，F08 和 F018 熔丝通过集成供电模块的 8 号和 4 号针脚给 DME 供电，其中 F018 是 DME 的主供电，只有 F018 熔丝供电正常，DME 才能正常工作，因此当诊断 DME 无通信故障时，首先要确定 F018 熔丝供电是否正常。F08 保险丝给 DME 的 H 门控制电路供电。B 系列发动机集成供电模块中增加了一个传感器和执行器控制继电器。诊断测量时要分别测量上述供电针脚上的供电电压，标准值为 12V 左右的蓄电池电压。

(3) DME 线路检查

根据 DME 各端子的含义，打开点火开关，用万用表测量 ECU 各端子间的电压。主要测量 ECU 供电端子和接地端子，信号端子可用示波器检查波形与标准波形对比判断。DME 供电端子为 12V 供电，传感器多数为 5V 供电，执行器多数为 12V 供电，接地电压应接近 0V，如果测量值与标准值不符，则说明供电和接地线路存在故障，应进行线路测量。断开 ECU 端子与被测元件之间的线路，根据电路图，测量线路是否存在断路和短路。一根导线电阻的标准值应该小于 1Ω，如果电阻值为 ∞，则说明该导线断路。线与线之间电阻值的标准值应为无穷大，否则说明线路之间存在短路。

2.2 传感器

2.2.1 经典维修故障案例

2.2.1.1 F18 发动机无法启动

(1) 车辆信息

车型	发动机型号	里程 /km
525Li, F18	N20	48000

(2) 故障现象描述

客户反映：车辆无法启动，拖车进店。

故障现象确认：经检查，按启动按钮，正如客户所述，车辆无法启动，但能听到起动机工作的声音，CID 显示传动系统故障。

(3) 故障分析思路及排除方法

由于导致车辆无法启动的原因较多，但 CID 显示传动系统故障，说明控制系统有故障。先用 ISID 对车辆进行检测，读取故障代码，发现存在如图 2-10 所示故障代码。

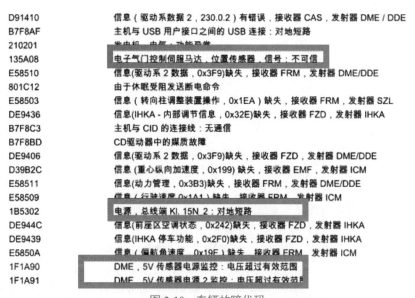

图 2-10　车辆故障代码

根据故障现象，结合以上的故障代码来看，影响发动机启动的主要是方框中的几个故障代码。当然不排除总线上的故障（因为有很多的信息缺失故障）。其中代码"1B5302"故障频率 1 次，当前不存在，可先不管；"1F1A90"和"1F1A91"故障当前持续存在，而这 5V 是给 DME 外围传感器供电的，刚好吻合了其他的故障代码。根据保养措施分析可能的故障原因有以下几个方面：

一是某个 5V 供电的传感器损坏；

二是 5V 供电线路故障：对地短路、对电源短路；

三是 DME 损坏。

执行 5V 传感器供电检测计划，查看图 2-11 所示电路图，发现"1F1A91 DME，5V 传感器电源 2 监控：电压超过有效范围"故障码所对应的应该是电路图上的 5V_1。分别给加速踏板模块、进气压力传感器、文丘里喷嘴压力传感器、发动机压力温度传感器、排气凸轮轴传感器、电子气门控制伺服电机位置传感器提供 5V 供电。而这几个传感器分别连接在 DME 的 A223*1B、A46*2B、A46*3B、A46*4B 插接器上。

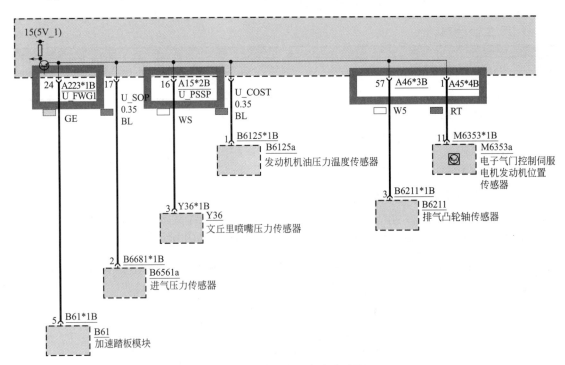

图 2-11 传感器 5V 供电电路图

由于电子气门伺服电机控制直接影响发动机启动，所以首先选择 DME 中电子气门伺服电机线束插头 A46*4B，连接适配器 614200，测量 A46*4B 的 1 号针脚的电压。测量电压为 1.3V，标准应该是 5V，测量结果不正常。

拔掉适配器 614200 上传感器侧的插头，测量电子气门 5V 供电依然为 1.3V 左右，排除电子气门伺服电机传感器和其线束对地短路的可能。

为了快速确认故障部位，依次拔掉 DME 上 A46*3B、A46*2B 插头后，测量电子气门的 5V 供电，仍然无法显示 5V，排除了这两个插头外围线路和传感器对地短路的可能。由于 A223*1B 上连接有 DME 的供电和总线，所以 1B 不能直接拔。而 A46*1B 上连接了加速踏板的供电，于是决定先拔加速踏板插头，测量电子气门 5V 供电依然为 1.3V 左右。传感器 5V_1 供电除了加速踏板传感器线束没排除，其他都排除了。于是断开蓄电池负极和加速踏板插头，测量 24 号针脚对车身电阻为无穷大，24 号针脚与 27 针脚、11 针脚之间的电阻也为无穷大，测量结果正常。到目前为止所做的测量，判定是 DME 内部 5V_1 输出电压有问题。

为了进一步确认故障，仔细查询电路图，发现加速踏板采用两个霍尔传感器，并且 5V

供电不同，一个是 5V_1，一个是 5V_3，如图 2-12 所示。所以决定测量一下加速踏板传感器的另外一个 5V_3 供电，即 A223*1B 插接器的 7 号针脚对地电压为 4.95V，正常。而故障的 A223*1B 插接器的 24 号针脚对地电压为 1.3V，不正常。可以判断 DME 内部 5V_1 输出确实有故障。

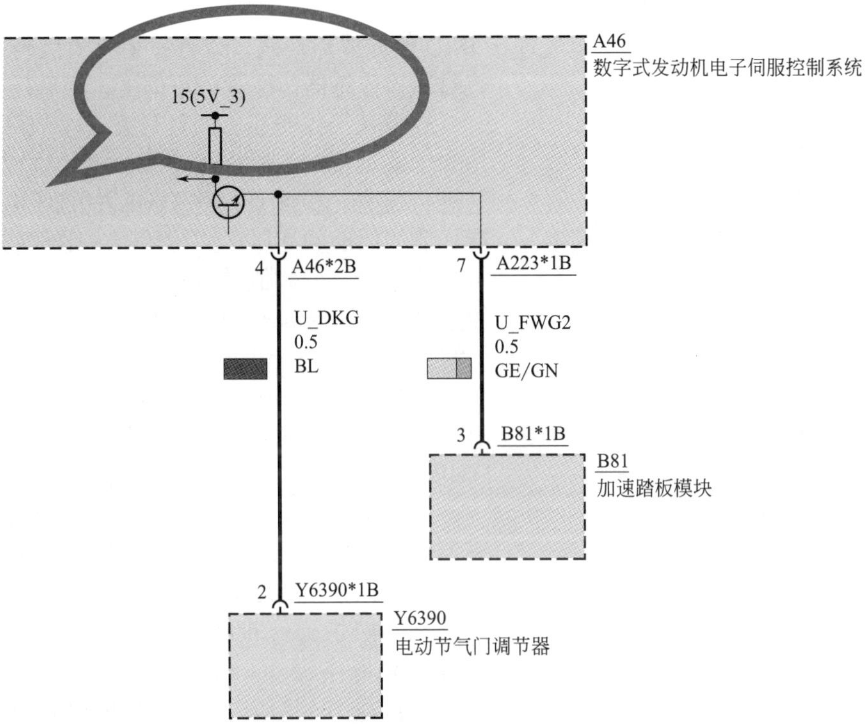

图 2-12　加速踏板传感器 5V_3 供电

最后经客户同意更换 DME。更换 DME 后，启动试车一切正常，故障排除。由于 DME 内部电路比较复杂，什么原因导致传感器 5V_1 电压输出低不得而知。

（4）故障总结

该案例是典型的由于传感器的 5V 供电故障导致发动机无法启动故障。传感器的 5V 供电是由 12V 蓄电池电压经 DME 内部的降压电路转变为 5V 后输出供电，分为 5V_1，5V_2，5V_3。每个 5V 输出电压在 DME 内部是相连接的，但不同的 5V 电压不相通。这就意味着 5V 供电上的一个传感器的供电对地短路或对电源短路，全部的传感器都不能工作。这时就要分别检查线路和其上的各个传感器。同时还要注意发动机的配置不同，电路图中的 5V 传感器不是所有 DME 上都有，所以有些 DME 侧有针脚，但实际没有连接传感器，如果这些针脚存在短路，也会造成同样的故障，检查时要特别留意。学会分析电路图，并利用好 ISTA 中的资料，如插头位置和线脚布置，这有利于我们快速隔离故障。

2.2.1.2　F02 发动机故障灯亮

（1）车辆信息

车型	发动机型号	里程 /km
740Li，F02	N55	27000

（2）故障现象描述

客户反映：发动机故障灯点亮，车辆行驶没有任何影响，没有任何症状。

故障现象确认：启动发动机后，发动机故障灯亮起，发动机运转一切正常，与客户描述的现象一致。

（3）故障分析思路及排除方法

由于没有其他故障现象，所以先连接 ISID 读取故障代码，只有一个故障代码：104301，绝对压力传感器，吸管，可信度，空转压力高。

故障代码很明显，而且只有一个故障代码，还是关于发动机的，所以还是按照电脑生成的检测计划进行检查。检测计划将 DME 中的环境压力传感器、节气门前的增压压力传感器、节气门后的歧管压力传感器三个数值进行对比，三者之间最大允许偏差在正负 25mbar 之内就认为是正常的。执行完检测计划后提示一切正常。

根据故障代码中的保养措施提示，导致故障码出现的故障点可能有两处：一是歧管压力传感器和 DME 之间线束；二是进气压力传感器。

首先根据图 2-13 所示电路图检查歧管压力传感器与 DME 之间的线束，DME 侧 34 号针脚电压为 5V 正常，传感器与 DME 三条线束之间没有短路和断路情况。排除了线路故障，所以剩下的只有传感器本身了，于是更换歧管压力传感器，当天试车没有亮灯，故障维修结束，将车辆交给客户。

第二天，客户打过电话说故障灯又亮了。接到车辆后再次对车辆进行检测，故障代码与上次检查一样，说明根本不是歧管压力传感器的问题。该测量的也测量了，传感器也换了，怎么还

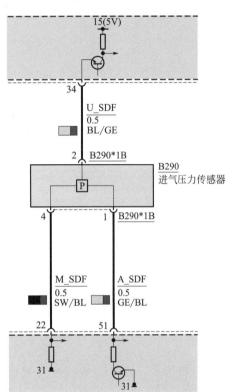

图 2-13 歧管压力传感器电路

报码呢？难道是 DME 有问题？想起 N55 发动机 28A0 故障代码吸管压力过高的维修措施，按措施要求标准执行了所有项目，用核桃砂将该洗的全都洗了并且拍了照片，烟雾测试仪测漏照片全拍了，证明以上都没有问题。然后编程清除故障代码，试车。车辆在行驶过程中状况良好，故障灯一直都没有点亮。熄火停车，锁车，5min 后上车着车，发动机故障灯点亮。

为什么行驶过程中发动机故障灯不亮，熄火重新着车灯就亮了？故障的识别条件是不是在 KL15 打开的时候就已经识别到了呢？28A0 的维修方案根本不适合本车，因为 28A0 故障代码产生机理是发动机在运转过程中产生的（对比节气门开度和歧管压力传感器数值）。带着各种疑虑再次仔细研究故障代码，如图 2-14 所示，此故障是在发动机空转且发动机熄火后识别到的。

重新整理一下思路，传感器问题可以排除，该清洗的也清洗了，进气系统没有漏气，也只能是 DME 或线路问题。所以接下来找到歧管压力传感器功能描述文件，发现里面有歧管压力传感器的特性曲线，如图 2-15 所示。

故障描述	本诊断将在DME空转期间监控环境压力传感器、进气压力传感器和增压压力传感器测出的压力是否相同。 故障监测前提条件： 如果进气管压力传感器测量的压力与压力传感器压力值（环境压力，节气门前的压力，进气管压力）的平均值偏差过大（偏差大于传感器的公差），则识别为故障。
故障识别条件	温度条件： - 无。 时间条件： - 发动机熄火后5至10秒。 其他条件： - 空转。 控制单元电压：9 V至16 V。 总线端Kl. 30B接通
故障代码存储记录条件	立刻记录故障。

图 2-14 故障代码细节描述

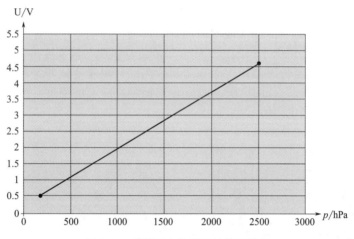

图 2-15 歧管压力传感器的特性曲线

决定根据特性曲线测量歧管压力传感器信号电压，在测量时无意间晃动了一下压力传感器线束，发现测量结果在晃动的时候突然跳动一下，难道是线路接触不好？接下来对每根线束都进行了拉拔测试，结果故障发现了，歧管压力传感器的接地线从根部被轻轻地拉断了，其他两根线使劲拉都没什么反应，如图 2-16 所示。

图 2-16 歧管压力传感器接地线断开

将线路修复后删除故障代码试车，故障灯没有点亮，后期对客户进行回访，客户反映一切正常，确定故障已经排除。

（4）故障总结

这是一个典型的由于传感器线路故障导致的传感器信号不可信故障。原本是一个很简单的线束测量就能够解决的问题，由于在诊断过程中对线路测量不仔细、不全面，造成了客户的投诉，也走了很多的弯路。同时仔细认真研究故障代码产生环境和故障代码的描述说明，理解故障代码产生的原理，是维修传感器故障必不可少的步骤。对线束进行测量时，切记一定要晃动或进行拉拔，这样才能判断线路是否存在"藕断丝连"问题。

2.2.2 故障解析

2.2.2.1 传感器结构特点

（1）传感器的类型

发动机控制系统中所用的传感器按工作原理可分为以下几种类型。

① 电阻式传感器。又可分为机械可变电阻式传感器、热敏电阻式传感器及压敏电阻式传感器。机械可变电阻式传感器的应用有燃油油位传感器，热敏电阻式传感器的应用有发动机冷却液温度传感器、空气流量传感器，压敏式电阻传感器的应用有燃油压力传感器、歧管压力传感器。

② 霍尔式传感器。在发动机控制中的应用较为广泛，如曲轴位置传感器、凸轮轴位置传感器、加速踏板位置传感器、节气门位置传感器等都使用霍尔式传感器。

③ 压电式传感器。在发动机控制中的应用主要指爆震传感器。

④ 金属氧化物式传感器。在发动机控制中的应用主要指氧传感器。

（2）主要传感器特点

① 热敏电阻式传感器。冷却液温度传感器是发动机控制系统中比较有代表性的热敏电阻式传感器，安装在发动机出水口附近，用于检测发动机冷却液温度，其结构及特性曲线如图 2-17 所示。冷却液温度传感器由封闭在金属盒内的对温度变化非常敏感的负温度系数热敏电阻（NTC 电阻）构成，利用电阻值的变化来检测冷却液的温度。冷却液温度越低电阻值越大，冷却液温度越高电阻值越小。

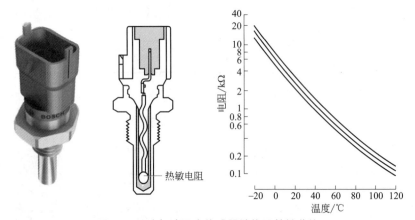

图 2-17　冷却液温度传感器结构及特性曲线

② 霍尔式传感器。在发动机控制系统中，霍尔式传感器应用比较广泛，曲轴位置传感器是典型的霍尔式传感器，利用霍尔效应原理来识别转速和位置信号，其结构外形和信号电压波形如图 2-18 所示。霍尔式传感器主要由靶轮和霍尔集成电路组成。靶轮安装在曲轴上，与曲轴一起转动，在靶轮上具有 30 对磁极，其中有一对宽磁极用来识别 1 缸上止点信号。霍尔集成电路固定上发动机壳体上，测量端与靶轮保持一定的距离。当靶轮随曲轴转动时，霍尔集成电路就会检测到来自靶轮的信号。曲轴转动一圈，会产生 60 个信号。发动机 ECU 通过产生信号的数量就可以识别发动机的转数，然后通过宽磁极对识别 1 缸上止点的位置。

③ 压电式传感器。发动机控制系统中的爆震传感器是压电式传感器的典型应用。压电式爆震传感器利用压电效应原理检测发动机爆震，信号的转换通过压电陶瓷片进行，由于压

力作用，在陶瓷内部产生电荷移动，从而产生电压。爆震传感器固定在曲轴箱上，用于记录固体声振动。在较长时间持续爆震时，压力波和热负荷可能在气缸盖密封件上、活塞上和气门区域内引起机械损坏。爆震燃烧的特征性振动可通过爆震传感器被接收，转换为电信号，并被输送到发动机控制系统。发动机控制系统根据爆震传感器的数据可以采取应对措施，避免爆震的出现。爆震传感器在最高约 20kHz 的频率范围内显示出线性特征。传感器自身的谐振频率出现在一个高得多的频率下，爆震传感器的外形及电压波形如图 2-19 所示。通常出现的发动机爆震声在大约 7kHz 的频率范围内变动。

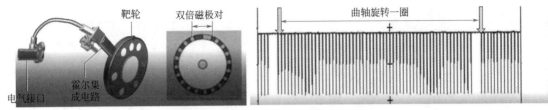

图 2-18 曲轴位置传感器外形和信号波形

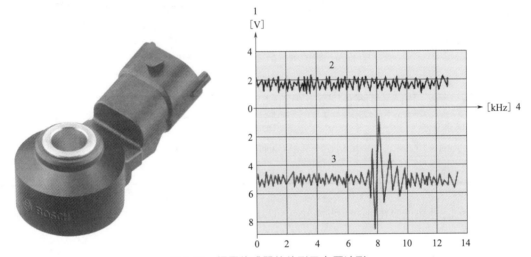

图 2-19 爆震传感器的外形及电压波形
1—电压；2—不带爆震的信号；3—带爆震的信号；4—频率

④ 金属氧化物式传感器。在发运机控制系统中，氧传感器是金属氧化物式传感器的重要应用之一。氧传感器安装在排气管上，用来检测排气中氧的浓度。发动机控制系统中至少都安装有两个氧传感器，一个安装在废气触媒转换器前，称为前氧传感器，用于监控混合气浓稀信号；一个安装在废气触媒转换器后，用于监控废气触媒转换器的转换效率。氧传感器的传感机构由二氧化锆陶瓷层组成，在传感元件上涂有铂电极。层压板中插入的加热元件确保快速加热到必要工作温度。在传感器的线束连接器端有金属护套，其上设有小孔，以便使氧化锆管内侧通大气。发动机运行时，废气中残余氧含量不断改变，在外部电极和内部电极之间会出现一个电压。当空气过量系数等于 1 时，测量元件上的电压为 450mV；当空气过量系数大于 1 时，电压变小；当空气过量系数小于 1 时，电压变大。氧传感器的安装位置及特性曲线如图 2-20 所示。

⑤ 智能型压力传感器。现在宝马发动机控制系统中有些传感器采用新型的智能传感器。智能传感器内部有集成电路，相当于一个小型处理器，能够对采集来的传感器信号进行运算

处理和自诊断，能够识别出传感器内部的机械和电气故障。例如 N20 发动机中采用的智能型组合式机油压力和温度传感器。通常情况下组合式压力和温度传感器带有供电、接地、温度信号、压力信号四个接口。而新型组合式机油压力和温度传感器只有三个接口。温度和压力信号不再分别通过单独导线传输，而是由传感器发出一个脉冲宽度调制 PWM 信号。该 PWM 信号分为三个固定循环。第一个循环用于进行同步和诊断，第二个循环传输温度，第三个循环传输压力。在此通过各个循环的高电平持续时间确定该数值，见表 2-7。

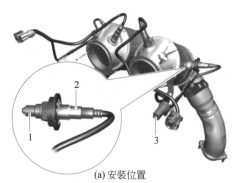
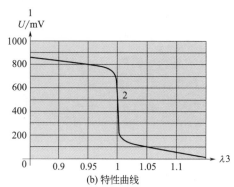

(a) 安装位置
1—宽带氧传感器；2—壳体；3—插头连接

(b) 特性曲线
1—测量元件上的电压；2—信号曲线；3—空气过量系数

图 2-20　氧传感器的安装位置及特性曲线

表 2-7　智能型压力传感器信号特点

功能	循环持续时间 /μs	高电平持续时间 /μs
同步和诊断	1024	256～640
温度	4096	128～3968
压力	4096	128～3968

对于诊断信号来说高电平持续时间始终是 128μs 的倍数，高电平信号持续时间脉冲宽度含义见表 2-8。

表 2-8　智能型压力传感器信号脉冲宽度及含义

高电平持续时间 /μs	脉冲宽度 /%	含义
256	25	诊断正常
384	37.5	压力测量失灵
512	50	温度测量失灵
640	62.5	硬件故障

（3）传感器供电和接地

传感器接地直接来自控制单元，以避免由于发动机接地/车身接地的电位差造成传感器信号干扰。

因为传感器能够在低压范围内可靠工作，所以多数传感器采用 5V 工作电源。5V 电源由 12V 蓄电池电源经控制单元内部通过降压电路实现，以避免传感器信号干扰。由于发动机控制系统中的传感器比较多，因此把传感器分组，由几组不同的 5V 电源分别给传感器供电，如图 2-21 所示，这样可以避免由于 5V 供电或一个传感器故障导致所有传感器不能正常工作。

第 2 章 发动机控制系统

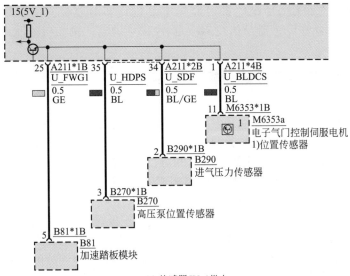

(a) 传感器5V_1供电

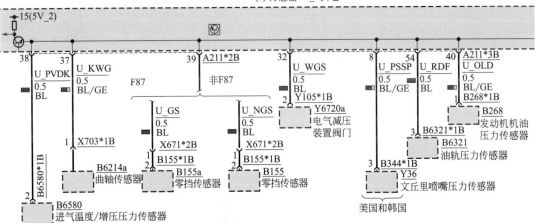

(b) 传感器5V_2供电

(c) 传感器5V_3供电

图 2-21 传感器 5V 供电

并且 DME 内部对每组 5V 供电都有监控电路进行实时监控。由于个别传感器需要 12V 电源工作，所以有些传感器与执行器一起用 12V 供电，例如机油状态传感器就采用 12V 供电。

2.2.2.2 传感器故障分析

在控制单元内部有对传感器电源和信号进行监控的电路，无论是传感器电源还是传感器信号或线路出现问题，在控制单元内部都会识别到并记录相应故障代码。

传感器故障代码大致可以分为两类：一类是报传感器信号断路或短路故障；另一类是报传感器信号不可信故障。以图 2-22 所示的温度传感器监控电路为例，传感器 5V 电源经控制单元内部的一个上拉电阻与温度传感器相连，形成一个串联分压电路。控制单元通过监控上拉电阻下端信号电压识别传感器的信号电压。当控制单元接线柱的电压始终为 5V 或大于 5V，此时控制单元就会存储传感器信号断路或对正极短路；当控制单元接线柱的电压始终约为 0V，此时控制单元就会存储传感器对地短路。如果是传感器 5V 电源出了故障，在控制单元内部同样有监控整个 5V 电源的电路，此时就会报 5V 电源故障，同时也会报 5V 电源上连接的传感器相关故障。

传感器报出信号不可信故障的前提是控制单元内部会有其他相应传感器与故障传感器信号进行对比，比如温度信号、进气压力信号及进气量信号等。控制单元内部通过对比几个传感器信号之间数值偏差识别并记录相应故障。

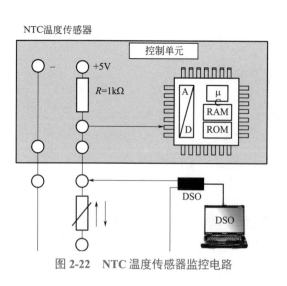

图 2-22　NTC 温度传感器监控电路　　图 2-23　曲轴位置传感器电路

2.2.2.3 传感器故障诊断方法

根据以上分析对于报传感器断路或短路故障,主要是传感器供电、传感器线路和传感器本身断路或短路故障引起的。对于报传感器可信度故障主要是传感器本身功能故障或传感器线路虚接导致的。下面以 B48 发动机的曲轴位置传感器为例介绍传感器的诊断方法,图 2-23 所示为曲轴位置传感器电路图。

对于传感器供电故障,根据电路图可以测量传感器侧 1 号端子或控制单元侧 26 号端子电压,标准电压为 5V。

对于传感器线路故障建议采用电阻法测量。判断传感器线路断路和虚接时,可分别断开传感器和控制单元侧插接器,分别测量传感器 1、2、3 号端子与控制单元 26、31、36 号端子之间的电阻,标准阻值小于 1Ω。判断传感器线路短路时,可分别断开传感器和控制单元侧插头,分别测量传感器 1、2、3 号端子之间的电阻,标准阻值为 ∞。

对于传感器本身断路和短路的故障,可断开传感器侧的插接器,分别测量传感器各端子之间的电阻值,对于有标准阻值的电阻型传感器,可与标准阻值对比。如果没有标准值,可利用同款车型进行对比测量。

对于传感器功能故障,可以根据传感器的特性曲线和波形测量多工况信号线的电压波形。判断传感器功能故障的前提是掌握所测量传感器的标准波形及特性曲线图,即使是同一类型的传感器,其标准波形及特性曲线也会不同。下面列举了发动机控制系统中主要传感器的波形及特性曲线以供参考。

① 凸轮轴位置传感器信号波形。凸轮轴位置传感器也是霍尔式传感器,分为进气凸轮轴位置传感器和排气凸轮轴位置传感器。传感器借助一个固定在凸轮轴上的齿盘探测凸轮轴的位置,凸轮轴位置传感器连同曲轴位置传感器一起,保证每个气缸的燃油喷射都在最佳点火时刻进行。其信号波形如图 2-24 所示,波形为规则幅值的 5V 矩形方波。有些发动机进气凸轮轴位置传感器波形与排气凸轮轴位置传感器波形完全相同,而有些发动机的两个信号波形错开一定的角度。

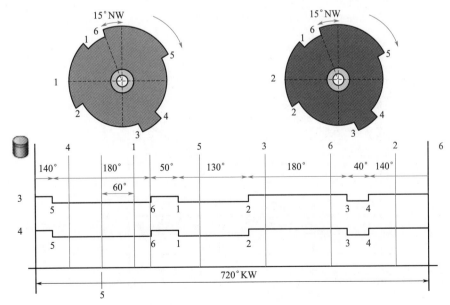

图 2-24 凸轮轴位置传感器波形

1—进气凸轮轴;2—排气凸轮轴;3—进气凸轮轴信号;4—排气凸轮轴信号;5—气缸 1 上死点参考标记;6—气缸

② 空气流量传感器特性曲线。空气流量传感器是热膜电阻式，属智能型传感器，具有自诊断功能，可识别出传感器内部故障。其特性曲线如图2-25所示，热膜式空气质量计具有一个以频率设码的输出信号，波形为振幅是5V的规则矩形方波，进气量不同，波形的频率不同。传感器的设计可以识别出回流，并可以在数值和流动方向上进行处理。空气质量的信号品质取决于温度。要准确确定空气质量，需要有高精度。因此，发动机控制单元所接收到的空气质量信号必须通过进气温度传感器信号进行修正。

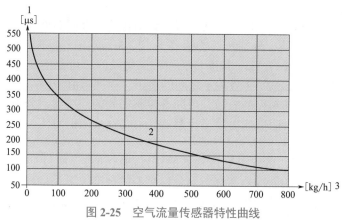

图2-25　空气流量传感器特性曲线

1—周期；2—热膜式空气质量计特性线；3—空气质量

③ 节气门位置传感器特性曲线。节气门位置传感器也是由两个霍尔传感器组成。两个霍尔传感器由DME提供5V供电电压，节气门电机由DME的PWM信号控制其正、反转到达相应的位置，受其联动控制两个霍尔传感器即产生不同的信号反馈给DME，DME根据反馈信号计算出节气门所处位置。在不通电状态下，节气门由两个节气门复位弹簧保持在约5.2°的紧急空气点。其特性曲线如图2-26所示，两个节气门传感器信号电压成反比，但两个传感器信号电压的总和为5V的电源电压。

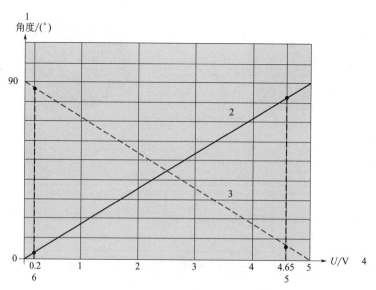

图2-26　节气门位置传感器特性曲线

1—节气门开度；2—霍尔传感器1信号；3—霍尔传感器2信号；4—信号电压；5—上部电压极限；6—下部电压极限

④ 加速踏板位置传感器特性曲线。加速踏位置信号由两个霍尔传感器组成，由发动机控制单元分别提供 5V 电压和接地。一个传感器负责提供加速踏板位置信号，另一个传感器进行故障识别。其特性曲线如图 2-27 所示，不同的加速踏板位置对应不同的传感器。传感器 1 在怠速转速下，数值为供电电压的 15%，在极限位置约 90%；传感器 2 在怠速转速下，数值为供电电压的 7.5%，在极限位置约 45%。传感器 1 的信号电压值是传感器 2 信号电压的 2 倍。

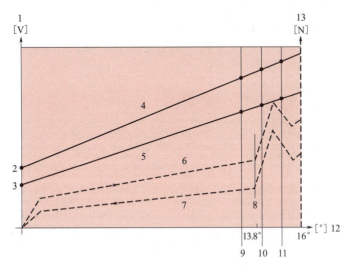

图 2-27　加速踏板位置传感器特性曲线

1—传感器电压；2—传感器 1 在怠速下的传感器电压；3—传感器 2 在怠速下的传感器电压；4—传感器 1 输出信号变化过程；5—传感器 2 输出信号变化过程；6—不断增大的制动踏板力的特性线；7—不断减小的制动踏板力的特性线；8—由于强迫降挡开始提高制动踏板力或由于强迫降挡结束减小制动踏板力；9—不带强迫降挡的满负荷位置；10—强迫降挡关闭；11—强迫降挡接通；12—踏板角度；13—制动踏板力

2.3　执行器

2.3.1　经典维修故障案例

2.3.1.1　F02 车辆无法启动

（1）车辆信息

车型	发动机型号	里程 /km
730Li，F02	N52	24000

（2）故障现象描述

客户反映：车辆无法启动。

故障现象确认：经检查，启动车辆，起动机工作但发动机不着车，客户描述属实。

(3) 故障分析思路及排除方法

导致发动机无法启动的原因很多,有可能是机械方面故障,也可能是电气控制方面的故障。首先用 ISTA 对车辆进行诊断,读取故障代码如下:

1B5601:总线端 KL.15N<02,无电压;

1B5102:总线端 KL.15_3,CAS 的导线,电气对地短路;

12B504:废气触媒转换器之前的氧传感器温度测量,控制单元中的测量失败;

129002:废气触媒转换器前氧传感器,信号线对地短路;

D39578:信号无效,DME/DDE 发射器。

根据检测计划和图 2-28 所示电路图,测量控制单元 DME 供电。总线端 KI.15N<01

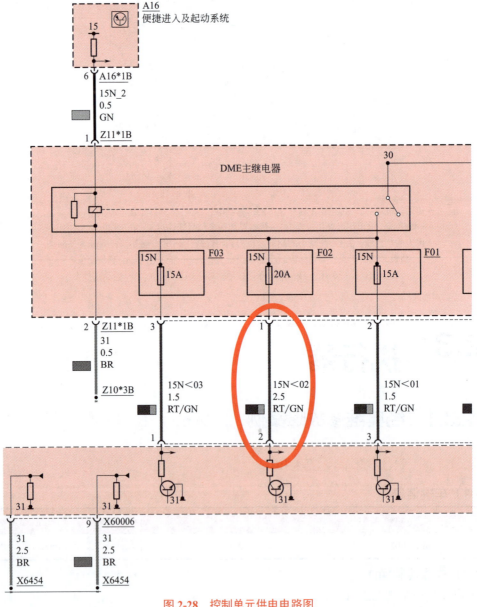

图 2-28 控制单元供电电路图

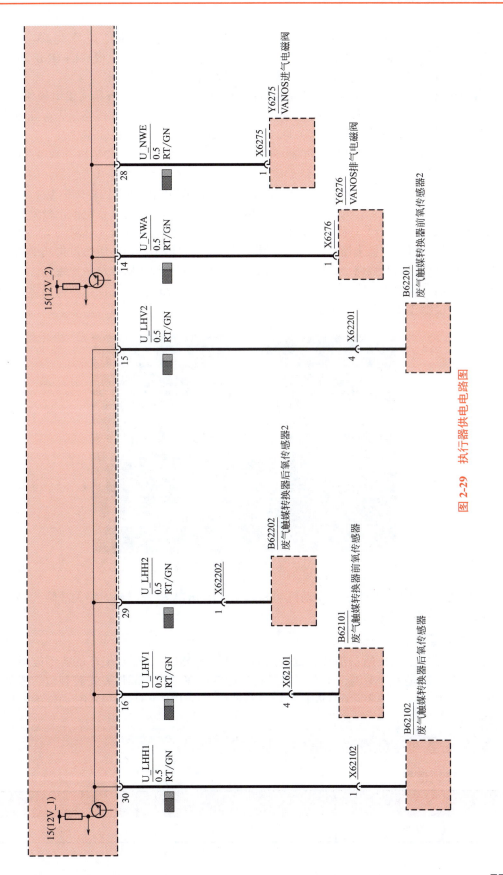

图 2-29 执行器供电电路图

电压为 11.98V，总线端 KL.15N<03 电压为 11.98V，KL.15N<02 供电电压为 0V。总线端 KL.15N<01、总线端 KL.15N<02 和总线端 KL.15N<03 都是由集成供电模块内 DME 主继电器通过 F01、F02、F03 供电，由此判定为集成供电模块内 F02 熔丝熔断。

由于 PDM 内部熔丝损坏很可能是由线路短路导致，接下来检查集成供电模块 PDM 上插接器 X60181 的 1 号针脚与 DME 上插接器 X60005 的 2 号针脚之间线路是否存在短路，没有发现问题。测量 DME 上插接器 X60005 针脚对地电阻为 51.96KΩ，正常。

集成供电模块 PDM 内 F01、F02、F03 经 DME 内部后又分为 12V-1，12V-2，12V-3 三条供电线路给相应的执行器供电。依据故障代码"废气触媒转换器前氧传感器，信号线：对地短路"，查询电路如图 2-29 所示，发现前氧传感器由 DME 内部的 12V-1 供电。

为了找到短路故障点，先拔下与 12V-1 相连的所有插接器，再从蓄电池正极处直接引了一根正极导线，中间加了一根与 F02 同样大的熔丝直接连接到 DME 上插接器 X60005 的 2 号针脚上，然后再逐个插上所拔下的插接器。当插上前氧传感器插头后熔丝再次熔断，说明故障点在前氧传感器及线路上，测量氧传感器线路发现前氧传感器线路对地短路。经检查发现前氧传感器线束由于固定不牢而松脱，导致加热导线绝缘层被三元催化转换器烫坏与发动机壳体直接接触造成短路，如图 2-30 所示。

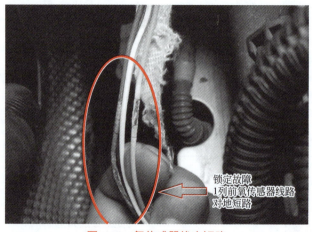

图 2-30　氧传感器线束短路

维修线路并更换 PDM 后，发动机顺利启动，用 ISTA 检查车辆无相关故障代码，试车后一切正常，故障排除。

（4）故障总结

该故障是由于氧传感器加热装置线路短路导致 PDM 内部熔丝损坏的典型故障，造成线路松脱有可能是人为原因，也有可能是自然原因，在维修中部件要安装到位。故障代码报的 F02 熔丝故障，而实际是 DME 中给执行器供电的 12V-1 故障，DME 内部的连接关系不得而知。

2.3.1.2　F20 发动机报警，加速无力

（1）车辆信息

车型	发动机型号	里程 /km
118i，F20	N13	45000

（2）故障现象描述

客户反映：发动机加速无力，发动机灯亮，车辆可以慢速行驶

故障现象确认：接车后试车，车辆确实加速无力，发动机故障灯点亮，客户描述属实。

（3）故障分析思路及排除方法

由于影响发动机加速无力及发动机故障灯点亮的原因很多，很可能是发动机某个传感器或执行器有故障。用 ISID 对车辆进行检测，发现有以下故障代码：

102A01：空气流量计，信号，电气故障；

120408：增压压力调节，作为后续反应关闭；

122002：循环空气减压阀，控制，对地短路；

130002：VANOS 排气电磁阀，控制，对地短路；

1B5302：电源，总线端 KL15N-2，对地短路；

1CD202：油压调节阀，控制，对地短路。

根据故障代码分析，有多个执行器和电源短路故障，很可能是执行器供电或相关执行器及线路引起的。根据故障代码生成的检测计划，按电路图 2-31 所示，对空气流量计，增压压力调节阀，进、排气 VANOS 电磁阀，油压调节器供电进行测量，电压为 0V，正常应该为 12V，测量传感器导线均正常。由于上面的所有供电都来自电源 15N-2，判断为 DME 供电系统出现故障。

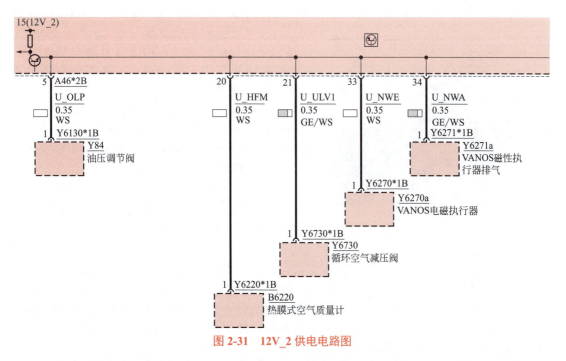

图 2-31　12V_2 供电电路图

根据电路图 2-32 所示检查 DME 供电系统；测量 PDM 供电模块至 DME 供电电压，发现插接器 Z11*3B 上的 1 号针脚输出电压为 0V，其他针脚输出电压为 12V，判断故障为供电模块 PDM 内部 F02 保险丝断路。

PDM 内部熔丝损坏多数是由执行器线路或执行器本身短路故障导致，如果先换 PDM 很可能会造成新 PDM 的再次损坏，一定要先找到导致 PDM 损坏的故障点。由于 PDM 已经损坏，如何验证到底是哪个执行器出现故障了呢，根据电路图分析，决定将 PDM 供电模块插

接器 Z11*3B 的 1 号针脚和 2 号针脚对调。这样 Z11*3B 插接器的 1 号针脚就又有电了，同时拔掉报故障的执行器所有插头，然后启动发动机一个个插上传感器插头，用 ISID 进行检测，验证传感器有无短路故障。

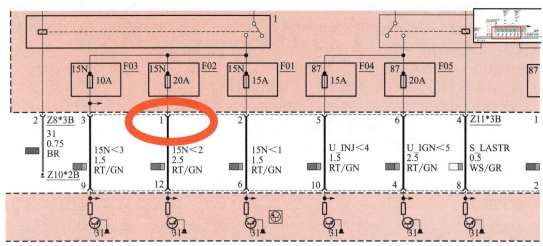

图 2-32 控制单元供电电路图

当插上油压调节器插头时发现空气流量计，增压压力调节阀，进、排气 VANOS 电磁阀，油压调节器短路故障再次出现，测量 PDM 上插接器 Z11*3B 对调过去的 1 号针脚电压为 0V，F01 熔丝也损坏了，由此可以判断是油压调节器内部短路导致 PDM 模块内部熔丝烧毁。

测量油压调节器电磁阀电阻为 1Ω 左右为正常，可能是调节器调节到某个行程时导致内部短路，从而烧毁 PDM 熔丝，故障的油压调节器如图 2-33 所示。至此，找到了真正的故障。

更换油压调节器及 PDM 后试车，发动机加速正常，故障灯熄灭，故障排除。后经回访客户得知，车辆一切正常，故障彻底排除。

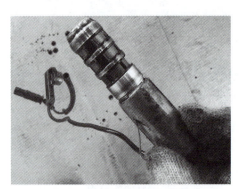

图 2-33 故障的油压调节器

(4) 故障总结

该故障是典型的由于执行器短路导致 PDM 内部熔丝损坏故障，由于执行器得不到供电，所以报了许多执行器短路故障。维修时遇到报短路故障时，切不可盲目更换零部件，特别是控制单元模块，一定要找到导致造成短路的最终故障点。此故障维修过程中，用对调 PDM 的供电来验证到底是哪个执行器短路的方法用得比较巧妙。维修过程中要对系统原理熟悉，对电路图仔细分析，要学会隔离故障及变通法则。

2.3.2 执行器故障解析

2.3.2.1 执行器结构特点

(1) 执行器类型

发动机控制系统中所用的执行器按工作原理可分为以下几种类型。

① 热敏电阻式执行器。发动机控制系统中热敏电阻式执行器主要应用在一些加热装置中，采用正温度特性的热敏电阻，如氧传感器加热元件、曲轴箱通风加热装置、特性曲线节温器等。

② 电感式执行器。在发动机控制系统中的应用最为广泛，根据其应用形式的不同可分为电动机式执行器和电磁阀式执行器。电动机式执行器如 Valvetronic 电机、节气门电机、电动燃油泵等；电磁阀式的传感器如 VANOS 电磁阀、机油压力电磁阀、废气涡轮增压压力调节电磁阀、喷油器等。

③ 压电式执行器。在发动机控制中的应用主要指压电式喷油器。

（2）主要执行器特点

① 热敏电阻式执行器。其在发动机控制系统中的应用主要是加热元件。以曲轴箱通风加热装置为例进行介绍，其功用主要是防止发动机冷机时发动机排气系统内的冷凝水结冰，结冰后会使曲轴箱通风不畅，导致曲轴箱内的压力上升，造成发动机机油损耗。曲轴箱加热装置安装在通风排气管路上，通过一个 2 芯的插头与 DME 连接。加热装置由 DME 供电，同时 DME 负责控制加热装置的加热时间，加热根据环境温度变快或变慢。

② 电感式执行器。在发动机控制系统中，电感式执行器主要应用在各种电磁阀和电机上。以气动式的废气涡轮增压压力调节电磁阀为例，如图 2-34 所示，发动机控制系统通过控制增压压力调节电磁阀，从而调节通往气动调节膜片装置内的真空，从而改变调节阀的位置，以此来改变增压压力。

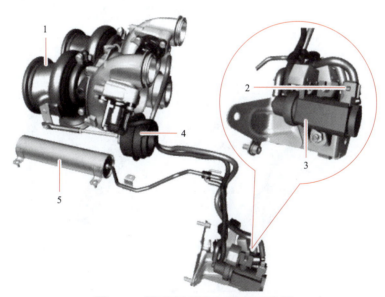

图 2-34　增压压力调节电磁阀安装位置

1—废气涡轮增压器；2—芯插头连接；3—减压装置阀门压力变换器；4—真空罐；5—真空储能器

增压压力调节电磁阀通过一个 2 芯插头与 DME 进行连接，由 DME 通过总线端 15N 供电，DME 通过一个按脉冲宽度调制的信号控制增压压力调节电磁阀，这样就在气动膜片装置上建立了决定调节阀门开启度的相应的真空。根据脉冲负载参数，真空可以无级改变，其特性曲线如图 2-35 所示。脉冲负载参数在 15%～65% 之间，根据发动机工作模式而定，提供的真空为 700mbar。当通过脉冲宽度调制的控制失效时，在紧急运行情况下以固定的脉冲负载参数控制增压压力调节电磁阀。

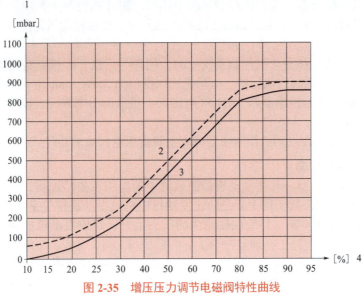

图 2-35　增压压力调节电磁阀特性曲线

1—真空控制；2—最大特性线；3—最小特性线；4—脉冲负载参数

③ 压电式执行器。其主要应用是压电式喷油器，在 N54、N63 发动机中采用。压电式喷油器的喷油响应性好，喷油控制精确，但对油的品质要求较高。压电高压喷油器的组成如图 2-36 所示，主要组成部件是压电元件。

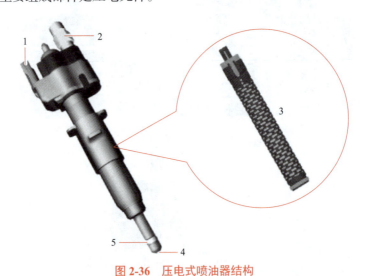

图 2-36　压电式喷油器结构

1—电气接头；2—燃油管路接头；3—压电元件层；4—喷嘴针阀；5—特氟隆环

压电元件是一个电气机械式转换器，由一种陶瓷材料制成，可将电能直接转化为机械能，其工作原理如图 2-37 所示。为了达到较大的行程，压电元件可以采用多层结构。执行机构模块由机械串联、电气并联的多个压电陶瓷材料层组成。压电晶体的偏移程度取决于所施加的电压，最多可达到晶体的最大偏移量，电压越高行程越大。压电元件通电后膨胀使喷嘴针阀向外伸出阀座，此时形成一个仅几微米大的环状间隙，环状间隙决定直接喷射系统的射流形状,并保证其均匀地呈锥形扩散。

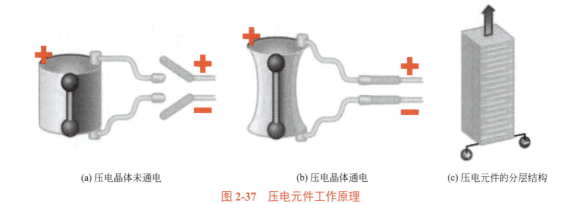

(a) 压电晶体未通电　　　　(b) 压电晶体通电　　　　(c) 压电元件的分层结构

图 2-37　压电元件工作原理

(3) 执行器的供电

执行器的供电由发动机控制单元 DME 提供,不同的发动机执行器的供电控制有所不同。宝马常见发动机执行器的供电按发动机不同大体可分为 N 系列和 B 系列两大类。

① N 系列发动机执行器供电。如图 2-38 所示,与传感器 5V 供电一样,由于发动机控制系统中的执行器也比较多,因此把执行器分成三组,分别由 12V_1、12V_2、12V_3 三组电源供电,而这三组电源分别来自 DME 主继电器控制的 F01、F02、F03 三个熔丝,而 F01、F02、F03 三个熔丝的供电则由发动机供电模块 PDM 提供。所以 N 系列发动机执行器的供电来自 PDM,但受控于 DME 主继电器,只有 PDM 和 DME 主继电器都正常,执行器才能供电正常。这样可以避免由于 12V 供电或一个执行器故障导致所有执行器不能正常工作。并且 DME 内部对每组 12V 供都有监控电路进行实时监控。

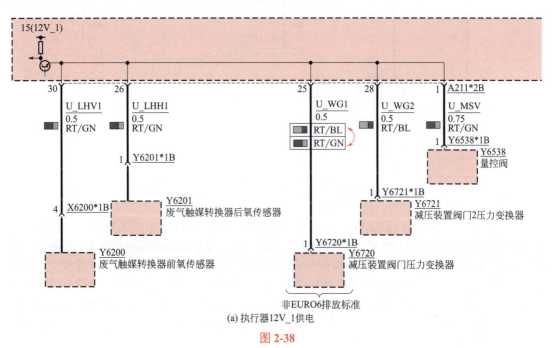

(a) 执行器12V_1供电

图 2-38

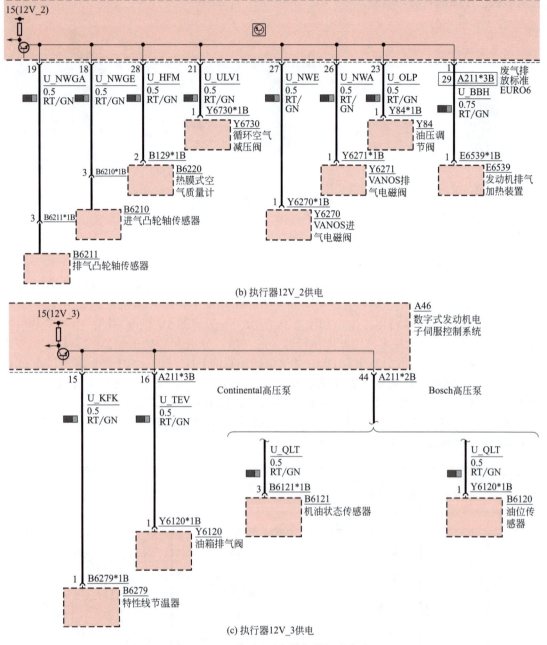

图 2-38　N 系列发动机执行器供电电路

② B 系列发动机执行器供电。与 N 系列发动机不同，其供电如图 2-39 所示。新增加了一个执行器继电器用来控制发动机的一些执行器，执行器继电器线圈接地由 DME 控制，执行器继电器的供电由 DME 主继电器控制，只有 DME 主继电器和执行器继电器线圈控制都正常的情况下，执行器继电器所控制的执行器才能得到供电（例如氧传感器加热装置、机油压力调节电磁阀、发动机排气加热装置等）。还有一部分执行器供电只受 DME 主继电器控制，只要 DME 主继电器工作正常，执行器就会得到供电（例如低温冷却液泵、VANOS 电磁阀、节气门电机、炭罐电磁阀等）。

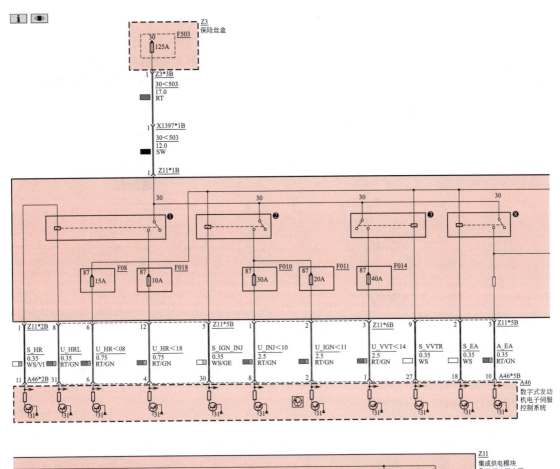
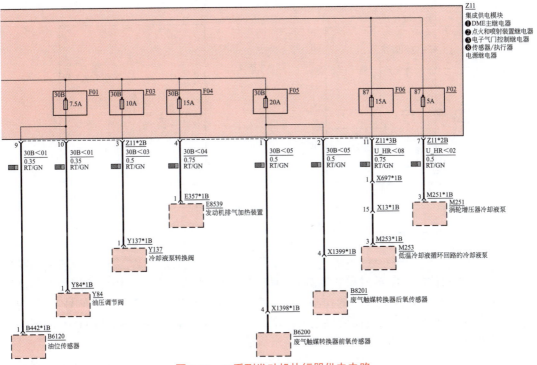

图 2-39　B 系列发动机执行器供电电路

(4) 执行器控制

不同的执行器由于工作方式不同，因此在控制方式上也不同。

① 电磁阀执行器。其在发动机上的应用最多，执行器的控制如图 2-40 所示，通常由 DME 通过末级控制，末级采取了保护措施，不会发生短路。DME 通过脉冲宽度调制（PWM）信号促动。控制单元根据实际需求量，来控制执行器导通时间和占空比大小。

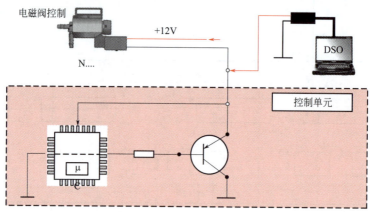

图 2-40　电磁阀执行器的控制

② 点火线圈的控制。以 N55 发动机为例，点火线圈的控制电路如图 2-41 所示。点火线圈的控制与电磁阀式执行器类似，都是末级控制，但不是采用 PWM 信号控制，而是根据发动机转速和凸轮轴信号进行控制。

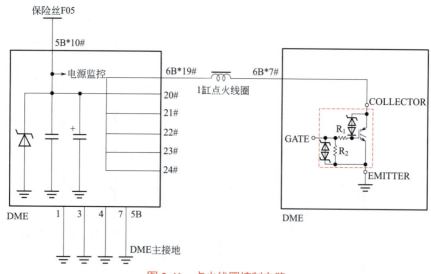

图 2-41　点火线圈控制电路

③ 喷油器的控制。N 系列和 B 系列发动机多采用缸内直喷系统，因此采用的都是高压喷射。喷油器的控制和点火线圈的控制类似，都是根据发动机转速和凸轮轴信号进行控制，但喷油器的控制比较特殊，既需要供电侧控制，又要末级控制。供电侧通过 DME 内部的升压电路进行控制，将电压拉升到 65V 左右，末级通过三极管电路进行控制。

④ 电机的控制。具有正反转功能电机的控制与其他执行元件控制不同，为了实现电机

正反转，需要对电机的正、负极线进行交替控制，控制原理简图如图 2-42 所示，只需要对 AD、BC 两组三极管进行控制即可实现电机的正反转控制。

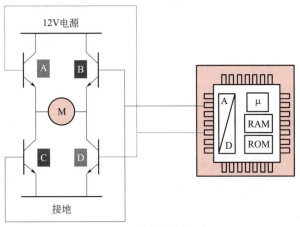

图 2-42　电机控制电路

2.3.2.2　执行器故障分析

在控制单元内部有对执行器电源和控制信号进行监控的电路，无论是执行器电源还是执行器控制信号或线路出现问题，在控制单元内部都会识别到并记录相应故障代码。现在发动机控制系统采用的都是闭环系统，执行器的执行状况都会有相应的传感器（间接或直接）信号进行监控和反馈，当执行器工作性能变差时，相应传感器会识别到，同时也会报出执行器相对应的功能性故障。

执行器故障代码大致可以分为两类，一类是报执行器信号断路或短路故障，另一类是执行器功能性故障。以图 2-43 所示的发动机排气加热装置监控电路为例，执行器 12V 电源经控制单元内部的一个上拉电阻与执行器相连，下部通过一个下拉电阻与控制单元控制端相连，形成一个串联分压电路。

控制单元通过监控上拉电阻下端监控电压识别执行器的供电电压。当控制单元接线柱的电压始终为 12V，下拉电阻监控电压始终为 0V 时，控制单元就会存储执行器断路故障；当控制单元的下拉电阻监控电压与上拉电阻监控电压始终相同时，控制单元就会存储执行器短路故障。如果是执行器 12V 电源出了故障，在控制单元内部同样有监控整个 12V 电源的电路，此时就会报 12V 电源故障，同时也会报 12V 电源上连接的执行器相关故障。

对于执行器功能性故障，有可能是执行器老化导致的性能变差，也有可能是执行器卡滞导致的工作不良。

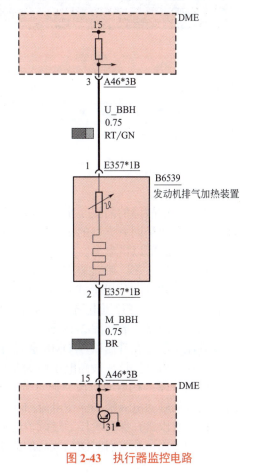

图 2-43　执行器监控电路

2.3.2.3 执行器故障诊断方法

根据以上分析，对于报执行器断路或短路故障，主要是执行器供电、执行器线路和执行器本身断路或短路，以及控制单元内部故障引起的。对于报执行器功能性故障主要是执行器本身功能故障或线路虚接导致的。

① 对于执行器供电故障，根据电路图可以测量执行器侧供电电压，标准电压为12V。

② 对于执行器线路故障可采用电阻法测量，其测量方法与传感器线路测量方法与标准一致。

③ 对于执行器本身断路和短路的故障，可断开执行器侧的插接器，分别测量执行器各端子之间的电阻值，对于有标准阻值的可与标准阻值对比。如果没有标准值，可利用同款车型进行对比测量。

④ 对于执行器功能故障，可以通过测量执行器的电压波形或电流波形进行判断，也可以通过ISTA中的调用控制单元功能进行辅助判断，如图2-44所示，只要该功能中有的项目，都能通过用ISTA对执行元件进行功能测试。

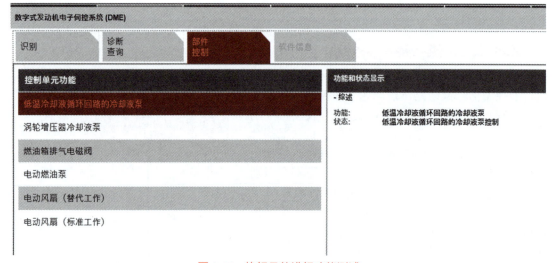

图 2-44 执行元件进行功能测试

判断功能故障的前提是掌握所测量执行器的标准波形，由于执行器的控制方式及工作条件不同，即使是同一类型的执行器，其标准波形也会不同。下面列举了发动机控制系统中主要执行器的波形以供参考。

a. 喷油器波形。喷油器是典型的电磁式的执行器，喷油器是一个向内部打开的多孔阀门，其喷射角度和喷射形式具有多样性。喷油器通过一个2芯插头与发动机控制单元连接，控制单元内部通过升压电路给喷油器提供一个65V高压，通过控制电路对喷油器的开启进行控制。喷油器波形如图2-45所示。

升压阶段：在升压阶段DME通过升高电压使喷油器开始打开。电流约10A时升压阶段结束。这个高电流是在最高电压约65V的情况下产生的。

启动阶段：在启动阶段，通过调节电流约6.2A在升压阶段后完全打开。启动阶段结束时，电流从启动电流降到保持电流约2.5A。

保持阶段：在保持阶段通过调节电流约2.5A保持打开状态。

关闭阶段：在喷射时间结束后的关闭阶段供电关闭。两次喷射过程之间至少维持2ms。

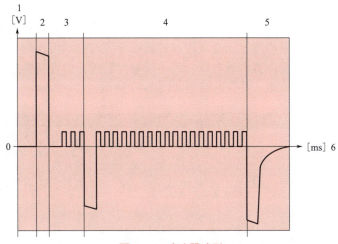

图 2-45 喷油器波形

1—电压；2—打开阶段；3—起动阶段；4—保持阶段；5—关闭阶段；6—时间

b. 点火线圈波形。点火线圈是典型的电感式执行器，是按照变压器原理进行工作的，在一个共用铁芯上安放着 2 个线圈，初级线圈由一根粗金属丝组成，匝数少。线圈的一端通过总线端 KL.15 过载保护继电器连接在车载网络电压正极上，另一端连接在点火终极上，这样点火终极能够接通初级电流。次级线圈由一根匝数很多的细金属丝制成。点火系统的点火电路由下列部分组成：带初级和次级线圈的点火线圈、发动机控制单元中的点火终极、火花塞（与次极线圈相连）。每个火花塞都由一个单独的点火线圈以及发动机控制单元中一个单独的点火终极进行控制。点火终极在希望的点火时刻前使车载网络中的一个电流流过初级线圈。在初级电路闭合期间（关闭时间），在初级线圈中建立起一个磁场。在点火时刻，流过初级线圈的电流重新中断。磁场的能量通过磁耦合的次级线圈放电（感应）。这时在次级线圈中产生一个高压，此高压在火花塞上产生点火火花，其波形如图 2-46 所示。

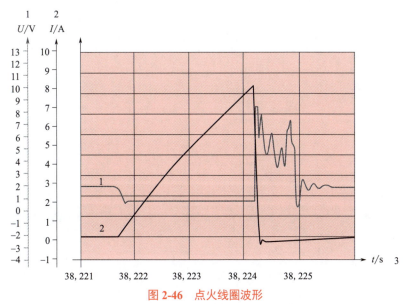

图 2-46 点火线圈波形

1—点火线圈上的电压；2—初级线圈充电电流；3—时间

c. 氧传感器加热电阻控制波形。氧传感器都需要在较高的温度下才能正常工作，例如前氧传感器至少在 760℃ 的温度才能进行工作，因此在氧传感器中都装有加热装置加热元件确保快速加热到工作温度。氧传感器加热元件通过两根导线与发动机控制单元相连：一根是供电线，由发动机控制单元提供蓄电池电压；另一根为控制线，由发动机控制单元按脉冲宽度调制的信号对其进行加热控制，其控制波形如图 2-47 所示。

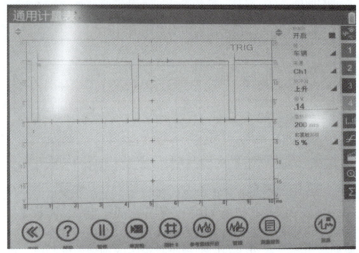

图 2-47　氧传感器加热装置控制波形

第 3 章
进气控制系统

3.1 VVT 控制系统

3.1.1 经典故障案例

3.1.1.1 F25 发动机怠速抖动

（1）车辆信息

车型	发动机型号	里程/km
F25、X3 sDrive20i	N20	35000

（2）故障现象描述

客户反映：发动机抖动，车辆噪声大。

故障现象确认：经检查，车辆启动后排气管有"突突"声，并且噪声特别大，冷车时声音更大，热车后噪声稍微小点，且发动机存在轻微抖动，客户反映现象属实。

（3）故障分析思路及排除方法

首先用 ISID 对车辆进行检测，无相关故障码。读取各缸的平稳值，发现 2 缸的数值较大，其他缸平稳性正常，如图 3-1 所示。怀疑 2 缸工作不良，并非完全不工作。

将 2 缸的点火线圈和火花塞分别与 1 缸和 3 缸对调后，依旧显示 2 缸数值较大，可以排除点火线圈和火花塞故障。

测量 4 个缸的缸压均在 8.5bar 左右，正常。检查线束插头均正常。接下来测量 2 缸的喷油波形，发现 2 缸喷油时在保持阶段脉冲宽度相比其他缸要多 2 个宽度，如图 3-2 所示，将 2 缸的喷油嘴与 1 缸对调后试车，故障没有转移。至此只发现 2 缸喷油嘴波形比正常气缸稍有区别，此时怀疑 DME 控制有问题，但是单从波形上不能判断 DME 损坏，还需进一步检查。

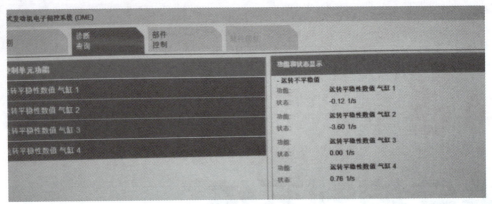

图 3-1 读取平稳值数据流

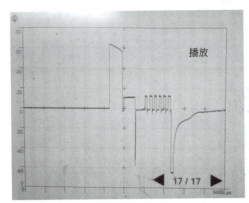
(a) 2缸喷油器波形

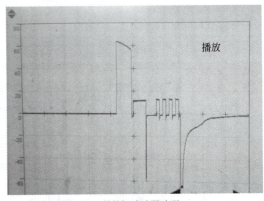
(b) 其他缸喷油器波形

图 3-2 测量对比喷油器波形

图 3-3 进气凸轮轴和中间轴异常磨损

某一气缸工作不良,无非点火、喷油、混合气三方面的原因。综合以上检查决定测一下2缸的点火波形,对比其他缸波形发现2缸燃烧时间明显太短。

燃烧时间的长短,取决于气缸内混合气的浓稀,从气缸的点火波形分析,说明2缸混合气太稀,从而造成2缸工作不良。考虑到只有一个气缸混合气存在过稀现象,分析可能的原因有2缸喷油器和2缸进气控制故障。由于2缸喷油器已经排除,基本可以确认是进气量过多。尝试断开VVT电机插头后发现故障消失,怀疑电子气门机构有问题。

拆解电子气门机构发列2缸中间杠杆移位,造成气门升程比正常大,这样就可以解释混合气过稀的情况,同时由于杠杆移位造成进气凸轮轴和中间轴异常磨损,如图3-3所示,经与客户沟通,更换整个气缸盖总成。更换气缸盖后试车,车辆工作正常,故障排除。

(4) 故障总结

该故障是典型的由于VVT机械机构故障引起的单缸进气不均匀,从而导致发动机抖动的故障。该故障的排除过程思路和逻辑非常清晰,对于该故障的排除过程有许多值得借鉴和学习的地方。诊断过程中通过喷油和点火波形的对比测量,从而最终判断故障点为2缸的进气控制,又通过断开VVT电机插头对故障进行了进一步确认。在测量出2缸喷油器波形不正常时没有草率地更换DME,而是又进行了深入的思考,避免了走弯路。这个故障案例的排除过程提示我们,维修经验是必要的,但不能全凭维修经验修车,要透过表面现象分析,通过细致准确的测量,用事实说话,找到故障原因,才能实现准确的一次性维修。

3.1.1.2　F49发动机故障灯亮

(1) 车辆信息

车型	发动机型号	里程/km
X1, F49	B48	24000

(2) 故障现象描述

客户反映:发动机怠速抖动,发动机故障灯点亮

故障现象确认:热车怠速情况下,没有发现转速表针有明显的波动,但是车辆有明显的震动感,发动机故障灯点亮,与客户描述的故障现象基本一致。

(3) 故障分析思路及排除方法

用ISID对车辆进行快速测试,发现DME存有2缸熄火故障,当前故障未知,如图3-4所示,但是车辆震动感觉明显。

故障代码存储器			
SGBD	BNTN	设码编号	说明
DME_BX8	DME-MEVD1723-DME	0x140004	熄火,多个气缸:有害废气
DME_BX8	DME-MEVD1723-DME	0x140010	熄火,多个气缸:已识别
DME_BX8	DME-MEVD1723-DME	0x140204	熄火,气缸2:有害废气
DME_BX8	DME-MEVD1723-DME	0x140210	熄火,气缸2:已识别
DME_BX8	DME-MEVD1723-DME	0x1A2010	电动风扇,功能:静止状态1
FZD_F15	FZD-08-FZD	0x801A55	防盗报警系统:已触发报警
ZGW_01	BDC-LR01-GATEWAY	0x801C12	由于休眠受阻发送断电命令

图3-4　车辆故障代码

接下来执行点火缺火识别(ABL-DIT-AT1214_BM_4_MISFIRE2_T0)检测计划,如图3-5所示。

选择基础检测,如图3-6所示,启动车辆,系统自动检测结果,由于系统未能发现任何故障,执行补充测试。

补充检测主要操作是通过横向交换来确定损坏部件,我们先将1缸和2缸交换点火线圈、火花塞、喷油器,删除故障外出试车,故障均能再现,还是2缸偶发失火。测试气缸缸压,四个缸压均在9bar,没有明显偏差。交换了发动机线束故障依旧。

整个测试模块划分为多个子范围(过程)。
必须遵守各个过程中的指令,以后续过程中的指令协调一致。
选择:
-1- 基础检测(起动)
-2- 补充检测(故障原因尚未发现或没有可用的故障代码存储器信息)
-3- 特殊过程、清洁和检查点火装置
-4- 运行数据显示
-5- 退出检测过程。

基本测试已结束。
已进行以下检测:
● 故障症状分析
● 无燃油喷射条件下检测运行不稳定性
● 检测高压侧的密封性(电磁阀喷油嘴,高压泵)
● 检测火花持续时间和运行不稳定性
● 检测各个气缸的混合气浓度偏差
● 特殊过程、清洁和检查点火装置
● 运行不稳定性的检查测量
已执行的检测未发现任何故障。如果问题继续存在,则执行补充测试。

图 3-5　点火缺火识别检测项目　　　　　　图 3-6　基础检查项目

这时依稀记得 B 系列发动机失火好像有措施,依据 140204 失火故障码查询措施,真的链接出一个措施,如图 3-7 所示,接下来按照措施检查一下中间摇杆是否脱落。

Bx8、XB1H、XB2H - 电子气门控制系统,中间摇杆跳出
/5-CN 64167623-01 - 18-5-23

投诉:
发动机在怠速时运行不平稳。
发动机在怠速范围内反冲。

排放警示灯亮起。

在 DME 故障代码存储器中记录了熄火故障。

● 原因

原因有多种可能:
- 混合气制备系统故障
- 点火系统有问题
- 机械损坏
　DME 控制单元损坏

对机械损坏的提示:
在电子气门控制系统运行下,进气门在怠速时仅有约 0.2 mm 至 0.4 mm 的冲程。
在发动机长时间怠速运行时,小的气门冲程将导致气门杆上的润滑不足。
进气门可能在气门导管中卡住。由此在气门机构中产生的间隙可能导致中间摇杆脱落(插图见附件)。

图 3-7　B 系列发动机失火措施

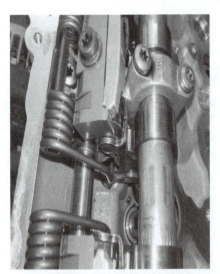

图 3-8　2 缸 VVT 机构

检查结果如图 3-8 所示,中间摇杆正常,没有脱落,没有找到故障点,2 缸电子气门机构未见异常,与 PUMA 措施不符合。既然都拆下了,就尝试再转动曲轴检查一下 2 缸气门关闭情况,在关闭时用烟雾测试,气门密封性能良好。旋转电子气门电机,2 缸气门升程可以达到最大和最小,与其余三个缸无差异。

至此,维修陷入僵局!重新梳理了一下,已经排除了点火线圈、火花塞、喷油器、发动机线束故障,缸压、失火基础检测也没有发现问题,那么问题到底出在哪儿?下一步该如何隔离?

汽油机控制的核心就是不同工况下的空燃比控制,也就是"油"和"气"。既然控制部分能够点火和喷油,应该问题不大;燃油部分 4 个气缸共有一个油轨,喷油器也交换测试了,基本上可以排除"油"的方面;那就只能是"气"的方面了,4 个缸共用的部分不会引起某一个缸出问题,导致 2 缸失火的问题只能是 VVT 调整的进气方面与其他缸有偏差才会抖动

失火。那该如何隔离呢？如果能够不让 VVT 介入工作，同时气门保持在最大开度，使发动机变成不带 VVT 机构的发动机是否有什么改变？如果正常那么问题肯定出在 2 缸 VVT 机构上，如果不正常，也间接说明 2 缸 VVT 机构没有问题。顺着这个思路，采取隔离措施。

为了隔离 VVT 系统，让 VVT 退出工作，断开 VVT 插头，同时用内六角工具调整气门升程至最大（发动机熄火的时候就是最大位置），并固定住防止气门机构反弹。启动车辆，观察数据流变化，见图 3-9，在没断开 VVT 插头时，发动机数据流（气缸平稳值和熄火计数器）只有 2 缸平稳值变化较大，同时失火计数器也在增加，其余缸均正常。断开 VVT 插头后，上述数据恢复正常，车辆也不抖动了。

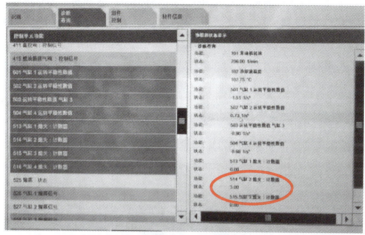

(a) 断开插头前的数据

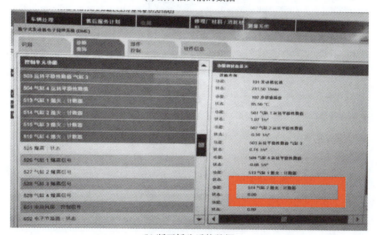

(b) 断开插头后的数据

图 3-9　发动机平稳值数据流

至此故障点锁定，2 缸的 VVT 机械机构问题，可能由于制造装配偏差导致 2 缸进气量调整时与其余三个缸的进气量不一致，导致 DME 在不断修正，造成车辆抖动。与技术部沟通，技术部同意更换缸盖。更换缸盖试车，发动机运转正常，故障排除。

（4）故障总结

此故障是典型的由 VVT 系统机械故障导致的发动机抖动问题，在排除故障的过程中有效运用了检测系统提供的"点火缺火识别"检测计划，为故障的准确排除提供了很大帮助，值得借鉴。影响发动机抖动的因素较多，在排除类似故障时一定要逐个系统进行排除，先确定是缸内因素导致的还是缸外因素造成的，可以通过发动机平稳值数据流进行辅助分析，对于 VVT 系统故障可采用断开 VVT 系统进行故障隔离。

3.1.2 故障解析

3.1.2.1 VVT 系统结构特点

电子气门控制系统（VVT）通过一根电动可调式偏心轴调节，凸轮轴对凸轮推杆的影响可通过一根中间杠杆改变，由此可以实现气门升程的无级调节。VVT 系统可以分为传动机构、VVT 电机和 VVT 控制机构三个部分。下面以应用在 N55 发动机上的第三代 VVT 系统对其进行介绍。

（1）VVT 传动机构

图 3-10 所为 VVT 传动机构结构图，VVT 电机通过偏心轴上的齿驱动偏心轴转动，偏心轴位置的改变带动中间杠杆位置变化。中间杠杆一端与进气凸轮轴接触，一端与进气凸轮推杆接触，因此中间杠杆位置的改变直接会改变进气门开启行程，从而实现进气门开启升程的无级调节。VVT 系统可以实现进气门升程在 0.18～9.9mm 之间进行无级调节。

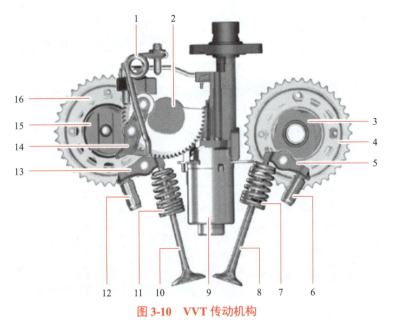

图 3-10 VVT 传动机构

1—扭转弹簧；2—偏心轴；3—排气凸轮轴；4—排气 VANOS 调整装置；5—排气凸轮推杆；6—排气液压气门间隙补偿元件；7—排气门的气门弹簧；8—排气门；9—电子气门控制伺服电机；10—进气门；11—进气门的气门弹簧；12—进气液压气门间隙补偿元件；13—进气凸轮推杆；14—中间杠杆；15—进气凸轮轴；16—VANOS 调整装置进气口

对于运转过的发动机，所有中间杠杆都必须重新安装在相同位置。所有中间杠杆都已分类。中间杠杆分为 1～5 级，如图 3-11 所示。

凸轮推杆也分为 1～5 级，如图 3-12 所示。号码 3 为标准运行，号码 2 为缓慢怠速运行，号码 4 为快速怠速运行。号码 1 和 5 为维修等级，号码 1 为转速更低的怠速运行，号码 5 为发动机转速更高的缓慢怠速运行。

图3-11　中间杠杆分级标识

图3-12　凸轮推杆的分级标识

在第三代 VVT 系统中，混合气的形成通过"提前"和"掩蔽"得到了优化。"提前"是指在部分负荷区中在两个进气门之间产生一个最大 1.8mm 的升程偏差。因此吸入的新鲜气体被搅动并旋转。"掩蔽"是气门座的一种造型，这个造型使流入的新鲜空气被校正，从而产生希望的充气运动。这些措施的优点是燃烧延迟可减小约 10°，燃烧速度更快，并且可以产生更大的气门重叠。因此能够明显降低氮氧化物排放。

(2) VVT 电机

VVT 电机的结构如图 3-13 所示，VVT 电机一种无电刷支流电机（BLDC 电机）。BLCD 电机以非接触方式传递能量，免维护且功率较大，由于采用集成式电子模块，因此可以非常精确地进行控制。第三代 VVT 系统的一个特点是偏心轴传感器不再安装在偏心轴上，而是已集成到 VVT 电机中。电机内部通过集成的五个霍尔传感器对电机位置进行识别，三个用于粗略划分，两个用于进一步细分。因此可以精确确定 VVT 电机的位置，可以通过蜗杆传动机构的传动比非常精确且快速地调节气门行程。

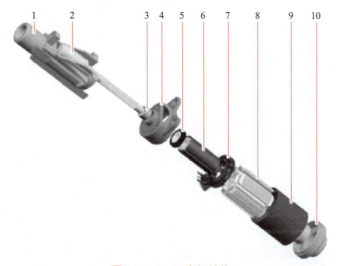

图3-13　VVT 电机结构

1—插孔；2—蜗杆轴；3—滚针轴承；4—轴承盖；5—传感器磁轮；6—带四个磁铁的转子；
7—传感器；8—定子；9—壳体；10—轴承

(3) VVT 控制系统

VVT 控制系统现在已集成到发动机电子控制系统（DME）中。VVT 控制系统原理简图如图 3-14 所示。VVT 系统由发动机室配电器（PDM）供电，通过发动机电子控制系统根据内部控制程序控制电机运转角度，以达到气门升程的精确控制，通过电机内的传感器对电机角度进行精确识别，实现闭环监控。Valvetronic 伺服电机的最大控制电流为 40A，时间超过 200ms 时最大电流为 20A。控制系统以脉冲宽度调制方式控制 Valvetronic 伺服电机，占空因数在 5%～98% 之间。同时 VVT 系统与 VANOS 系统共同配合，实现对进气时刻的精确控制。

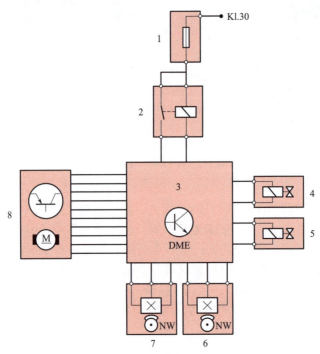

图 3-14　VVT 控制系统控制原理

1—发动机室配电器；2—电子气门控制系统继电器；3—数字式发动机电子伺服控制系统（DME）；4—进气凸轮轴 VANOS 磁性执行器；5—排气凸轮轴 VANOS 磁性执行器；6—进气凸轮轴传感器；7—排气凸轮轴传感器；8—电子气门控制伺服电机

3.1.2.2　VVT 系统故障分析

根据以上介绍，VVT 系统主要由控制系统、VVT 电机和 VVT 传动机构组成。VVT 系统故障后，根据故障表现形式的不同，可能会造成以下几种故障：

① 发动机无法启动或启动困难。VVT 系统卡滞、VVT 电机故障或控制系统故障会导致启动时进气门无法开启或开启较小，可能会引起发动机无法启动或启动困难。

② 发动机异响。VVT 系统机械磨损或装配不当可能会导致 VVT 机构存在异响。

③ 发动机抖动。VVT 系统机构装配错误或磨损不均，会导致发动机各缸进气不均匀，从而引起发动机抖动。

3.1.2.3　VVT 系统故障诊断方法

（1）控制系统诊断

对于 VVT 控制系统诊断，可以通过断开 VVT 插头对故障进行隔离，如果断开插头，故障现象消除，则可以判断是由 VVT 控制系统故障导致的故障。VVT 控制系统故障主要是控制系统供电、线束及控制单元几个方面引起的。

VVT 控制系统故障可以通过功能结构中的电子气门控制系统线束和电子气门控制系统继电器 ABL 检测计划文件对控制系统进行检查。VVT 电机故障可以通过功能结构中电子气门控制伺服电机 ABL 检测计划文件进行检查，如图 3-15 所示。

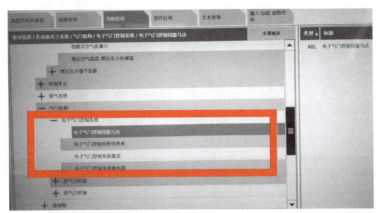

图 3-15　电子气门控制系统 ABL 检测计划文件

① VVT 电机故障诊断。可以通过功能结构中的电子气门电机 ABL 执行文件对 VVT 电机进行功能测试。在功能测试过程中，控制单元会按照内部的程序对电子气门电机进行控制。控制单元通过电机位置传感器监控电机的运行状态是否符合要求，如果电机运行状态符合要求，则电机和相应的控制线路正常，如果电机运行状态不符合要求，则电机或相应的控制线路存在故障，具体的控制过程如图 3-16 所示。如果存在电子气门系统相关故障代码，则功能检查自动退出。

② 激活电子气门电机。更换电子气门电机后，要执行电子气门电机激活程序，在程序执行过程中，发动机控制单元会控制电子气门电机运行 50 个周期，并进行一次极限位置的检查，具体流程如图 3-17 所示。如果存在电子气门系统相关故障代码，则激活程序无法执行。

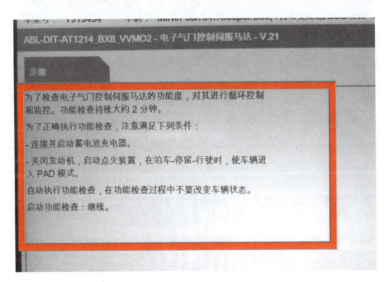

(a) 电子气门电机功能检查(一)

图 3-16

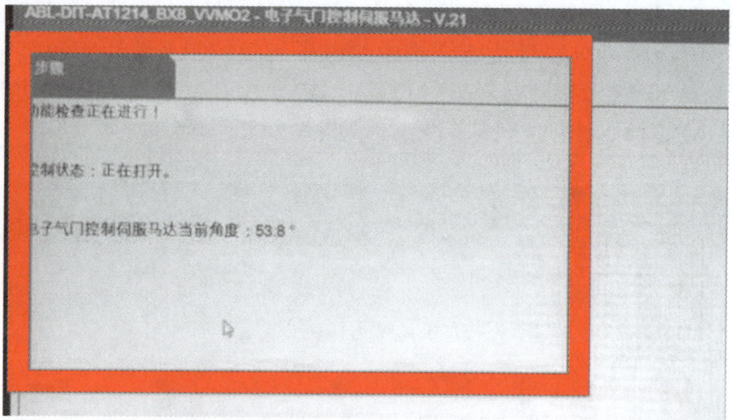

(b) 电子气门电机功能检查(二)

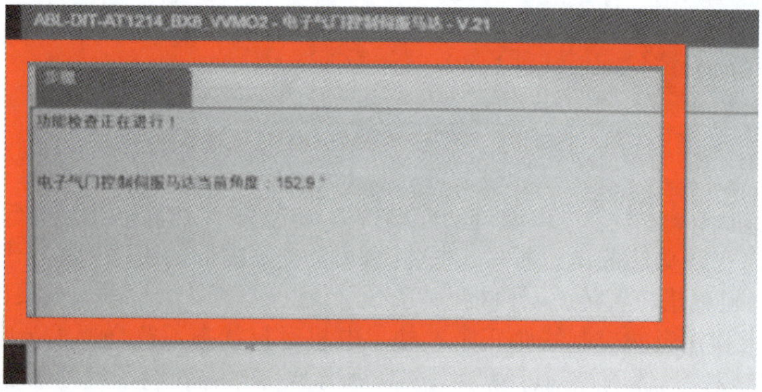

(c) 电子气门电机功能检查(三)

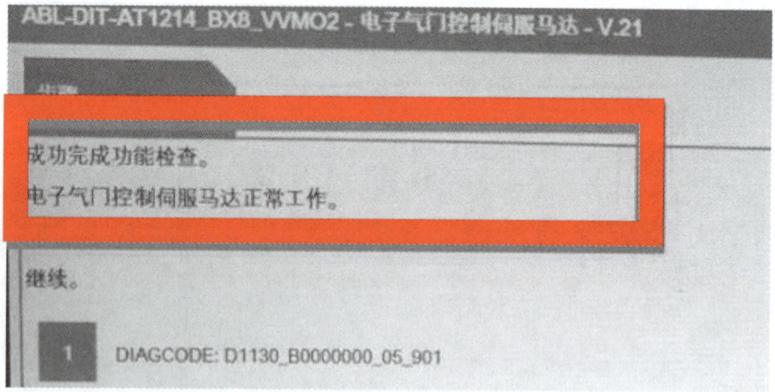

(d) 电子气门电机功能检查(四)

图 3-16 电子气门电机功能检查

③ 线束和供电故障诊断。线束和供电故障可以按相应的检测计划执行，也可以根据图 3-18 所示的电子气门控制系统电路图对线束和供电进行诊断。

供电诊断可以测量发动机控制单元侧或电机侧供电电压，标准为蓄电池电压，如果供电电压不符合标准，则需要检查集成供电模块（PDM）中的保险丝和电子气门控制继电器是否存在故障。

线路故障诊断可以根据电路图断开发动机控制单元和电机两侧插头；测量对应线束两端

电阻值，标准阻值为小于1Ω；测量不同线束端子之间的电阻值，标准阻值为∞。如果电阻值与标准不符，则说明线束存在断路或短路故障。

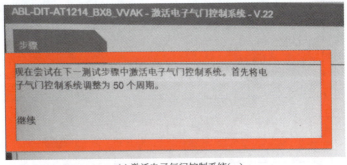

(a) 激活电子气门控制系统(一)

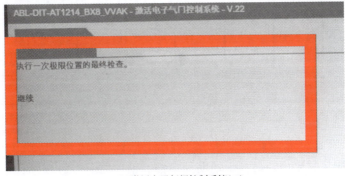

(b) 激活电子气门控制系统(二)

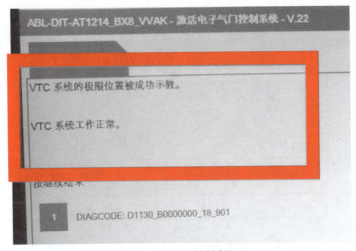

(c) 激活电子气门控制系统(三)

图 3-17　激活电子气门控制系统

(2) VVT 传动部件的诊断

VVT 传动部件的故障主要是异常磨损或装配不当造成的，VVT 传动系统部件拆卸和装配时需要按规范要求摆放和装配，特别是装配电机，若没有按规范要求进行润滑或出现打齿，则会导致发动机运转后出现异响。

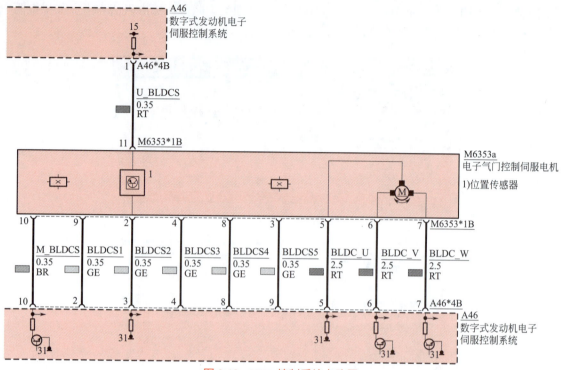

图 3-18　VVT 控制系统电路图

电机拆卸和安装时要用开口扳手辅助固定偏心轴，如图 3-19 所示，防止偏心轴反弹造成电机打齿。同时涡轮驱动装置和偏心轴之间啮合处需用 Longtime PD 润滑。

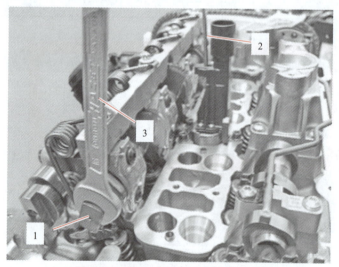

图 3-19　用开口扳手辅助固定偏心轴
1—定偏心轴；2—内六角扳手；3—开口扳手

VVT 传动部件装配要求。对于运转过的发动机，偏心轴及轴承、偏心轴的轴承盖、进气凸轮轴、进气凸轮轴轴承盖、进气门及气门弹簧、气门锁片、凸轮推杆及液压气门间隙补偿元件、复位弹簧、拉杆、中间杠杆等所有部件都必须重新安装在相同位置。

3.2 VANOS 控制系统

3.2.1 经典维修故障案例

3.2.1.1 F45 发动机怠速抖动，传动系统报警

（1）车辆信息

车型	发动机型号	里程 /km
220i，F45	B38	23000

（2）故障现象描述

客户反映：发动机怠速抖动严重，偶尔熄火，发动机故障灯点亮。

故障现象确认：接车后试车，发现车辆能正常启动，启动后发动机抖动严重，偶尔会熄火，发动机故障灯点亮，CID 显示传动系统故障。

（3）故障分析思路及排除方法

首先用 ISID 对车辆进行检测，提示有多缸熄火故障，进气 VANOS 电磁阀故障，如图 3-20 所示。

图 3-20　故障车辆故障代码

根据故障提示，导致故障的原因有机油油位过低，凸轮轴传感器、VANOS 进气电磁阀故障，如图 3-21 所示。

根据检测计划提示，执行进气电磁阀 ABL 文件，当达到规定的温度后，系统自动对 VANOS 功能进行检查，经检查发现 VANOS 调整过慢或无法达到额定值，如图 3-22 所示。

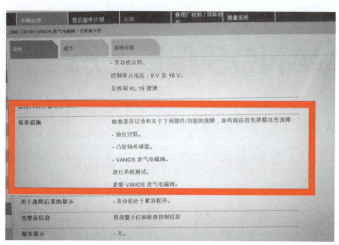

图 3-21 故障原因分析

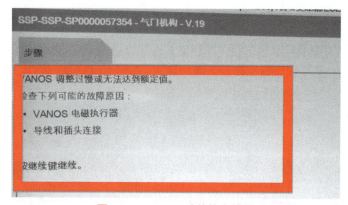

图 3-22 VANOS 功能检查结果

接下来对发动机控制单元和 VANOS 电磁阀插头进行检查，没有发现任何问题，测量电磁阀的控制信号波形，如图 3-23 所示。控制信号波形正常，可以基本排除线路和控制单元的故障。

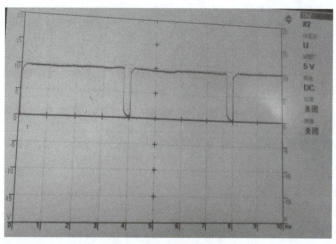

图 3-23 电磁阀控制波形

根据图 3-24 所示的检测计划提示，接下来要检查 VANOS 电磁阀和中央阀。拆下进气 VANOS 电磁阀检查，外观无损坏，但在用手推动针阀时，感觉针阀卡滞，拆下排气 VANOS 电磁阀进行对比，排气 VANOS 电磁阀的针阀运动自如，如图 3-25 所示。

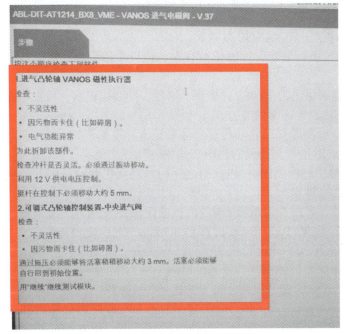

图 3-24　电磁阀检测计划提示

正常的电磁阀

故障的电磁阀

图 3-25　电磁阀卡滞

为了进一步找到电磁阀卡滞的原因，又检查了发动机机油及机油压力，没有发现异常，最后经与客户沟通，更换了机油和电磁阀，试车后一切正常，故障彻底排除。

（4）故障总结

这是典型的由于 VANOS 电磁阀卡滞导致的 VANOS 系统调节工作异常案例，在案例排除的过程中充分利用了检测系统提供的检测计划，并按照检测计划认真执行，非常顺利地找到了故障点。虽然导致 VANOS 系统工作不正常的因素较多，但只要根据检测计划认真执行，一定能够快捷地找到故障点。

3.2.1.2　F02 发动机加速无力

（1）车辆信息

车型	发动机型号	里程 /km
740Li，F02	N54	72000

（2）故障现象描述

客户反映：发动机急加速时，故障灯偶然亮起，之后功率下降，加速无力。

故障现象确认：经试车检查，在发动机急加速时，故障灯确实偶然亮起，故障灯亮起后，发动机加速无力，故障现象与客户描述基本相同。

（3）故障分析思路及排除方法

首先连接 ISID 对车辆进行快测，发现存在以下故障码：130108，VANOS 进气调节误差，位置未达到；120408，增压压力调节被禁止。对于120408这个故障码，如果进气VANOS系统出现故障发动机控制单元（DME）会停用增压系统，应该先解决VANOS系统的故障。

分析出现130108这个故障码的原因有：进气凸轮轴传感器损坏，进气凸轮轴传感器线路故障，进气VANOS电磁阀损坏，进气VANOS电磁阀线路故障，DME损坏，软件程序出现问题，进气VANOS单元信号盘损坏，机油压力控制出现问题。

本着由简到繁的顺序，首先冲洗进气VANOS电磁阀，试车，故障依旧。对调进、排气VANOS电磁阀，删除VANOS调校值，试车，故障依然存在。执行车辆编程，排除软件程序可能性，故障依然存在。

怠速时检查进气VANOS电磁阀供电为14.08V，插头、搭铁、导线均正常，检查电磁阀电阻为7.8Ω正常。怠速时进气凸轮轴传感器供电为5V，插头、信号线、搭铁线均正常。检测进气VANOS电磁阀波形正常，检测进气凸轮轴传感器波形正常。既然进气VANOS电磁阀波形正常，进气凸轮轴传感器波形正常，所测的供电、搭铁、导线均无异常，也就是说，进气VANOS电磁阀、进气凸轮轴传感器、DME和它们之间的线路是正常的，剩下的只有机油压力和进气VANOS系统的机械部分。

检查机油品质，颜色黏度正常（客户在1000km前做的机油保养）、无杂质、无铁屑。检测机油压力，冷车启动瞬间压力为600kPa，15min后降到400kPa，之后缓慢降到200kPa。热车怠速时为200kPa，发动机转速到3000r/min，机油压力达600kPa，机油压力正常。

拆检了链条张紧器，发现链条张紧器伸缩有些发卡，对调了一个新的链条张紧器后试车故障依旧。检测还是存有"进气VANOS调节误差，位置未达到"故障码。

现在剩下的就只有配气相位和内部机械部分，拆检气门室盖罩，检查配气相位、进气VANOS单元、信号盘无异常，拆检进气凸轮轴支撑条发现进气凸轮轴支撑条矩形环接触部位磨损严重，如图3-26所示，故障原因终于找到了。更换新的进气凸轮轴和矩形环并删除故障码，反复试车故障排除。

在怠速时由于机油压力相对较低，进气VANOS单元能够正常调节。当急加速时机油压力升高，由于支撑条和矩形环接合处磨损严重无法密封油道造成机油压力降低，降低的机油压力无法正常驱动进气VANOS单元，所以出现加速无力，发动机故障灯报警。这也是为什么怠速试车正常，当急加速时故障

图3-26 进气凸轮轴支撑条矩形环接触部位磨损

出现的原因。

（4）故障总结

该故障是典型的由于润滑系统油路故障导致的VANOS系统调节工作异常案例。VANOS系统是由机油驱动工作的装置，因此润滑系统对VANOS系统的工作影响比较大，在排除VANOS系统故障时要充分考虑润滑系统相关因素。此故障在排除过程中，由于对故障原因分析充分，使得后面的诊断思路清晰，故障排除比较顺利准确，且在隔离故障时数据充分准确，这些方面都值得我们借鉴。排查故障时，应该用数据去验证故障点（如电压、电流、电阻、数据流、波形等），测量波形时，可以参考同型号的车辆进行对比，进而帮助解决故障。

3.2.2 故障解析

3.2.2.1 VANOS 系统结构特点

VANOS 系统是可变配气相位系统，可以实现气门开启时刻的变化，从而更好地发挥发动机的性能。宝马发动机都采用无级双 VANOS，DME 根据转速、负荷信号、进气温度、发动机温度，计算出需要的进气凸轮轴和排气凸轮轴位置，VANOS 电磁阀接收到 DME 信号将机油分配给两个 VANOS 单元，其控制原理如图 3-27 所示。VANOS 系统可改善低速和中等转速范围内的扭矩，同时为急速和最大功率设置最合理的气门配气相位，通过较小的气门重叠可在急速下产生数量较少的剩余气体，通过部分负荷区的内部废气再循环降低氮氧化物。

（1）VANOS 电磁阀

其结构如图 3-28 所示，用于控制 VANOS 调整装置。VANOS 电磁阀是典型的电磁式执行器，接收发动机控制单元的控制信号，改变电磁阀的阀芯的位置，阀芯位置的改变可以改变中央阀的位置，中央阀位置的改变可以改变通往 VANOS 单元的油路，从而可以控制 VANOS 单元的旋转角度和方向。

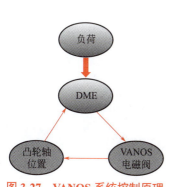

图 3-27 VANOS 系统控制原理

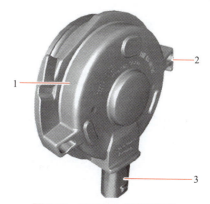

图 3-28 VANOS 电磁阀结构

1—VANOS 电磁执行器；2—插旋式连接；3—插头连接

（2）VANOS 中央阀

VANOS 中央阀能够控制通往 VANOS 调整装置内的机油流量，其结构和油路控制原理如图 3-29 所示。VANOS 中央阀受 VANOS 电磁阀驱动，中央阀实际上是一个三位四通阀。当中央阀在中间位置时，隔断 VANOS 单元腔体内的油路，VANOS 单元就保持在所在的位置。当中央阀在两侧时，VANOS 单元腔体内的油路发生改变，一个腔室内通入压力机油，另一个腔室内的机油流入油底壳，VANOS 单元处于调节状态。

（3）VANOS 单元

VANOS 单元是 VANOS 系统的执行机构，其结构如图 3-30 所示。摆动转子通过固定螺栓与凸轮轴固定，而带齿圈的外壳则通过正时链条与曲轴正时齿轮相连。摆动转子与外壳之间不是固定连接，而是在机油的作用下可以相互转动，从而实现凸轮轴与曲轴位置的相对改变，也就改变了初始的配气相位，从而实现配气相位的无级调节。

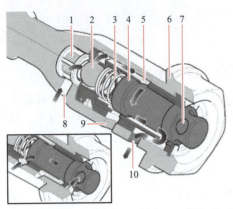

1—过滤器；2—小球；3—弹簧片；4—活塞；5—轴套；6—壳体；7—柱塞内的开口；8—主机油道的机油流入口；9—通向VANOS内油道的孔(提前调节)；10—通向VANOS内油道的孔(推后调节)

(a) VANOS中央阀结构

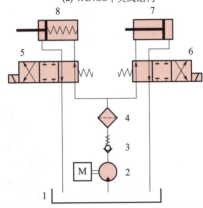

1—油底壳；2—机油泵；3—回流关断阀；4—发动机油滤清器；5—排气VANOS电磁阀；6—进气VANOS电磁阀；7—排气VANOS控制单元；8—排气VANOS控制单元

(b) VANOS中央阀油路控制

图 3-29　VANOS 中央阀结构和油路控制原理

图 3-30　VANOS 单元的结构

1—前端板；2—锁止销；3—机油通道；4—带齿圈的壳体；5—提前调节压力室；6—摆动转子；7—延迟调节压力室；8—机油通道

宝马发动机采用的是无级双 VANOS 系统，进气 VANOS 单元和排气 VANOS 单元结构基本相同，但调节角度略不同，如图 3-31 所示。因此在装配时，不可将进、排气 VANOS 单元装反。

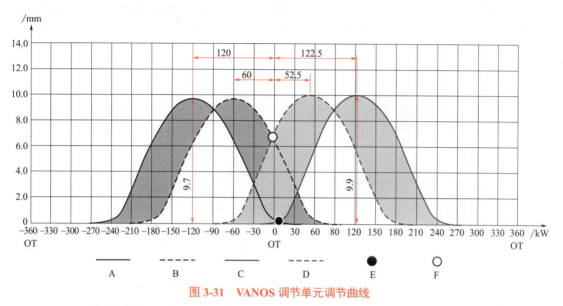

图 3-31　VANOS 调节单元调节曲线

A—排气凸轮轴 VANOS 电磁阀（断电）；B—排气凸轮轴 VANOS 电磁阀（占空因数 100%）；
C—进气凸轮轴 VANOS 电磁阀（断电）；D—进气凸轮轴 VANOS 电磁阀（占空因数 100%）；
E—怠速时的最小气门重叠；F—部分负荷时的最大气门重叠

VANOS 单元带动进、排气凸轮轴可在其最大调节范围内可变调节。达到正确的凸轮轴位置时，VANOS 电磁阀保持调节缸两个叶片腔的油容量恒定，因此可将进气凸轮轴保持在该位置上。为了进行调节，可调式凸轮轴控制装置需要一个有关凸轮轴当前位置的反馈信号，在进气和排气侧各有一个凸轮轴位置传感器检测凸轮轴的位置。

在怠速时，凸轮轴被调节到只有很小的气门重叠，甚至是没有气门重叠。很少的剩余气量将使得燃烧更加稳定，怠速也因此稳定。达到最小的气门重叠时，伴随着的是很大的进气角度和排气角度，甚至到了最大。VANOS 电磁执行器这时不通电。即使在关闭发动机的情况下，仍占据该凸轮轴位置。

为了在高转速时达到良好的功率，排气门较晚打开。进气门在上止点后打开，并在下止点后延迟关闭。因此，流入空气的动态再增压效果将用于提高功率。

为了实现较高的扭矩，必须达到一个较高的进气量。根据气门升程的相位，进气门或排气门必须提前或延迟打开或关闭，既可以避免新鲜气体被推回进气管，又可以避免剩余气体回流到气缸。

涡轮发动机转速较低时，在增压区域扫气压力差为正，气门重叠角较大，因此可以充分扫气并获得明显更大的扭矩。

与扭矩和功率最优化的 VANOS 位置不同，在调整进气和排气凸轮轴时也可能会造成很高的废气再循环量。VANOS 系统可实现内部废气再循环，内部废气再循环反应时间比外部废气再循环更快，废气热量快速回流到气缸中，减小燃烧最高温度并因此减小氮氧化物排放量。

（4）凸轮轴位置传感器

由两个凸轮轴位置传感器检测凸轮轴的位置。凸轮轴位置传感器根据霍尔效应工作，由发动机控制单元（DME）为其提供5V供电，其外形和结构原理如图3-32所示。传感器通过信号线向发动机电子控制系统（DME）提供凸轮轴转速、凸轮轴的调整速度、凸轮轴的确切位置信号。为此在凸轮轴上固定了一个增量轮（凸轮轴位置传感器齿盘），凸轮轴位置传感器齿盘有6个不同的齿面距离，霍尔传感器探测这些齿面距离。

 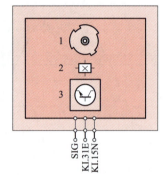

1—进气凸轮轴位置传感器；2—插头连接
(a) 传感器外形

1—凸轮轴位置传感器齿盘；2—霍尔传感器；3—电子分析装置
(b) 传感器原理

图 3-32　凸轮轴位置传感器外形和结构原理

3.2.2.2　VANOS系统故障分析

根据以上分析，VANOS系统出现故障后主要的表现为VANOS单元无法对配气相位进行调节或调节功能不正常。造成无法调节或调节功能不正常的原因主要有以下几方面。

① 润滑系统故障导致的VANOS系统调节功能不正常，主要因素为机油压力不足、润滑油路堵塞、机油过脏等。

② 控制系统导致的VANOS系统调节功能不正常，主要因素为发动机控制单元故障、VANOS调节电磁阀故障、凸轮轴传感器故障、线路故障等。

③ VANOS单元导致的VANOS系统调节功能不正常，主要是VANOS自身故障因素造成，比如销止机构损坏、固定螺栓损坏等。

④ 中央阀堵塞或卡滞造成的VANOS系统调节功能不正常。

3.2.2.3　VANOS系统故障诊断方法

（1）润滑系统诊断

如果是润滑系统故障导致的VANOS系统故障，首先要确定是机油质量问题还是机油压力问题。机油质量问题可以放出机油观察机油的颜色和黏度，同时观察机油内有无异物或铁屑之类的杂质。如果存在异物或杂质，一定要进一步找到异物或杂质的来源，不能简单更换机油，否则不能彻底排除故障。机油压力的问题可以通过观察机油压力传感器数据流与机油压力表测量机油压力值进行对比判断，测量时要多工况测量对比。

（2）控制系统诊断

控制系统主要包括发动机控制单元、VANOS调节电磁阀、凸轮轴位置传感器及相关线路，出现故障后要逐项排除。

① VANOS 调节电磁阀。对于 VANOS 调节电磁阀，其诊断方法与电磁阀式执行机构类似，首先可以用万用表测量调节电磁阀电阻，正常阻值 10Ω 左右。如果阻值正常，可以给电磁阀两端加工作电压，观察电磁阀是否移动及是否发出"咔哒、咔哒"的工作声音来判断其工作是否正常。在电磁阀工作时，其控制杆需要移动大约 5mm 左右。

② 凸轮轴位置传感器。判断凸轮轴位置传感器故障最有效的方法是测量传感器的波形，凸轮轴位置传感器是典型的霍尔式传感器，其标准波形如图 3-33 所示，如果波形不正常，在排除线路和供电故障的情况下，需要拆下传感器检查信号转子和传感器本身是否损坏。对于凸轮轴位置传感器在诊断系统里也有相应的检测计划对其进行相应的检测，执行该检测计划

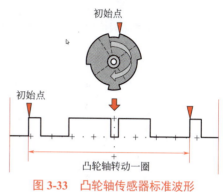

图 3-33 凸轮轴传感器标准波形

会提示启动发动机，诊断计划里会显示当前传感器的数值，如图 3-34 所示，同样会根据提示要求对传感器线路进行检查测量。

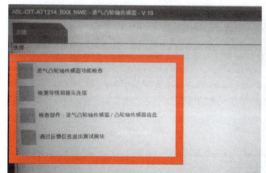 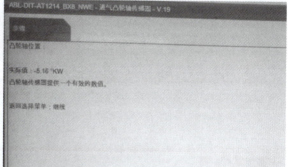

图 3-34 凸轮轴检测计划

③ 线路及控制单元。线路经常出现的故障就是断路或短路，对于线路故障，可以根据电路图测量，以图 3-35 所示的排气调节电磁阀和进气凸轮轴位置传感器电路图为例。断开传感器和电磁阀插头，断开控制单元插头。分别测量传感器 1、2、3 端子与控制单元 14、44、57 端子之间的电阻值，标准阻值小于 1Ω，如果阻值为 ∞，则说明线路存在断路。在断开插头的情况下，分别测量传感器 1、2、3 端子每两个端子之间的电阻，标准阻值为 ∞，如果存在阻值，则说明线路之间存在短路。

控制单元故障判断需要先排除控制单元外围部件和线路故障后才可以下结论。以进气电磁阀控制电路为例，可以根据测量电磁阀的控制波形对控制单元故障进行判断，如果波形不正常，排除了供电、线路和电磁阀本身的故障，则可以判断控制单元出现故障，从而判断控制单元损坏。

(3) VANOS 单元及中央阀诊断

判断 VANOS 单元及中央阀故障都需要将其拆下来进行目检。在中央阀上施加一定的压力，中压阀正常，则在压力下能移动 3mm 左右。VANOS 单元拆下后在外壳齿圈和转子之间施加相反方向的旋转力矩，两者之间正常则不能够相对转动，如果出现较大的相对转动，则说明 VANOS 单元损坏。

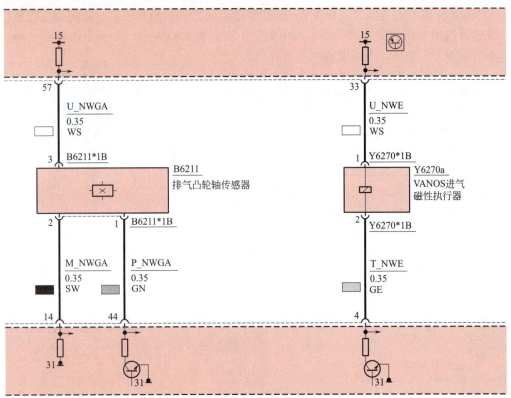

图 3-35　凸轮轴位置传感器和电磁阀电路图

3.3　废气涡轮增压控制系统

3.3.1　经典维修故障案例

3.3.1.1　F02 传动系统报警

（1）车辆信息

车型	发动机型号	里程/km
740Li，F02	N55	53000

（2）故障现象描述

客户反映：仪表提示传动系统报警。

故障现象确认：启动车辆进行试车，仪表上确实出现传动系统报警，提醒客户谨慎驾驶，客户反映故障确实存在。

（3）故障分析思路及排除方法

导致传动系统报警的因素很多，有可能是发动机方面故障，也可能是传动系统方面的故障。

首先用 ISTA 对车辆进行诊断，读取故障代码，有增压压力过低故障代码，如图 3-36 所示。

图 3-36　故障代码

对故障代码进行分析，导致增压压力低故障的原因有以下几个方面：进气系统管路不密封故障；涡轮增压器废气旁通阀故障；循环空气减压装置阀门故障；真空供应装置故障；废气风门卡滞；排气系统堵塞等。

根据检测计划执行废气涡轮增压系统功能的测试，测试结果也未出现增压压力低的故障，没有指出明确的故障位置。

接下来执行涡轮增压器废气旁通阀功能测试，在发动机控制单元的控制下真空阀杆能够正常动作，测试功能正常，基本上可以排除真空管路和废气旁通阀故障。

执行废气风门功能测试，风门动作正常，可以基本排除废气风门故障。

执行循环空气减压阀功能测试也能听到工作的声音，可以基本排除循环空气减压阀故障。

利用烟雾测试仪对进气系统管路进行密封测试，发现中冷器处有泄漏气体排出，如图 3-37 所示，对中冷器泄漏区域进行密封后试车，故障仍然存在，没有彻底解决。

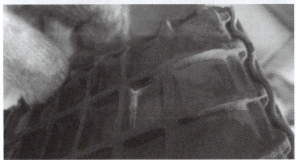

图 3-37　中冷器泄漏

根据以上排除的可能原因，就只剩下排气系统没有检查了，于是拆卸三元催化器检查堵塞情况并检查涡轮增压器以及废弃旁通阀，没有发现异常。调用 DME 控制单元查看相关数据流，如图 3-38 所示，也没有发现异常。

图 3-38　增压系统相关数据流

该检查的也检查了，最后没办法了，试着给车辆编程，编程后试车故障依旧。

最后寻求技术部支持，建议重新检查三元催化器。重新拆卸三元催化器检查并拆卸后氧传感器用内窥镜检查，发现内部有碎末，且用力晃动有碎末引起的异响，如图 3-39 所示。

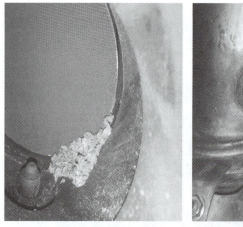 

图 3-39　损坏的三元催化器

更换三元催化器后试车，一切正常，故障彻底排除。

（4）故障总结

此故障是典型的由于三元催化器损坏，造成排气系统堵塞，从而引起增压压力低的故障。此故障的排除过程还是有许多值得借鉴的地方。首先是通过检测计划排查可能的原因，排查思路很清晰；其次是充分利用了控制单元的控制功能对相关执行元件进行控制，达到隔离故障的目的，非常快捷有效。此故障提示我们，由于引起增压压力过低的原因有很多，检查时要检查仔细并且要全面，微小的中冷器漏气也可能引起故障，拆卸的三元催化器不能只看表面情况，要用力晃动一下并用内窥镜检查内部是否有损坏。

3.3.1.2 G30 发动机故障灯亮

（1）车辆信息

车型	发动机型号	里程/km
G30，530i	B48	13000

（2）故障现象描述

客户反映：车辆发动机故障灯亮。

故障现象确认：经检查，仪表亮黄色排放警示灯，CID 没有文字描述的检查控制信息。

（3）故障分析思路及排除方法

首先用 ISID 对车辆进行快测，有如图 3-40 所示故障码。

BDC_G11	BDC-CT02-BODY	0x80442A	灯操作设备(BEL)，(LIN)：旋转式开关损坏	13409	否
DME8FF_R	DME-840-DME	0x13820D	主动空气风门控制装置，上部，控制：功能异常	13272	否
DME8FF_R	DME-840-DME	0x20E120	曲轴箱通风，排气软管：未连接	12478	未知
FZD_G11	FZD-35-FZD	0x801A4A	防盗报警系统：倾斜报警传感器和车内防盗监控传感器禁用	13409	否

图 3-40 车辆故障代码

分析故障代码，故障码的名称已经指向非常明确，曲轴箱通风软管未连接。分析可能的原因有：进气消声器和涡轮之间进气管道可能泄漏；进气系统其他部件可能泄漏；软件程序错误。

检查气门室盖上的曲轴箱通风软管连接，未发现异常，拆下该软管用烟雾测试仪单独测试，没有发现软管有泄漏点。用烟雾测试仪对进气系统进行检测，未发现有泄漏点。

更换试驾车的曲轴箱通风软管和进气消声器到涡轮之间的进气管，试车约 10km，仍然会报故障码，但未见故障亮灯。

到此陷入了困境，比较奇怪的是，故障码的指向非常明确，曲轴箱通风软管未连接！曲轴箱通风管路就两条，DME 是怎样知道曲轴箱通风软管未连接的呢？仔细查找曲轴箱通风软管上也没看见有传感器，只有一个加热装置。为了查明原因，仔细阅读故障代码细节信息，如图 3-41 所示。原来这个故障码是通过滑行阶段测量的进气量的平均值比对得出，于是把进气计量有关的三个传感器（空气流量计、增压压力传感器以及进气歧管压力传感器）全都调换过来去试车，试了 20km 不见亮灯也不见报码。

故障描述	该诊断监控进气系统。
故障监测前提条件：	如果在滑行阶段已采集关于空气量的确定数量的测量值，并且这些测量值的平均值超过阈值或者明显与上一次行驶周期不同，则识别该故障。

图 3-41 故障代码细节

可以确定是这三个传感器中的一个有问题，复原车辆，逐个查看这三个传感器的数据并和正常车对比，发现空气流量计的数据和正常车比偏大（热车不开空调：装原车空气流量计，约 14kg/h，装试驾车空气流量计，约 10kg/h）。

将故障车的空气流量计装到试驾车试，故障转移，确定是空气流量计故障。更换了空气流量计试车约 100km 未见故障灯亮也未见报故障码，故障彻底排除。

（4）故障总结

此故障是典型的进气计量系统传感器引起的增压压力报码故障，在排除增压压力故障时，不能一味考虑控制部件，传感器等输入部件也要考虑全面。此故障还提示我们对于没见过的故障码最好还是先弄清楚它的检测条件和报码逻辑，这有助我们全面分析原因，更有效地进行故障排除。由于这个故障码是在滑行阶段读取空气流量计的数值，并和之前测量的平均值进行比对，当出现较大偏差的时候就会报码，因此空气流量计的数值决定了是否报码。这又分两种情况，第一种情况，空气流量计测量是准的，这时候就应该是进气系统有漏气；第二种情况，空气流量计测量数值不准确。

3.3.1.3　F02加速无力，传动系统报警

（1）车辆信息

车型	发动机型号	里程/km
740Li，F02	N54	89000

（2）故障现象

客户反映：车子深踩油门速度上不去，提示传动系统故障，无法获得完全传动功率。

故障现象确认：经检查，试车确认故障时，加速到3000r/min以上时出现传动系统故障，加速功率稍有不足。发动机重新启动或车辆休眠后正常，再次加速到3000r/min以上再次出现故障，车辆行驶速度及加速能正常行驶，车速可达140km/h以上。

（3）故障分析思路及排除方法

用ISID对车辆进行快测，发动机控制单元提示有118602（混合气调节：废气触媒转换器后的废气太稀）和120308（增压压力调节，可信度：压力过低）相关故障码。

根据故障代码，分析可能原因有以下几个方面：减压装置阀门故障；真空供应装置故障；废气风门故障；增压空气导管故障；废气涡轮增压器故障；排气背压过高；等。

执行废气涡轮增压器的测试，测试结果未出现增压压力低的故障。于是逐个检查可能的故障部位。经检查发现电气动转换器故障，更换后重新试车，故障仍然存在，试车加速负荷超过3000r/min时，马上传动故障报警，故障没有彻底解决。

用ISID监控试车，增压压力（节气门前压力）急加速时最大仅能达到1402mbar，对比正常车辆最高可达1800mbar左右。再次对可能的故障部件进行检查。

减压装置阀门：已更换一个，且真空控制正常。

真空供应装置：管路连接正常，急速及路试测量真空度正常（正常值约0.5bar），但车辆熄火后储能器真空马上消失（觉得异常，没有重点关注）。

废气风门：拆下三元催化器手动检查能打开、能关闭，外观无磨损、无过大间隙。

增压空气导管：用烟雾测试仪测量进气管路无漏气，各阀门正常。

废气涡轮增压器：急速检查废气风门可动作，废气风门无异常，且客户表示因此问题以前已更换过。

排气背压过高：目检三元催化器无堵塞、无相关故障码，混合气和传感器数据正常。

至此诊断没有了突破方向，陷入迷茫，经与客户沟通，客户表示此故障去年出现，在外面更换了涡轮增压器和循环空气减压阀管故障还是存在，这次希望能彻底解决。

检查发现确实涡轮增压器与循环空气减压阀管路为新件，且测试系统无泄漏，管路无破损。

可能的部件如涡轮、三元催化转化器、真空管路都检查了，真空控制测量过也是正常的，增压压力也能形成，最大达 1400mbar，达到后马上报警就会下降到标准大气压力，会不会增压器形成的压力过来了或漏掉了，一定是错过了哪个可能的故障点。

根据最大压力建立不起来这一思路，仔细查找相关资料，发现增压系统还有一个部件没有检查，当时也没有同款车辆可以对调测试，就是循环空气减阀的电子控制阀。

经初步检查循环空气减压阀电子控制阀有三个通道，如图 3-42 所示。一个通真空泵，一个通节气门后进气管，一个通循环空气减压阀。

将通过循环空气减压阀的真空管路堵住试车故障仍然存在；将通过真空泵的真空管路堵住试车，加速正常，无故障报警，ISID 监控增压压力最大可达约 1800mbar。

图 3-42　循环空气减压阀电子控制阀

拆下循环空气减压阀电子控制阀检查发现三个通道为常通状态，断电后也为常通状态，显然是不对的，至此故障点找到了。控制循环空气减压阀的电子控制阀卡滞在常开位置了。当此电磁阀为常开时，车辆熄火后真空储气装置内无真空，真空通过这个常开电磁阀漏到进气系统中了。怠速状态真空控制废气风门压力为 0.5bar，此时节气门后真空也为约 0.5bar，可以保持平衡并打开循环空气减压阀，漏掉过高的增压压力。加速有负荷状态，节气门前后均为增压压力，约为 1.4bar，大于大气压力，此电磁阀常开，连通增压压力到真空系统，会降低真空系统真空度，从而达不到最大增压压力。

更换此电磁阀多次试车，加速增压压力可轻易达到 1.8bar，故障彻底排除。

（4）故障总结

此故障为循环空气减压阀的电子控制阀卡滞于常开位置引起的增压压力异常故障。真空控制的涡轮增压系统管路相对复杂，需要熟悉相关部件工作原理及各控制阀的工作状态，才能对增压系统进行有效故障排除。涡轮增压压力故障诊断的标准流程，在 ISID 都有说明，只要按标准流程诊断，增压压力故障基本都能够解决。

3.3.2　故障解析

3.3.2.1　废气涡轮增压控制系统结构特点

（1）增压压力控制系统类型

宝马发动机采用的是废气涡轮增压控制系统，是利用发动机排出废气能量来驱动增压装置进行工作的，根据废气涡轮的控制形式不同，可分为真空控制式废气涡轮增压系统和电动控制式的废气涡轮增压系统。

真空控制式废气涡轮增压控制系统如图 3-43 所示。控制废气流动路线的旁通阀受真空膜片气室的控制，在涡轮增压器出口与真空气室膜片之间的压力空气通道中装有受发动机控制单元控制的增压压力电磁阀，增压压力电磁阀控制进入真空气室的真空压力。发动机控制单元根据发动机运行工况，根据内部存储的特性曲线控制增压压力电磁阀。当需要涡轮增压器工作时，发动机控制单元控制增压压力电磁阀通电，真空通道打开，真空气室膜片驱动旁通阀关闭，此时废气流经涡轮室使增压器工作。当增压压力高于设定压力时，发动机控制单元控制增压压力控制电磁阀断电，真空通道关闭，真空气室膜片驱动旁通阀打开，废气不经涡轮室直接排出，增压器停止工作，进气压力下降，直到进气压力降至规定的压力时，发动机控制单元又将增压压力电磁阀通电，排气旁通口关闭，废气涡轮增压器又开始工作。

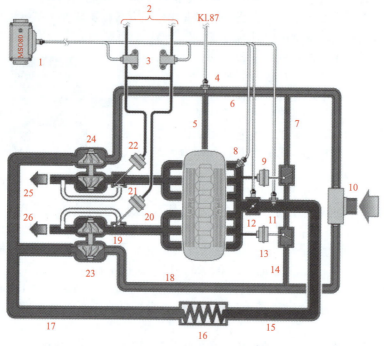

图 3-43 真空控制式废气涡轮增压控制系统工作原理

1—发动机控制单元；2—真空泵管路；3—增压压力电子控制阀；4—曲轴箱通风气体加热器；5—曲轴箱通风管；6,18—增压器前空气管；7,14—循环空气减压管路；8—进气歧管压力传感器；9,13—循环空气减压阀；10—进气消音器；11—增压压力传感器；12—节气门；15—冷却后增压空气管；16—增压空气冷却器；17—增压后空气管；19,21—废气旁通阀；20,22—废气旁通阀真空罐；23,24—废气涡轮增压器；25,26—至三元催化器的废气

电动控制式涡轮增压控制系统组成如图3-44所示。与真空控制式涡轮增压控制系统相比，取消了真空管路和增压压力电磁阀，采用增压压力电动调节阀直接控制旁通阀的开启和

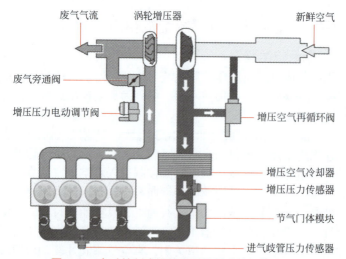

图 3-44 电动控制式涡轮增压控制系统工作原理

关闭。当需要涡轮增压器工作时，发动机控制单元控制增压压力电动调节阀工作，增压压力电动调节阀电机通过减速机构驱动旁通阀关闭，此时废气流经涡轮室使增压器工作。当增压压力高于设定压力时，发动机控制单元控制增压压力电动调节阀通过减速机构驱动旁通阀开启，废气不经涡轮室直接排出，增压器停止工作，进气压力下降，直到进气压力降至规定的压力时，发动机控制单元又控制增压压力电动调节阀使旁通阀关闭，废气涡轮增压器又开始工作。

(2) 主要部件

① 涡轮增压器。真空控制式涡轮增压器（图3-45）和电动控制式涡轮增压器（图3-46）都由涡轮室和增压器组成。涡轮室进气口与排气歧管相连，排气口接在排气管上；增压器进气口与空气滤清器管道相连，排气口接在进气歧管上。涡轮和叶轮分别装在涡轮室和增压器内，二者同轴刚性连接。涡轮壳采用新型铸钢材质制造，其耐温性好。压缩机外壳一般由铸铝制成。发动机排出的废气惯性冲力推动涡轮室内的涡轮，涡轮带动同轴的叶轮，叶轮压送由空气滤清器管道送来的空气，使之增压进入气缸。当发动机转速增快，废气排出速度与涡轮转速也同步增快，叶轮就压缩更多的空气进入气缸，空气的压力和密度增大可以燃烧更多的燃料，就可以增加发动机的输出功率了。

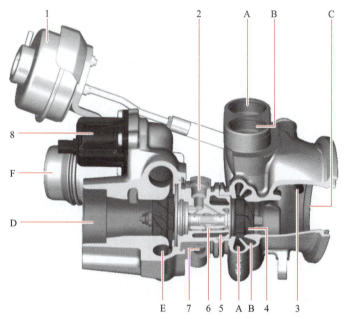

图3-45 真空控制式涡轮增压器

A—气缸2和3的废气通道；B—气缸1和4的废气通道；C—至三元催化转化器通道；D—进气通道；E—环形通道；F—至增压空气冷却器通道；1—废气旁通阀真空罐；2—机油供给管路；3—废气旁通阀；4—涡轮；5—冷却通道；6—机油通道；7—冷却液回流管路；8—增压空气再循环阀

② 增压压力电动调节阀。在电动控制式废气涡轮增压系统中，通过电动调节阀直接驱动旁通阀，电动调节阀由电机和变速箱组成，如图3-47所示。电机驱动可实现快速、精准的增压压力控制。调节阀的位置通过集成安装在调节阀外壳中的位置传感器识别，该传感器是一个霍尔传感器。在变速箱的机械部分上有一个连接有两块永磁铁的电磁线圈座。它们沿纵向方向移动，移动的距离与推杆相同。霍尔传感器检测电磁线圈的移动情况，并将信息发送至发动机控制单元。这样发动机控制单元可确定废气旁通阀门的位置。

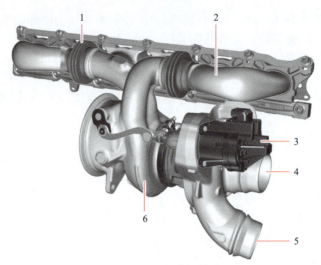

图 3-46 电动控制式涡轮增压器

1—膨胀补偿器；2—排气歧管；3—废气旁通阀；4—洁净空气输入端；5—增压空气输出端；6—涡轮壳体

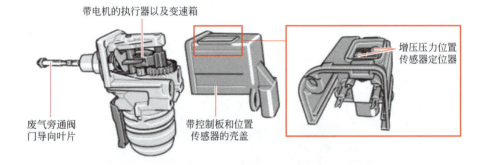

图 3-47 电动调节阀及传感器

③ 增压压力传感器。废气涡轮增压系统的闭环控制是通过增压压力传感器实现的。增压压力传感器安装在增压器之后节气门之前的进气管路上，实现对增压压力的检测。目前车上应用较多的是半导体压敏电阻式增压压力传感器。增压压力的信号通过一条信号线传输给发动机控制装置，增压压力的有效信号根据压力变化而波动，测量范围约 0.5～4.5V，对应于 20～250kPa 的增压压力，如图 3-48 所示。

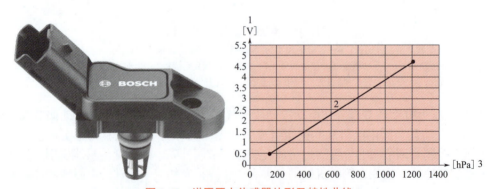

图 3-48 增压压力传感器外形及特性曲线

1—电压；2—增压压力特性线；3—压力

④ 热膜式空气流量计。热膜式空气流量传感器的结构与工作原理如图 3-49 所示。热膜式空气流量传感器的测量元件采用镀在陶瓷片上的热膜，这种结构可使发热体不直接承受空气流动所产生的作用力，增加了发热体的强度，提高了使用寿命。

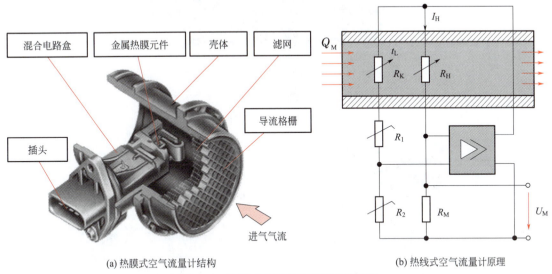

图 3-49　热膜式空气流量计结构及原理

R_K—温度补偿电阻；R_H—热线电阻；R_M—精密电阻（或测量电阻）；$R_{1,2}$—电桥平衡电阻（或调节电阻）；I_H—加热电流；t_L—空气温度；Q_M—空气质量流量

安装在控制电路板上的精密电阻 R_A 和 R_B 与热线电阻 R_H 和温度补偿电阻 R_K 组成惠斯通电桥电路。当空气流经热线电阻时，热线电阻温度降低，其相应的电阻值减小，使电桥失去平衡，若要保持电桥平衡，就必须增加流经热线电阻的电流，以恢复其温度和阻值。流经热线电阻的空气量不同，热线电阻的温度变化量和电阻值的变化量不同，为保持电桥平衡，流经热线电阻的电流也相应地变化。由于精密电阻 R_A 的电阻值是一定的，流经精密电阻 R_A 和热线电阻的电流相等（两电阻串联），所以精密电阻 R_A 两端的电压随流经热线电阻的空气量相应地变化，控制电路将精密电阻 R_A 两端的电压输送给 ECU 即可确定进气量。

⑤ 增压空气再循环阀。如果发动机转速较高时关闭节气门，进气管内就会产生真空压力。由于至进气管的通道已阻断，因此会在压缩机后形成无法消除的较大背压，废气涡轮增压器将承受可造成部件损坏的负荷。增压空气再循环阀就是用于降低节气门快速关闭时不希望出现的增压压力峰值，降低发动机噪声并保护涡轮增压器部件，其结构和工作原理如图 3-50 所示。增压空气再循环阀直接固定在废气涡轮增压器上，发动机控制系统控制增压空气再循环阀，增压空气再循环阀有打开和关闭两个位置。当增压空气再循环阀打开时，形成一个围绕压缩机的循环，增压压力被疏导到压缩机的进气侧。

⑥ 电子控制阀。在真空控制式废气涡轮增压系统中，电子控制阀起到一个转换开关的作用，在电子控制阀不同的状态下，可以控制真空管路的接通和断开。电子控制阀就是普通的电磁阀式执行器，其通断状态受发动机控制单元控制。

(a) 增压空气再循环阀结构

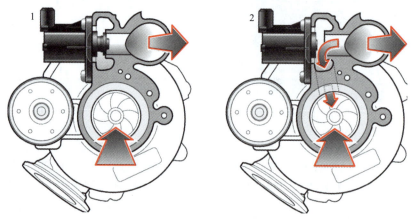

(b) 增压空气再循环阀工作原理

图 3-50 增压空气再循环阀的结构及工作原理

1—循环空气减压阀关闭；2—循环空气减压阀打开

3.3.2.2 废气涡轮增压控制系统故障分析

根据以上介绍可知，无论是电动直接控制还是真空间接控制的废气增压系统，此系统出现故障后主要的故障表现为增压压力低或增压压力高，同时伴随着传动系统报警，发动机功率受限。如果进气系统泄漏或涡轮损坏还有可能出现异响或噪声。如果涡轮增压器润滑管路出现问题，可能会导致机油消耗异常。

导致增压压力低的原因主要有：进气系统管路不密封；涡轮增压器损坏，废气旁通阀关闭不严；循环空气减压装置阀门不密封；电子控制阀卡滞；真空供应装置故障；废气风门卡滞；排气系统堵塞；等。导致增压压力高的原因主要有：废气旁通阀打不开；真空供应装置故障；电子控制阀卡滞；等。在进行故障排除时要逐项隔离排除。

典型的废气涡轮增压器噪声主要在强负荷变化时出现。如果噪声在其他行驶状态下出现，则废气涡轮增压器可能并不是引起噪声的唯一原因。当进气管道出现泄漏时，会产生随增压转速和增压压力的增大而增大的吼叫声或啸叫声。排气歧管或废气再循环管道处的废气泄漏会引起高频啸叫。由于废气涡轮增压器的转速很高，即使是微小的颗粒也可损坏压缩机轮或泵轮。另外，损坏造成的不平衡也会导致不平衡噪声。尤其在踩踏油门后发动机转速快速升高时，出现不规则的轰鸣声。

涡轮增压器漏油故障分为外部漏油和内部漏油。外部漏油主要发生在机油接口处或者机油回流处，多是由于密封件损坏引起的，如果发现机油流入口或机油回流处不密封，必须检查螺栓连接的拧紧力矩以及密封件是否正确安装。内部泄漏是指机油漏到涡轮增压器内部，通过涡轮增压器进入燃烧室。机油回流因油结焦而被压缩或由于活塞环损坏而造成曲轴箱内压过高，那么废气涡轮增压器轴承壳体中的机油就不能自由回流，在轴承壳体中产生过压，机油将从径向密封环的旁边流过，进入增压空气导向装置以及涡轮机中。此外曲轴箱通风系统故障也会导致机油通过通风管路进入进气道，从而造成烧机油。

3.3.2.3 废气涡轮增压控制系统故障诊断方法

在处理增加压压力异常故障时，如果有点火缺火识别，燃油系统故障，进、排气系统故障时要先排除相应故障再排除增压系统故障，因为这些系统故障会影响到增压系统的正常工作。

① 目检。目检所有管路、软管、连接电缆等，可以快速找出可见损坏。

② 废气涡轮增压器的主动诊断。主动诊断是一项 DME 功能。该功能在 80～95℃ 的温度窗口内运行。该功能增加转速用于生成负荷。随后 DME 交替控制废气涡轮增压器的废气门。在此由压力传感器监控压力曲线。根据废气涡轮增压器的压力进程，DME 分析增压系统的表现，在功能结束时将显示一个关于增压状态的报告。如果鉴定增压系统为"正常"并且只存在一个客户投诉，则无需继续进行故障查询。

③ 增压压力传感器可信度检查。增压压力传感器可通过相应的 ABL 文件进行检查，如图 3-51 所示。通过增压压力传感器功能检测，检测系统会比对增压压力、环境压力及进气歧管压力三者的数值，从而进一步判断增压压力传感器是否存在故障。

(a) 增压压力传感器功能检测(一)

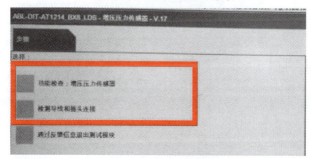

(b) 增压压力传感器功能检测(二)

图 3-51

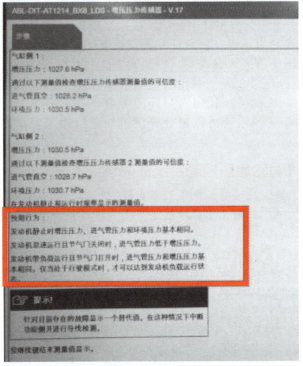

(c) 增压压力传感器功能检测(三)

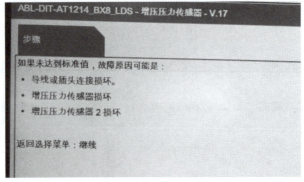

(d) 增压压力传感器功能检测(四)

图 3-51 增压压力传感器功能检测

④ 涡轮增压器废气风门检查。对于真空控制式废气涡轮增压系统，关闭发动机，从废气涡轮增压器上断开或拆下排气装置将真空软管连接到手动泵上，利用手动真空泵形成真空度，直到达到规定的标准值 0.3bar。此时必须完全关闭废气门的盖板。拔下真空泵上的真空软管，此时不再有真空度，则必须重新完全打开废气门阀（打开角度约 45°）。如果废气门阀的机械操控装置有磨损，则盖板无法正确关闭，由此可能导致"当啷"的噪声或者增压压力调节故障。

⑤ 电子控制阀控制管路真空度检测。将电子控制阀连接管路断开将压力表接入管路中。启动发动机并怠速运行，用压力表检测电控气动压力变换器控制管路中的真空。标准值：（-450±50）hPa

⑥ 检查增压压力电磁阀。通过控制电控气动压力变换器，从而使 -450hPa 压力引至废

气门。可以调整减压装置阀门下部（底板饰件已拆除）进行观察。在控制期间可以使用一个压力表检查真空度。

⑦ 检查进气装置的密封性。可以使用烟雾测试仪对进气系统进行密封性检查，少量泄漏可以通过"嘶嘶"声找出；大量泄漏通常可见或无法通过烟雾测试仪建立压力。

⑧ 检查废气触媒转换器和涡轮模块。废气触媒转换器可能通过废气反压变化影响增压，通常可以通过蜂窝结构熔化或燃烧识别出这种情况。使用内窥镜通过氧传感器安装孔检查前部废气触媒转换器和后部废气触媒转换器。

废气涡轮增压器上的损坏通常是可见的，为此手动旋转涡轮，在旋转机轴时，注意观察两个泵轮是否明显损坏。例如：断裂的涡轮、卡住的涡轮轴或机油溢出。

废气涡轮增压器有一个动态的滑动轴承，只要泵轮不接触壳体，轴承间隙就是正常的。如果泵轮接触壳体，则会损坏废气涡轮增压器的轴间间隙，说明轴承已经损坏。如果废气涡轮增压器的轴间间隙已经损坏，则径向密封环四周的密封条不再发挥作用，机油从轴承壳体流向涡轮增压器中。

⑨ 检查电动调节阀。电动控制式废气涡轮增压系统的电动调节阀可以通过诊断系统的 ABL 文件进行检查。执行检测计划文件时，系统会主动控制电动调节阀工作几秒，通过本身的位置传感器检测电动调节阀是否工作及工作是否正常。可以通过观察电动调节阀上驱动废气门的拉杆动作情况或工作声音来判断其是否已经进入工作状态。

⑩ 废气涡轮增压器安装注意事项。安装废气涡轮增压器前，将发动机机油注入废气涡轮增压器，同时旋转废气涡轮增压器轴；检查流入涡轮增压器的机油和从涡轮增压器中回流的机油有无异物，必要时进行清洁；不要让脏物、异物从增压器开口和增压空气管路进入系统；安装废气涡轮增压器后，启动发动机，怠速运行 1min，确保废气涡轮增压器的供油；发动机冷却且车外温度很低时，发动机应怠速运行约 2min。

第 4 章

电控燃油供给系统

4.1 低压燃油供给系统

4.1.1 经典故障案例

4.1.1.1 F20 行驶中熄火，无法启动

(1) 车辆信息

车型	发动机型号	里程/km
F20，120i	N13	20000

(2) 故障现象描述

客户反映：车辆加油后行驶不到 5km，行驶中突然熄火，熄火后无法重新启动，拖车到店。

故障现象确认：接车后试车，车辆无法启动，显示"传动系统异常"，客户所述故障确实存在。

(3) 故障分析思路及排除方法

由于导致发动机无法启动的原因较多，首先用 ISID 对车辆进行快速测试，读取车辆故障码，存储"燃油泵继电器控制断路"的故障码。

根据故障代码提示，可以确定是燃油供给系统故障。首先测量燃油压力，油压为 0bar，燃油泵不供油；断开燃油泵插头，测量燃油泵供电，供电电压为 0V，无供电；根据该车电路图（图 4-1）查询燃油泵熔丝 F165，发现熔丝断裂，更换燃油泵熔丝之后车辆能够正常启动。

多次来回试车，试车无异常。该车燃油泵是由燃油泵继电器控制的，熔丝正常应该不会随便熔断，于是查找原因。以前遇见过类似问题，是由燃油泵造成的，我们首先检查燃油泵插头，检查燃油泵插头的时候发现插头有轻微烧蚀的现象，如图4-2所示。

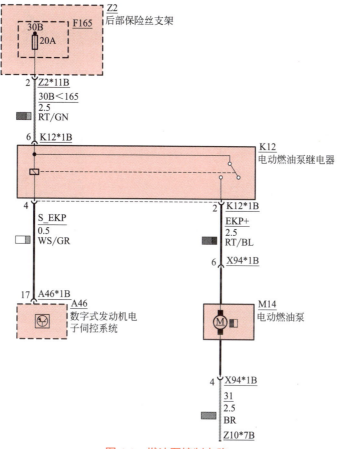

图4-1 燃油泵控制电路

检查燃油泵线束未发现有破损的痕迹，测量电阻比新燃油泵大些，认为是燃油泵插头接触不良或者是燃油泵短暂性的功率过大导致熔丝熔断，于是建议客户更换燃油泵插头及燃油泵。

更换燃油泵及插头之后，多次试车未试出异常，认为问题已经解决。但在准备交车时车辆再次出现抖动并熄火，再次检查发现熔丝又断了。这说明问题不在于燃油泵，需要重新整理思路，一步一步地查。

出现燃油泵熔丝熔断无非是电流过大，电流过大可能是由线路短路造成的。于是对油泵线路进行测量。断开燃油泵和燃油泵继电器插头，对燃油泵

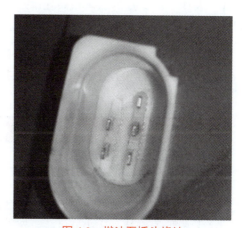

图4-2 燃油泵插头烧蚀

6#和4#针脚进行测量，电阻为∞，未出现短路的情况。插上插头，测量燃油泵继电器6#针脚与接地之间的电阻，居然有7Ω电阻。根据电路图，将燃油泵20A熔丝拔掉，测量配电盒到继电器线的电阻，没有电阻值。说明线束没问题，难道是配电盒内部短路了？

于是测量配电盒内部对地电阻，有电阻值，真是配电盒对地短路，看来问题找到了。但

是配电盒为什么平白无故就短路了呢？仔细检查配电盒没有任何进水痕迹，为了检查是否是配电盒其他线束故障导致的配电盒短路，于是将配电盒的线束挨个拔，当拔到F153熔丝对应的线束时，电阻无穷大，正常了。

拔掉F153保险，电阻正常。顺着图4-3所示的方框图找到该熔丝对应的用电器是后备厢照明灯。于是把照明灯拔掉，线路均正常，测量后备厢照明灯，照明灯出现短路，罪魁祸首终于找到了！

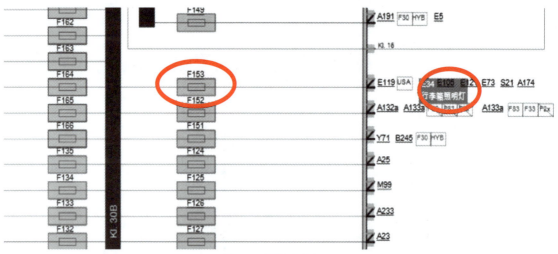

图4-3 配电盒方框图

更换后备厢照明灯之后，车辆顺利启动，多次试车后车辆没有任何问题，故障彻底排除，交车多天后客户反映无异常。

（4）故障总结

该故障是典型的由于线路短路导致燃油低压控制系统熔丝烧坏，从而造成燃油泵不工作，车辆无法启动故障。当遇到熔丝损坏故障时，切不可只是简单更换熔丝。一般熔丝损坏都是由线路过载或短路引起的，一般通过观察熔丝熔断处的痕迹可以帮助分析是短路熔断还是过载熔断。短路造成的保险熔断处开口较大，而过载熔断处开口较小。

4.1.1.2　G28车辆无法启动

（1）车辆信息

车型	发动机型号	里程/km
G28，325Li	B48	16000

（2）故障现象描述

客户反映：车辆停车熄火后，启动困难，后来无法启动，拖车进店。

故障现象确认：接车后试车，发动机有启动迹象，但始终无法启动。

（3）故障分析思路及排除方法

首先对车辆进行快测，存在如图4-4所示的故障代码。故障代码11A031和11B033都指向燃油低压系统，根据故障代码分析，产生故障的原因可能是低压燃油组件故障（燃油泵、滤清器、管路），也可能是低压燃油控制系统故障（供电、线路、控制模块）。

第 4 章　电控燃油供给系统

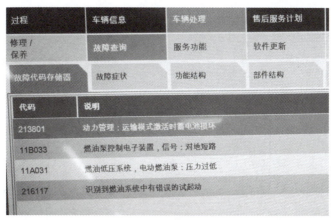

图 4-4　故障代码

断开低压燃油管路，启动发动机观察是否有油从管路中流出，结果没有汽油从管路中流出，可以确定燃油泵没工作或燃油管路堵塞。

接下来通过控制单元功能驱动燃油泵，贴在油箱附近听燃油泵是否有工作的声音，结果没听到任何声音，确定燃油泵没工作。

根据图 4-5 所示燃油低压系统检测计划提示要求检查燃油泵控制单元供电和接地。查询电路图（图 4-6），检查 F165 熔丝，结果发现熔丝损坏，怀疑线路中有短路故障。

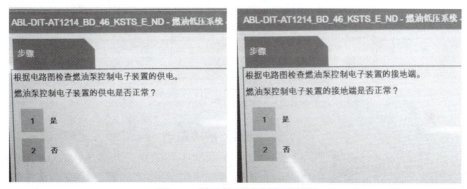

图 4-5　燃油低压系统检测计划

断开燃油泵控制电子装置插头，根据电路图测量燃油泵控制电子装置线束 6 号针脚和其它针脚线路之间的电阻值，没有发现短路故障。怀疑是燃油泵电子控制装置内部损坏（图 4-7）。经与客户沟通后更换燃油泵电子控制装置和熔丝。更换后车辆顺利启动，将车辆交给客户开走。

本以为车辆修好，可没过两天，车辆又是同样的故障进店维修，客户很不满意，认为故障没有彻底解决。接车后又进行了一番检查，故障代码和之前一样，熔丝 F165 又烧坏了，可以确定是之前的故障没有彻底解决。

又仔细进行了一次线束测量，并没有发现任何问题，燃油泵电子控制装置刚换过，到底是什么原因造成的熔丝损坏呢，想来想去只有一种可能，就是燃油泵工作电流过大，于是先更换了熔丝，找来电流夹钳测量燃油泵电流与同款车型对比，发现故障车辆的电流比正常车辆的电流总是大 3A 左右，怀疑电动油泵内部损坏导致电流过大使熔丝过载损坏，经与客户沟通后决定更换燃油泵，更换油泵再次测量油泵电流与正常车相比基本一致，试车也未见异

109

常。车辆交给客户后经后期回访得知，车辆一切正常，故障彻底解决。

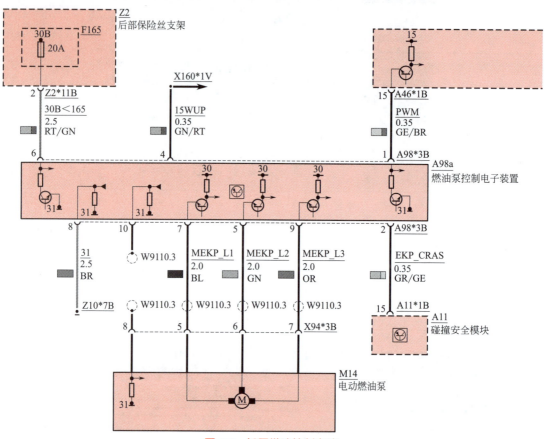

图 4-6　低压燃油控制电路

图 4-7　燃油泵电子控制装置

（4）故障总结

该故障是典型的由于电动燃油泵卡滞造成的燃油泵控制电路电流过大，最终导致燃油泵控制电路熔丝过载而烧坏。由于第一次排除故障时考虑的不够全面，从而造成车辆再次进厂返修。在处理熔丝损坏故障时一定要考虑全面，找到导致熔丝损坏的真正原因，这样故障才能彻底排除。不同发动机燃油泵控制电路也略有不同，切不可仅凭经验简单测量，一定要认真仔细识读电路图，做到有理有据地进行测量。

4.1.1.3　F45 车辆无法启动

（1）车辆信息

车型	发动机型号	里程/km
F45，218i	B38	14000

(2) 故障现象描述

客户反映：发动机启动后熄火。

故障现象确认：接车后试车，启动车辆后转速会在 1000r/min 约 5s 之后慢慢跌到 500r/min 熄火，重新启动故障依旧，有时候验证到一次故障，有时候验证到三次熄火才正常。

(3) 故障分析思路及排除方法

首先用 ISID 对车辆进行快测，无相关故障代码提示。根据故障现象分析，导致发动机启动后熄火的主要因素包括：燃油供应控制系统故障；燃油压力传感器故障；燃油管路故障；燃油泵、燃油滤清器故障；燃油系统泄漏；DME 故障；等。

首先目视检查燃油系统管路，没有发现任何泄漏，检查车辆底盘没有受过撞击。

根据图 4-8 所示电路图检查 Z7 配电盒上的 F66（20A）熔丝，结果正常。测量 Z7*4B 的 25 号针脚与 A98*1B 的 6 号针脚之间电阻，电阻值接近 0Ω，导线正常。测量 A98*1B 的 6 号针脚和 8 号针脚之间电压为 12.6V，插头没有氧化和松动，可以基本排除供电线路故障。

用燃油压力表测量燃油压力，启动时发动机压力为 5bar 之后慢慢跌到了 2.5bar，对比同型号车辆一直保持在 5～6bar 以上。让车辆休眠 2h，压力为 2bar，对比同型号车辆为 4.5～5bar 之间保压。可以判断故障车辆燃油压力有问题，不保压，工作时压力过低。

怀疑燃油泵内部故障，经与客户沟通，更换了燃油泵后进行试车，故障依旧，测量燃油压力依旧不正常，看来不是燃油泵的故障。

之后对调了试驾车燃油泵控制模块、高压油泵、汽油滤清器、高压油轨传感器等部件，但燃油压力就是上不去，故障依旧。

最后对调了试驾车的燃油箱总成，故障还是没有排除。

能换的部件都换过了，压力就是上不来，到底是什么原因导致的燃油压力低呢？难道是 DME 的控制信号出了问题？决定测量燃油泵的控制信号波形。测量 EKPS 的 A46*1B 的 15 号针脚信号波形，如图 4-9 所示。

故障车 DME 对燃油泵模块的占空比情况：冷车油压约 4bar，PWM 为 34%；着车 20min 后油压 5.3bar，PWM 为 42%；拔开油轨压力传感器燃油压力会升到 6bar，PWM 为 89%。

正常车辆控制信号为：冷车油压约 6bar，PWM 约为 50%。

初步判断 DME 对燃油泵模块的占空比控制出错。拔了油轨压力传感器线束插头后燃油压力恢复正常，连接回来后故障依旧。由于压力传感器已经更换过，因此可能是 DME 内部控制出现了问题。最后决定更换 DME，更换后对车辆进行编程。编程后试车，车辆正常起动，故障得到了解决。

(4) 故障总结

该故障是典型的燃油低压控制系统信号故障引起的发动机起动困难。故障的排除过程可以说是曲折的，排除故障的关键点是明确燃油低压系统控制信号波形的特点，并能够对测量波形进行正确分析。此故障提示我们，对于任何一个发动机控制系统，能够熟练掌握控制控制逻辑和控制信号特点将有助于我们快捷有效地排除故障。

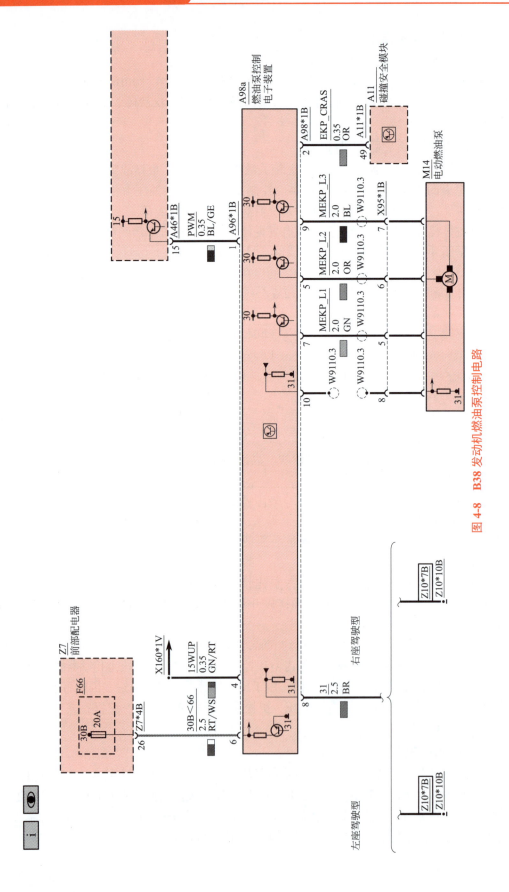

图 4-8 B38 发动机燃油泵控制电路

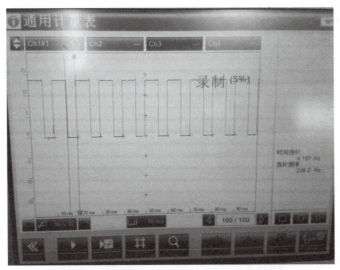

图4-9 故障车辆燃油泵模块的占空比控制信号

4.1.2 故障解析

4.1.2.1 低压燃油供给系统结构特点

（1）燃油系统控制原理

燃油系统控制原理如图4-10所示，低压燃油供油系统由发动机控制单元（DME）通过燃油泵电子控制单元控制。根据发动机不同，燃油泵电子控制单元与发动机控制单元之间控制信号不同，可以通过数据总线（PT-CAN）信号，也可以通过脉冲宽度调制信号（PWM）控制。而高压泵则是由DME通过PWM信号进行控制，整个系统通过燃油压力传感器进行监控，形成一个闭环控制系统。

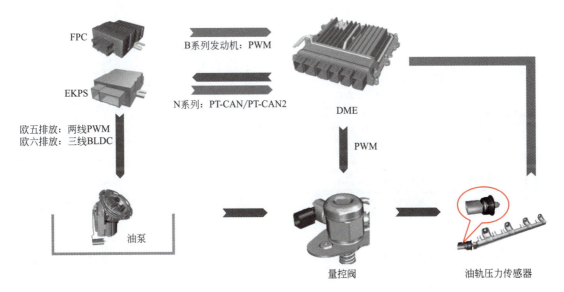

图4-10 燃油系统控制原理图

(2) 电动燃油泵

电动燃油泵是个油箱内置泵,其连接关系如图 4-11 所示。电动燃油泵控制单元有直流型和交流型两种控制单元型号,控制单元的型号取决于燃油泵的结构类型。在直流型号中,燃油泵是通过带有永磁铁的直流电机进行驱动的。在交流型号中,燃油泵是通过带有永磁铁的无碳刷三相电机进行驱动的。与直流电机相比,三相电机具有更高的输出功率。在三相电机上,电动燃油泵控制单元需要多个驱动程序,在直流电机上只需要一个驱动程序。通过更改设码,例如特性线、调节或诊断方式,可以驱动具有一种控制单元型号的不同电动燃油泵。电动燃油泵将通过电动燃油泵控制单元进行控制。发动机控制系统根据驾驶员意愿和发动机运行状态,计算出各时间点所需要的燃油量。所需的燃油量作为信息通过总线发送到电动燃油泵控制单元。

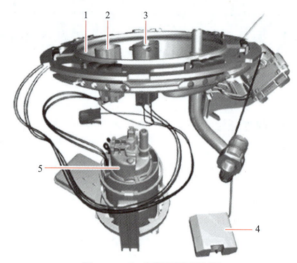

图 4-11 电动燃油泵连接图

1—维修盖板(带有位于燃油箱的部件连接);2—电动燃油泵的插头连接;3—燃油油位传感器的插头连接;4—燃油油位传感器浮子;5—电动燃油泵

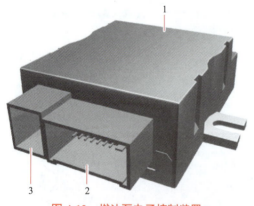

图 4-12 燃油泵电子控制装置

1—电动燃油泵控制单元(EKPS);2—连接到车辆导线束的 16 芯插头连接;3—连接到电动燃油泵的 4 芯插头连接

(3) 燃油泵电子控制装置

燃油泵电子控制装置主要用来控制电动燃油泵的功率,以实现燃油的按需供应,其结构外形如图 4-12 所示。发动机控制单元会根据驾驶员期望和发动机的运行状态,计算各时间点所需要的燃油量。通过燃油低压传感器分析发动机进油管路中的压力。通过压力的标准值与实际值比较,发动机控制单元向电动燃油泵控制单元发送一个请求信号,此信号对应于电动燃油泵的一个规定电压。电动燃油泵控制单元根据现有车载网络电压更改脉冲宽度调制,从而调节用于电动燃油泵的输出电压。控制燃油泵功率正好与燃油低压系统的需要相匹配。

电动燃油泵控制单元有 2 个插头连接,一个用于连接到车身线束上(大插头),另一个用于连接电动燃油泵(小插头)。与发动机控制单元的通信缺失或有错误时,电动燃油泵控制单元切换到紧急运行。电动燃油泵以全部功率运转,最大控制电流可达 18A。

4.1.2.2 低压燃油供给系统故障分析

低压燃油系统出现故障后直接影响车辆的燃油供应。如果低压燃油系统不工作会导致发动机无法启动。导致低压燃油系统不工作的原因主要有燃油泵本身故障和燃油泵控制系统故障两个方面。如果低压燃油系统工作不正常会导致发动机启动困难、抖动、加速无力等故障,低压燃油系统工作不正常主要包括燃油压力低、燃油管路泄漏、燃油滤清器故障等。

4.1.2.3 低压燃油供给系统故障诊断方法

(1)电动燃油泵诊断

检查电动燃油泵是否工作可以通过燃油低压系统检测计划文件对其进行检查,如图 4-13 所示。执行检测计划时,发动机控制单元会驱动电动燃油泵工作 20s 左右,这时可在燃油箱附近听电动燃油泵是否发出工作声音。如果有燃油泵工作声音,可以基本判断控制线路正常,电动燃油泵能够工作。

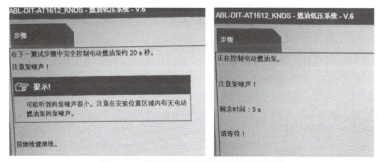

图 4-13 燃油低压系统检测计划文件

通过断开燃油管路后操作启动按钮观察管路中是否有燃油流出的方法也可以判断燃油泵是否能正常工作,但此方法如果燃油不能妥善处理可能会引发事故,在车间有许多技师采用这种方法,但这里不建议采用此种不规范的操作。

如果电动燃油泵工作性能差,导致管路压力偏低,可以通过测量电动燃油泵的工作电流,与同款车型对比。测量时可以使用电流钳测量燃油泵供电总电流,如果是三相交流燃油泵,也可以测量单相电流,其波形如图 4-14 所示。

(2)控制电路诊断

电动燃油泵根据控制方式的不同,可以分为燃油泵由继电器控制和燃油泵由控制模块控制两种。早期发动机多数由继电器控制,现在的发动机都由燃油泵控制模块控制。控制方式不同,控制电路的诊断方法也有所不同。

① 继电器控制电动燃油泵电路检查。图 4-15 所示燃油泵继电器控制电路图,电动燃油泵继电器由后部熔丝支架供电,继电器线圈的接地由发动机控制单元控制,当满足继电器闭合条件时,发动机控制单元控制线圈接地,继电器触点闭合,电动燃油泵电路接通,燃油泵开始工作。此种控制方式的控制线路比较简单,主要的故障就是供电、线路、继电器和发动机控制单元几个方面。对于供电检查与其他系统一样,如果在继电器的 6 号针脚与 4 号针脚两端测得蓄电池电压,说明供电线路正常。线路的故障主要是断路和短路,测量方法与其

他系统线路测量一样,通过检查线路之间的电阻进行判断。继电器的诊断可以拆下继电器,在继电器的4号和6号端子之间加工作电压,同时用万用表测量6号和2号端子之间的电阻,标准阻值小于1Ω。

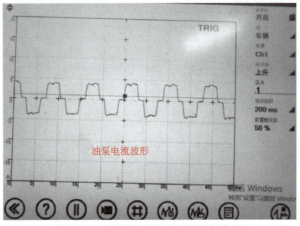

图4-14 三相交流燃油泵的单相电流

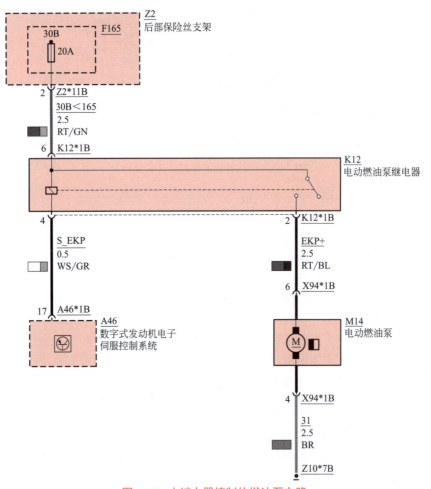

图4-15 由继电器控制的燃油泵电路

② 燃油泵控制模块控制电路检查。根据电动燃油泵控制模块与发动机控制单元之间信号传递方式的不同，可分为总线信号控制和脉冲宽度调制信号控制（PWM）两种，控制电路如图 4-16 所示。

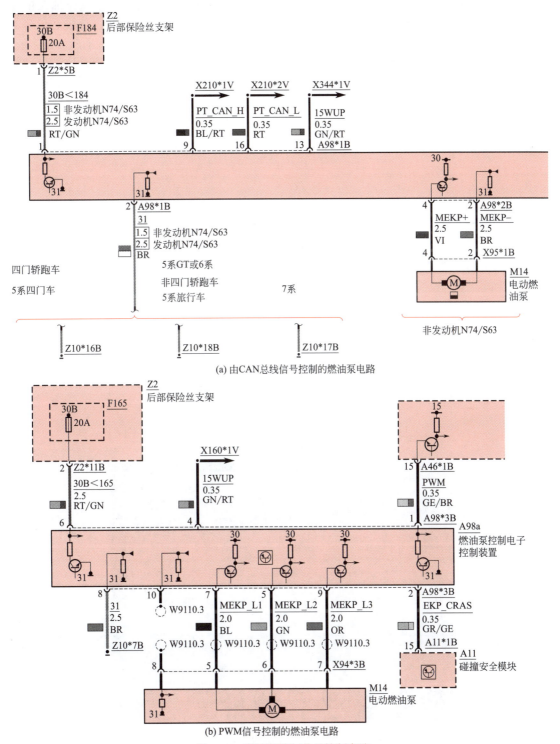

图 4-16 燃油泵控制单元控制电路

对于由控制模块控制的燃油泵控制电路，主要的故障是供电、线路、燃油泵控制模块和发动机控制单元几个方面。与继电器控制电动燃油泵相比主要是燃油泵控制模块故障的诊断，可以利用控制信号的特点对控制信号进行监控判断。图 4-17 所示为总线信号和 PWM 信号的标准波形。PWM 信号为 0～12V 的方波，高电位所占时间越长，说明燃油泵的功率越大；总线信号分为总线 H 和总线 L，总线 H 信号为 2.5～3.5V 的方波，总线 L 信号为 1.5～2.5V 的方波，并且两个信号波形是对称分布的。对于总线信号控制的电动燃油泵系统，如果所测量波形与标准波形相同，排除了线路等其他故障，则可判断为燃油泵控制模块故障。对于 PWM 信号控制的电动燃油泵系统，如果所测波形与标准波形不符，排除其他线路故障，则可判断为控制模块故障。

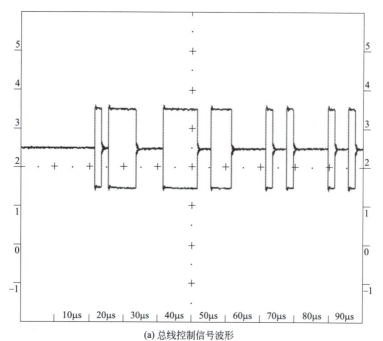

(a) 总线控制信号波形

(b) PWM控制信号波形

图 4-17　燃油泵控制信号

第4章 电控燃油供给系统

（3）燃油低压管路压力低的诊断

燃油管路压力低故障诊断的有效方法是通过在燃油管路中接入燃油压力表，同时观察发动机燃油压力数据流进行对比测量。燃油表压力的显示值正常情况下比数据流中显示的数值高出 1bar，低压燃油系统管路里正常的压力为 6bar 左右相对稳定的压力。如果燃油表压力与数据流显示的压力都低于标准值，说明燃油管路压力确实低，则需要检查燃油泵、燃油滤清器及燃油管路。燃油管路要通过目视检查，燃油滤清器可通过拆卸检查。如果压力表显示值正常，而数据流中显示值不正常，则说明燃油压力传感器信号输入异常。对于燃油压力传感器的诊断，可参考传感器故障诊断与排除相关章节内容。

4.2 高压燃油供给系统

4.2.1 经典维修故障案例

4.2.1.1 F02 发动机启动延迟

（1）车辆信息

车型	发动机型号	里程 /km
F02，740Li	N54	128960

（2）故障现象描述

客户反映：车辆在冷车或行车后停留 2～3h 后，发动机启动延迟。

故障现象确认：接车后将车辆充分冷却，然后进行试车，故障现象与客户描述基本一致，启动有延迟的现象，不过车辆的动力和加速性都比较流畅而且熄火后重新启动，车辆能顺利启动。

（3）故障分析思路及排除方法

查阅该车的维修记录得知，此车已经四次报修此故障。前三次主要只是检查，没有进行实质的维修，第四次来店维修，更换了高压油泵，并进行了车辆编程，但问题还是没有得到解决。

首先用故障诊断仪 ISID 对车辆进行检测，没有故障代码，据经验判断，像这样的故障症状，大多是由供油不畅或供油过多造成的。

通过诊断仪 ISID 读取数据流，发动机启动时，高压从 5bar 迅速上升到 186bar，随着转速的稳定压力渐渐稳定在 50bar 左右（高压压力正常范围一般在 50bar 到 245bar），读取的数据在正常范围内，低压的压力也在正常范围（5bar 左右），这也说明加速性和动力性是没有问题的。

将车熄火，观察高压管路的压力和低压管路的压力瞬间保持一致（5.4bar），等待 10 分钟左右，从数据流中可以看到，压力已经泄到了不到 1.3bar（标压力应不低于 4.75bar）原因在于管路泄压而造成了车辆启动延迟，但是当再次开启点火钥匙时，系统压力迅速上升到 5bar，此压力是一个正常的工作压力，是足以让车顺利启动的，但是结果却相反，这也说明泄压还不是真正导致启动延迟的原因。

维修到此，询问车主得知"启动延迟在新车的时候就有这样的现象，到后来越来越严重了，有时急加油的时候还有点冒黑烟"，当时就觉得不可思议，"冒黑烟"在这款发动机上是很少见的，这也为维修增加了一个突破口，观察此车的排气管，确实有混合气过浓的症状，排气管口全是黑的，启动后加油，排出来浓浓的黑烟，不过一会儿就好了，看到这种现象也就明白了，可能是在车辆静止的时候，喷油器密封不好而漏油，这也刚好吻合了启动延迟和管路泄压。最后拆下喷油器进行加压试验，确实有两个喷油器有滴漏现象，如图 4-18 所示。滴漏的喷油器引起燃油压力过低。

图 4-18　喷油嘴滴漏

（4）故障总结

该故障是典型的高压燃油系统喷油器漏油导致的发动机启动延迟故障。高压直喷发动机，对于高压管路是否泄漏的判断，可以在发动机熄火后，将高压管路与低压管路用油管夹具将其隔开，通过读取压力传感器数据来判断系统是否存在泄漏。

4.2.1.2　F20 大修后发动机故障灯亮

（1）车辆信息

车型	发动机型号	里程/km
F20，118i	N13	35000

（2）故障现象描述

车辆涉水熄火，对发动机进行维修（更换曲轴、连杆、活塞环和气门油封等）后，发现发动机故障灯亮，检测到关于燃油高压系统压力过低的故障。

（3）故障分析思路及排除方法

对车辆进行测试，发现有故障代码"11A002　燃油高压，可信度：压力过低"。根据故障代码分析可能的故障点如图 4-19 所示，主要有油量、电动燃油泵、油轨压力传感器、高压泵及相关线束。

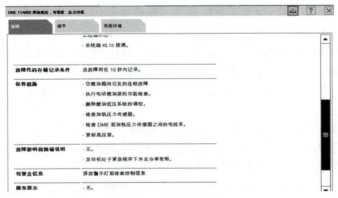

图 4-19　故障原因分析

执行燃油系统检测计划，结果提示高压燃油泵损坏，如图4-20所示。

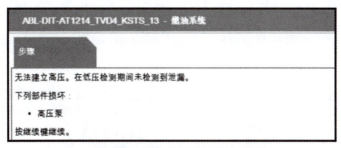

图 4-20　执行检测计划的结果

通过调用 DME 控制单元功能，读取燃油系统相关数据流发现当未出现故障报警时，燃油高压系统压力的实际值和标准值较接近，而且实际值会略高于标准值，不存在压力过低的现象；当开始出现故障时，燃油高压系统压力的实际值会低于标准值约 50bar，并且激活传动系统故障报警，如图 4-21 所示。

 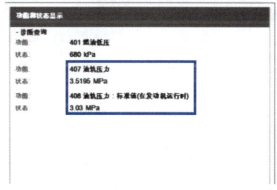

(a) 无故障时油轨压力数据　　　　　　　(b) 故障时油轨压力数据

图 4-21　故障车辆油轨压力数据流

找到同款车辆进行对比，正常车辆上燃油高压系统压力的实际值和标准值之间的差值很小，如图 4-22 所示。

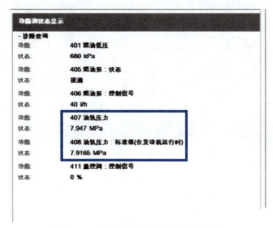

图 4-22　正常车辆油轨压力数据流

测量压力传感器供电和信号电压，与特性曲线对比，没有发现问题。测量高压燃油泵量控阀的 PWM 波形并与正常车辆的波形进行对比，如图 4-23 所示。可以发现 DME 对量控阀进行了控制，但出现了不同时间长短的控制过程。出现故障时，控制周期较短，并且在切断控制时形成了一个较高的反向感应电压。正常车辆的量控阀控制周期相对较长，未出现明显的中断现象。

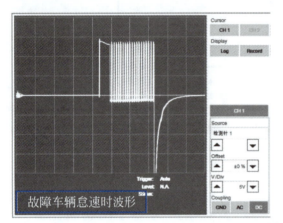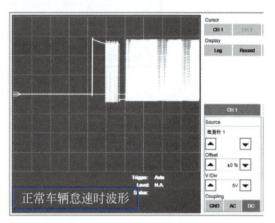

图 4-23　量控阀波形对比

N13 使用的是 Bosch 单活塞高压泵，DME 通过对比压力标准值和油轨压力传感器测量的实际值，以脉冲宽度调制方式（PWM 信号）控制燃油量控制阀。燃油量控制阀以打开或关闭燃油供给管路泵元件的方式调节压力。从故障车辆上量控阀的控制波形可以看出，DME 减少了量控阀的打开时间，以降低燃油压力，可能是识别到燃油压力过高，但为什么反而会报压力过低的故障呢？

怀疑安装高压泵时滚轮挺杆没安装或没装好，拆下高压泵进行检查，未发现滚轮挺杆遗漏安装的现象，并且部件完好，如图 4-24 所示。

图 4-24　拆检高压泵挺杆

由于每次出现故障灯亮灯时都是在启动着车的较短时间内，考虑到高压泵本身没问题，经仔细查阅资料，发现高压泵在安装时有位置要求，如图 4-25 所示。会不会是安装位置不正确呢？

第 4 章 电控燃油供给系统

图 4-25 高压油泵安装位置要求

经检查，果真是高压泵安装位置错了，按照 ISTA 维修说明，重新调整高压油泵驱动单元和进气凸轮轴之间的正确位置，将高压泵重新按正确的位置安装，如图 4-26 所示。着车后试车，故障消失，故障灯没再亮起，故障排除。

图 4-26 重新安装高压泵

（4）故障总结

该故障是典型的人为故障，在发动机大修后，由于对 N13 系列发动机的机械结构不是特别熟悉，没有详细查阅 ISTA 标准维修说明，凭经验安装，导致高压泵安装位置错误。在排除故障的过程中，充分利用了数据流分析和信号波形测量诊断方法，没有进行简单的零件更换，这些是值得借鉴之处。

4.2.2 故障解析

4.2.2.1 高压燃油供给系统结构特点

（1）系统组成

高压燃油系统组成如图 4-27 所示，主要由高压油泵、量控阀、喷油器、油轨、油轨压力传感器等组成。燃油通过供油口在燃油泵所产生的预压力作用下输送到高压泵。然后燃油通过量控阀导入泵元件的燃油腔内。同时高压泵活塞将燃油加压后并将其输送到高压接头，再通过喷油器喷入到气缸内。

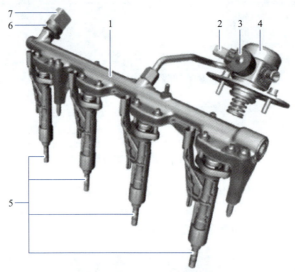

图 4-27　高压燃油系统组成

1—直通油轨；2—2 芯插头连接；3—量控阀；4—高压泵；5—电磁阀喷射装置；6—油轨压力传感器；7—3 芯插头连接

（2）高压泵

高压泵的结构如图 4-28 所示，低压燃油泵产生的预压使燃油通过入口输送至高压泵内。燃油从高压泵处通过燃油量控阀进入泵元件的压缩室内，燃油在泵元件内通过活塞进行加压并通过高压单向阀输送至高压接口。高压泵凸轮轴通过一个三段凸轮进行驱动。也就是说，只要发动机运转，活塞就会在三段凸轮的作用下持续进行往复式运动。这样就会对通过燃油量控阀进入高压泵的新燃油进行持续的燃油加压。高压区域内的最大压力不得超过 245bar，如果压力过高，就会通过溢流阀经接口向低压区域释放高压循环回路的压力。向低

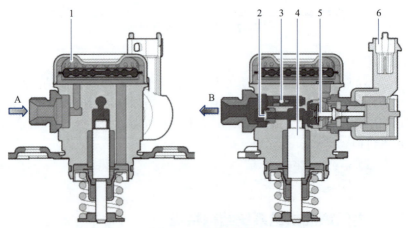

图 4-28　高压泵结构

A—低压接口；B—高压接口；1—调节仓；2—高压单向阀；3—溢流阀；
4—活塞；5—燃油量控阀；6—燃油量控阀的电气接口

压区域释放压力时通过该区域内的油液体积和安装在调节仓内的压力缓冲器抵消所产生的压力峰值。调节仓连接在高压泵的供给管路中，用于降低因高压与低压区域连接和断开所产生的压力峰值。活塞产生的压力使燃油进入活塞和活塞导向装置之间，此压力用于为滑动副进行润滑。高压活塞向下移动时，活塞背面就会产生高压，此高压可能会使燃油通过活塞密封件进入发动机机油系统，通过连接调节仓可避免在活塞背面产生高于燃油供给管路的压力。因为活塞前后的体积流量变化均衡，所以可以防止将压力波动传输至低压系统。

（3）喷油器

电磁阀式喷油器的结构如图4-29所示，电磁线圈通电时会产生磁场。磁场使喷嘴针克服弹簧力从阀座上抬起并打开喷油器排油孔，共轨内的高压通过排油孔将燃油高速压入气缸内。通过切断供电结束喷射，此时在弹簧力作用下将喷嘴针压入阀座内。

电磁阀式喷油器是一个向内打开的阀门，喷嘴孔决定射流直接喷射的形状。向内打开的电磁阀式喷油器即使在燃烧室内压力和温度等因素影响下也能保持分布稳定。高压下朝燃烧室内喷射燃油在进气和压缩冲程中进行。在暖机阶段还发生一个追加燃油喷射，喷射少量燃油以便更快达到废气触媒转换器的工作温度，在冷机启动时，燃油量分成多个脉冲在压缩冲程中喷射。

（4）量控阀

量控阀是一个电磁阀，安装在高压泵上，量控阀由发动机控制系统通过一个按脉冲宽度调制的信号（PWM）控制。输送回低压区域的油量与输送到高压区域的油量比例根据控制信号而变化，由此调节相应负荷点所需的燃油质量。燃油量控阀以打开或关闭燃油供给管路泵元件的方式调节压力。燃油量控阀打开时，大部分通过活塞吸入的燃油被压回燃油供给管路。当驱动线路失效时，高压油泵进入低压模式，发动机仍可应急运行。

（5）油轨压力传感器

油轨压力传感器安装在油轨的末端，向发动机控制单元提供高压泵后的燃油压力信息。发动机管理系统根据发动机负荷和发动机转速确定所需燃油压力，通过共轨压力传感器测量实际达到的压力值并将其发送至发动机控制单元，对比共轨压力规定值和实际值后通过燃油量调节阀进行调节。油轨压力传感器的信号是发动机控制单元的一个重要输入信号，用于控制量控阀。油轨压力传感器使用应变仪探测油轨压力，施加压力时，传感器中装有应变仪的膜片会发生变形。应变仪的电阻变化将通过一个测量电桥，以电子方式进行记录并分析。然后，电压测量结果将作为实际值输入到油轨压力控制中。

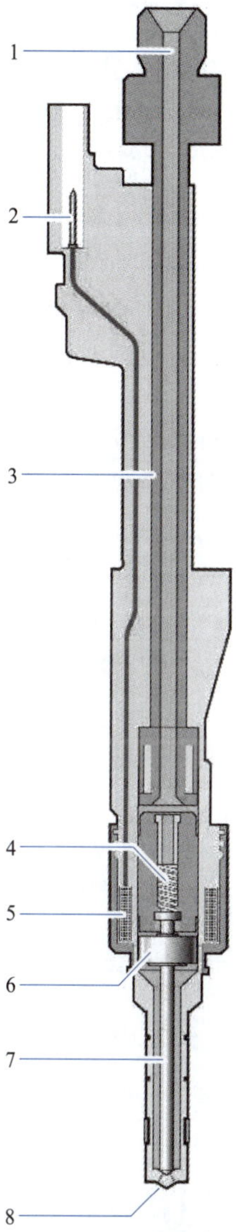

图4-29 喷油器结构

1—燃油接口；2—电气接口；3—喷射器杆；4—压力弹簧；5—电磁线圈；6—磁铁电枢；7—喷嘴针；8—喷嘴孔

4.2.2.2 高压燃油供给系统故障分析

高压燃油系统的故障有可能是高压系统相关部件如高压泵、喷油器、燃油管路、量控阀、油轨压力传感器等自身损坏导致，也有可能是燃油高压控制系统供电、线路、控制信号等故障导致。无论是部件本身损坏还是控制线路故障，都会对发动机正常工作造成很大的影响，发动机会表现出抖动、加速无力甚至无法启动等故障现象，需要对相关部件及控制线路进行逐项检查诊断。

4.2.2.3 高压燃油供给系统故障诊断方法

燃油系统的维修工作只允许在发动机冷却后进行，冷却液温度不允许高于40℃，否则由于燃油高压系统内的剩余压力，存在燃油喷溅伤人的危险。

在拆开高压管路前需要提前泄掉管路内的残余压力，可通过拔掉油泵保险后启动车辆的方法进行管路泄压。同时在车辆旁边准备好灭火设备。

（1）控制线路诊断

高压燃油控制线路包括喷油器控制线路、量控阀控制线路及油轨压力传感器线路组成，如图4-30所示。喷油器及量控阀的供电和接地都是由发动机控制单元控制，喷油器的供电是通过发动机控制单元的升压电路升压后再提供给喷油器大约80V左右电压，量控阀的供电则是由发动机内部的12V电源提供，油轨压力传感器的供电则是由发动机控制单元内的5V供电提供。线路的断路和短路故障与其他线路的检测方法一样，可以通过测量线路之间的电阻进行判断，断开插头连接后，单根导线之间的电阻应小于1Ω，不同导线之间的电阻应该∞。

（2）量控阀的诊断

量控阀是典型的电磁式执行机构，电磁阀的故障主要是两个方面，一方面电磁阀本身故障如线圈损坏、阀体卡滞等，另一方面是控制信号存在故障。

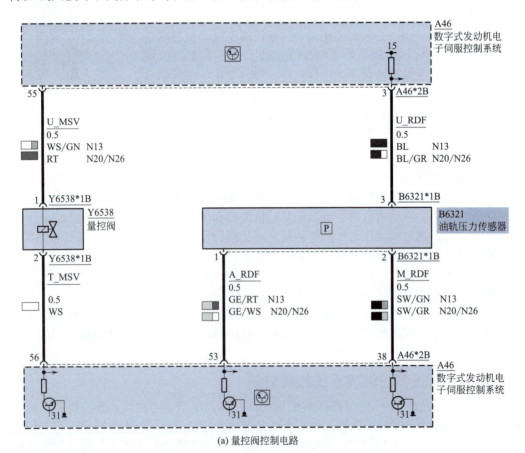

(a) 量控阀控制电路

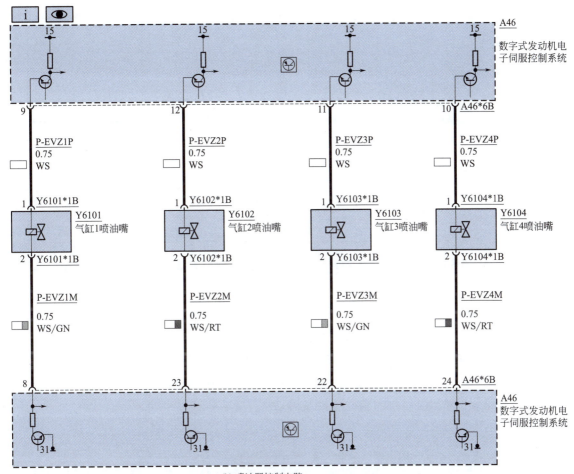

(b) 喷油器控制电路

图 4-30　高压燃油系统控制电路

量控阀本身故障除了拆下进行外观检查外，还可以通过给量控阀直接施加工作电压听量控阀是否发出工作声音的方法进行诊断，如果能听到工作的声音，说明量控阀良好。也可以静态下测量量控阀电阻，标准值约为 0.6Ω 左右。

量控阀控制信号标准的电流波形和电压波形如图 4-31 所示。判断信号故障时可以将测量波形与标准波形进行比较，进一步判断控制信号是否正常。

（3）喷油器诊断

喷油器也是典型的电磁式执行器，其故障的形式与量控阀基本相同。但喷油器本身的故障通过施加工作电压的方法不容易判断，可以通过测量喷油器的电阻值进行判断，标准阻值约为 1～2Ω，也可以找同款车辆进行对比测量。

喷油器控制信号标准的电流波形和电压波形如图 4-32 所示。判断信号故障时可以将测量波形与标准波形进行比较，进一步判断控制信号是否正常。

（4）油轨压力传感器的诊断

判断油轨压力传感器信号是否正确的有效方法是多工况下测量油轨压力电压信号，并与标准数值进行比较，图 4-33 所示为油轨压力传感器的特性曲线，可参考此曲线进行对比测量。油轨压力传感器的信号电压为 0.5～4.5V，对应于 0～250bar 的油轨压力。

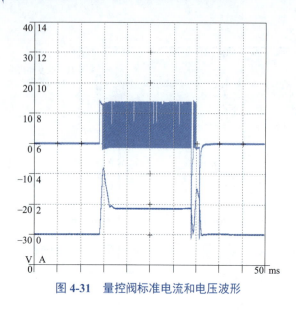

图 4-31 量控阀标准电流和电压波形

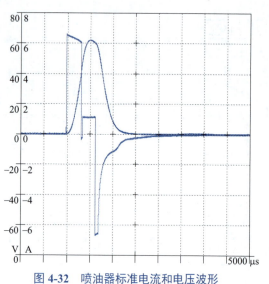

图 4-32 喷油器标准电流和电压波形

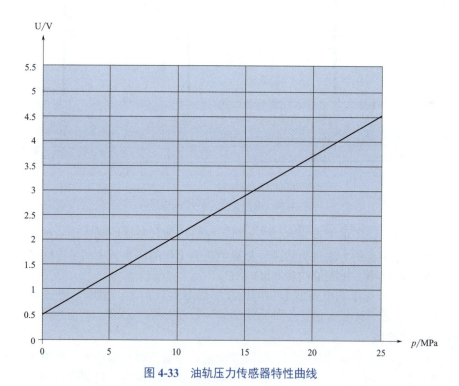

图 4-33 油轨压力传感器特性曲线

(5) 高压管路泄漏的诊断

高压管路泄漏会导致燃油高压系统压力低，泄漏的燃油还会导致发动机起火等严重的事故，高压管路泄漏多数是由维修时安装不当造成的。因此安装高压燃油管路时一定要按照维修手册的要求规范进行，安装完成后，一定要启动发动机后再仔细确认是否存在泄漏。

4.3 混合气控制系统

4.3.1 经典维修故障案例

4.3.1.1 F25 发动机故障灯点亮

(1) 车辆信息

车型	发动机型号	里程/km
F25，X3，xDrive20i	N20	40222

(2) 故障现象描述

客户反映：车辆在做完汽油泵召回后，将油箱加满后发动机故障灯点亮。

故障现象确认：接车后检查，确实发动机故障灯点亮，无其他故障症状，车辆怠速和加速都正常。

(3) 故障分析思路及排除方法

首先对车辆进行快测，发现有故障码"118002，混合气调节：混合气过浓"。仔细查看故障代码细节发现：故障发生频率11次，第一次记录里程为40213km，最后一次是40225km，客户到店时的里程是40222km。因此，怀疑在做召回之前故障码已经存在，但是当时故障灯没有点亮。

将故障码删除后，再次启动车辆，启动后发动机会抖动几下，然后就不抖了，正常了。

有时，在着车状态下混合气浓的故障码无法删除；混合气太浓的时候还会报故障码"118402 混合气调节：混合气太浓，偏差大"。

执行相关检测计划，提示检查进、排气区域是否泄漏。在拆下发动机盖罩时发现真空系统中有机油，于是更换了真空泵、真空管路、真空罐、气动压力变换器、真空泵密封圈。更换后进行试车，发现仍然有混合气浓及太浓故障，故障没能得到解决。

按照检测计划，检查了如下数据：空气流量计，发动机温度90℃时空气流量计数值9.5~11kg/h，对比正常车数值偏差不大；节气门前压力传感器数值999~1004hPa，节气门后压力945hPa，与正常车一致；燃油高压7.5MPa，标准值7.5MPa，也与正常车一样；前氧传感器数值，有时候会低至0.8V，或是1.1~1.5V变化，有时候又很正常，维持在1.5V；而混合气加法调校则在0.8左右波动，乘法调校一直为0.7无明显变化；检查冷却液温度数值，与机油温度偏差不大。通过以上数据分析，确实是混合气太浓。

执行喷油器喷油偏差测试步骤，无法正常进行，因电子气门有故障而被迫中断，测试同款其他车辆也是如此，都因电子气门问题而中断测试。怀疑喷油器有问题，但是不会4个同时损坏。调换相同零件号喷油器、燃油高压传感器，故障依旧，此喷油器装到正常车则没有故障，排除喷油器故障可能。

测试曲轴箱压力为0.964bar，与正常车一样；检查三元催化转化器无堵塞，调换同款车辆的前、后氧传感器，故障依旧，并且数据流无明显变化。

调换空气流量传感器、增压压力传感器、进气压力传感器及节气门，故障依旧。

拆下火花塞，发现4个缸的火花塞都是浓黑无比，调换4个火花塞，故障依旧。

拆掉中冷器和进气歧管，检查涡轮增压到中冷器及中冷器到节气门的管路，三元催化转化器外围，未见破损及泄漏。

用烟雾测试仪测试进、排气系统，未发现泄漏，压力测试不会降到最低，对比其他车一样；之后又清洗节气门，用核桃砂清洗进气门积炭，清洗油路，并添加汽油添加剂试车，故障依旧。

堵住炭罐电磁阀前的油箱通风管路，故障无变化。

拔掉涡轮增压器前的进气管到气门室盖间的曲轴箱通风管路，使其漏气，空气流量计数据会降1～2kg/h，氧传感器数据趋于正常，加法调校及乘法调校也正常，乘法调校有时候也会在0.7～0.8间。

拔下偏心轴电机，使电子气门应急，故障依旧；拔下涡轮增压真空管路，使涡轮增压退出工作，故障依旧。

经过以上工作，故障点还是没能找到，此时真的是束手无策，能想到的地方都检查了，能调换的也调换了，可故障依然存在。想到跟混合气相关的部件只有高压泵没调换了，于是调换了高压燃油泵试车，读取数据流发现氧传感器乘法调校从0.8逐渐提高，之后路试了几十公里，故障码没有出现，路试后读取混合气加法和乘法调校，都在1.0左右变化，乘法调校大部分时间在0.9～1.0之间，而换高压泵之前乘法调校一直在0.7～0.8之间。故障就这样奇迹般好了。

最后，更换了燃油高压泵后反复试车，故障都没有出现，故障被彻底排除了。

（4）故障总结

该故障是典型的混合气过浓故障，排除过程可谓是相当曲折，同时维修过程中调换了大量的零件，也做了相当大的检查工作。最后故障的排除也是误打误撞更换高压泵解决的。此故障的维修过程之所以如此繁锁，还是技师本身对混合气相关知识缺乏系统掌握。混合气浓的根本原因就是油多气少，实际上在拔掉曲轴箱通风管数据流有所恢复时就已经基本可以判断可能是有燃油蒸气从曲轴箱通风管路进入到进气系统导致混合气浓。接下来就是考虑曲轴箱里为什么会有燃油蒸气，而高压泵泄漏正好能够导致燃油泄漏到曲轴箱中，与该车故障现象完全相符。此故障的排除过程提示我们，维修经验固然重要，但对系统的正确理解和掌握能够让我们少走更多弯路。

4.3.1.2 F18发动机轻微抖动，故障灯亮

（1）车辆信息

车型	发动机型号	里程/km
F18，530Li	N52	70634

（2）故障现象描述

客户反映：发动机故障亮并且伴有发动机轻微抖动。

故障现象确认：接车后试车，确实发动机故障灯亮，怠速时发动机有轻微抖动，客户反映情况属实。

（3）故障分析思路及排除方法

首先对车辆进行快测，存在"前氧传感器列2故障"的故障代码，其他有关故障暂未发现。根据故障代码分析可能的原因主要有：进气系统漏气；喷油器故障；气门控制系统故

障；点火线圈及火花塞故障；氧传感器故障；控制模块故障。

接下来逐项排除，先检查火花塞，发现火花塞比较黑，更换火花塞试车，故障没有改善，可以排除火花塞故障。用烟雾测试仪对进气系统进行测漏，没有发现泄漏，可以排除进气系统泄漏故障。断开气门控制机构插头，使VVT处于最大开度，故障依旧，基本可以排除气门控制系统故障。更换喷油器进行试车，故障依然存在。就只剩下氧传感器没检查了，接下来根据图4-34所示电路图测量氧传感器供电和线束。

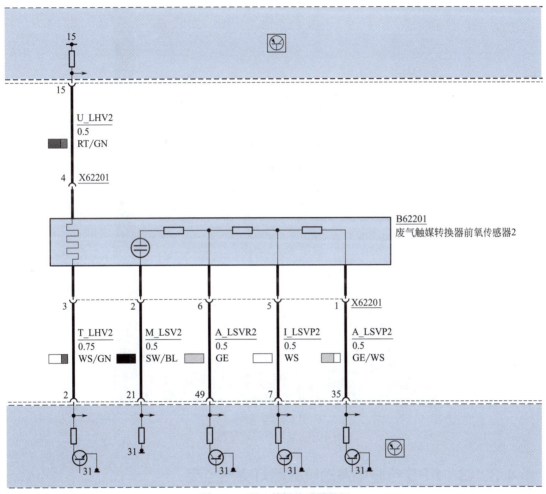

图4-34　列2前氧传感器数据

测量氧传感器4号针脚供电电压为12.8V正常。测量传感器与DME之间线路阻值为0Ω，不存在断路。测量传感器各针脚对地电阻值为无穷大，不存在短路。基本排除线路故障。接下来测量氧传感器波形，测量波形如图4-35所示。根据波形测量发现列2的波形低谷时候示波器无法显示完全，列1的波形在测量时候正常显示，列2前氧传感器波形存在异常，更换列2前氧传感器，试车故障排除。

(4) 故障总结

此故障是典型的由氧传感器故障导致的混合气报码故障，该故障排除过程分析思路清晰，排除逻辑合理，并且很好地用到了氧传感器信号波形的测量，因而快速准确地锁定了故障点。此故障再次提示我们，对于传感器信号故障的判断，波形测量是一种快捷有效的手段。

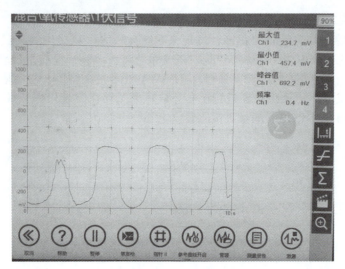

(a) 列2前氧传感器波形

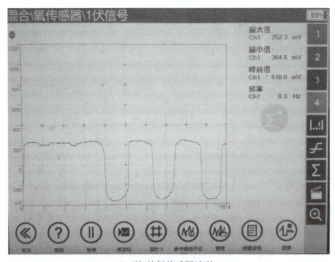

(b) 列1前氧传感器波形

图 4-35　氧传感器波形测量

4.3.1.3　F35 行驶中发动机故障灯突然点亮

（1）车辆信息

车型	发动机型号	里程 /km
F35，330Li	B48	24000

（2）故障现象描述

客户反映：行驶中发动机故障灯突然点亮。

故障现象确认：接车后试车，发动机故障灯确实亮起，发动机无其他故障现象，CID 和仪表也无其他故障提示信息。

（3）故障分析思路及排除方法

经与客户沟通，该车之前由于发动机故障灯点亮进店维修过，经查阅维修记录得知该车由于混合气调节故障更换过燃油箱排气阀。

首先用 ISID 对车辆进行快测，发现有"118002　混合气调节：汽油混合气过浓"故障代码。

分析故障代码，导致该故障码的原因主要有以下几个方面：燃油高压系统故障、空气计量系统故障、进气控制系统故障、氧传感器故障。

首先查看车辆数据流，并与正常车辆数据流进行对比，如图 4-36 所示。发现氧传感器数据混合气调校值 0.94，确实是混合气过浓，同时观察节气门前后压力明显异常，所以判断 VVT 机构退出工作。

是什么原因导致的 VVT 退出工作呢？到底是不是 VVT 故障导致的混合器报码呢？将 VVT 插头断开，将升程调到最大，启动发动机观察数据流，混合气调校数据流慢慢开始恢复，可以确定是 VVT 控制的进气出现了问题导致混合气浓。拆开进气道检查，发现发动机 1 缸和 2 缸的气门积炭较多，如图 4-37 所示。

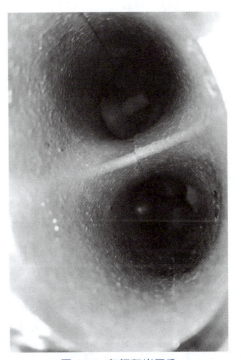

图 4-36　数据流对比　　　　图 4-37　气门积炭严重

经与客户沟通，清洁积炭，更换气缸盖罩，进行 VVT 调校值复位后试车故障解决。

（4）故障总结

该故障是典型的进气控制故障导致混合气报码故障。由于进气控制系统直接控制进入气缸内空气的质量，因此实际进气量就会对混合气的形成产生直接影响，当实际进气量少于测量的进气量时，混合气偏浓，反之混合气偏稀。对于判断是否是进气控制系统导致的混合气故障，可以断开VVT插头，通过让VVT系统退出工作的方法进行隔离。

4.3.2 故障解析

4.3.2.1 混合气控制系统结构特点

（1）混合控制原理

混合气控制原理如图4-38所示，发动机控制单元根据进气计量系统检测的进气量及油轨压力传感器的数据确定基本的喷油量，使混合气达到理论的空燃比，然后再根据发动机转速和负荷情况对实际喷油量进行调校。在一些特殊工况下还会对喷油量进行修正，从而确定最终的实际喷油量，通过发动机控制单元控制喷油器的开启时间进行精确控制。控制结果通过氧传感器进行监控，如果实际结果与理论结果不符，就会对喷油量进行调节，直至符合理论的空燃比。当氧传感器监控的混合气与理论偏差较大时，就会触发DME点亮发动机故障灯，以提示驾驶人车辆存在故障。

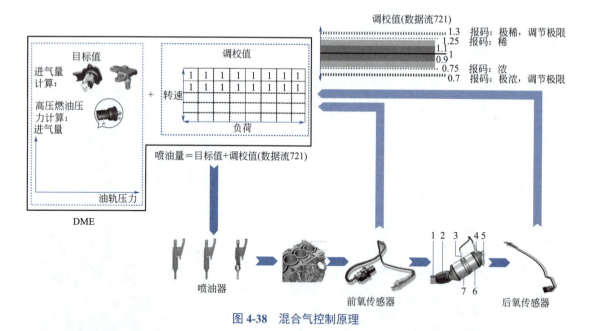

图4-38 混合气控制原理

（2）氧传感器

氧传感器根据安装位置的不同分为前氧传感器和后氧传感器。

① 后氧传感器安装在废气触媒转换器后面，用于废气触媒转换器诊断。后氧传感器其结构如图4-39所示，其基本元件是氧化锆管，氧化锆管固定在带有安装螺纹的固定套内，在氧化锆管的内、外表面均覆盖着一层薄铂作为电极，传感器内侧通大气，外侧直接与排气管中的废气接触。在氧化锆管外表面的铂层上，还覆盖着一层多孔的陶瓷涂层，并加有带槽口的防护套管，用来防止废气对铂电极产生腐蚀。在传感器的

线束连接器端有金属护套,其上设有小孔,以便使氧化锆管内侧通大气。由于氧化锆式氧传感器在300℃以上的环境中才能输出稳定的信号电压,因此在氧化锆式氧传感器内部有一个电加热器,保证传感器在低温时氧传感器能很快地投入工作,从而减少排放中的有害气体。

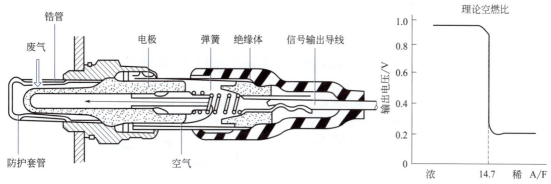

图 4-39　氧化锆式氧传感器结构及特性

后氧传感器是具有跳跃式特性线的传感器,后氧传感器识别空气过量系数与1之间的偏差,但不能确定混合气浓度偏差的大小。当混合气的实际空燃比小于理论空燃比,即发动机以较浓的混合气运转时,排气中氧含量少,但CO、HC等较多。这些气体在锆管外表面铂的催化作用下与氧发生反应,将耗尽排气中残余的氧,使锆管外表面氧气浓度变为零,这就使得锆管内、外侧氧浓度差加大,两铂极间电压陡增。因此,氧化锆式氧传感器产生的电压将在理论空燃比时发生突变。当混合气较稀时,输出电压几乎为零;当混合气较浓时,输出电压接近1V。废气触媒转换器具有较高的氧气存储能力,因此在废气触媒转换器后只有少量氧气。监控用传感器输出几乎恒定的电压(经平缓处理的)。随着不断老化,废气触媒转换器的氧气存储能力下降。监控用传感器于是越来越频繁地通过电压波动对空气过量系数偏差作出反应。这种特性可通过一项专用的诊断功能用于废气触媒转换器监控,通过排放警示灯显示废气触媒转换器的功能异常。

② 前氧传感器通过监控尾气中氧的含量进而对混合气的空燃比进行监控,是混合气控制系统中的闭环监控传感器。前氧传感器是一个宽带氧传感器,可以检测到过量空气系数0.7~2.5整个范围的混合气,且在从稀到浓的整个区域均呈现线性输出特性。其结构及工作原理如图4-40所示。它是在普通型氧传感器的基础上增加了一个单元泵和一个测量室。测量室上有一个扩散通孔,尾气通过扩散通孔进入测量室。单元泵受ECU控制,可将尾气中的氧泵入测量室,也可将测量室中的氧泵入排气管。ECU一直控制着单元泵的工作电流,通过改变测量室中氧的含量,使氧传感器的信号电压始终保持在450mV。

当混合气过浓时,氧传感器电压值超过450mV。单元泵若仍以原来转数工作,测量室的氧含量少。此时,控制单元通过控制电路增大单元泵的工作电流,使单元泵旋转速度增加,增加泵氧速度。单元泵泵入测量室中的氧量增加,使氧传感器电压值恢复到450mV。

当混合气过稀时,氧传感器电压值低于450mV。单元泵若仍以原来的转速运转,会泵入较多的氧,测量室中氧的含量较多。为能使氧传感器电压值尽快恢复到450mV的电压值,控制单元通过控制电路减小单元泵的工作电流,使泵入测量室的氧量减少。

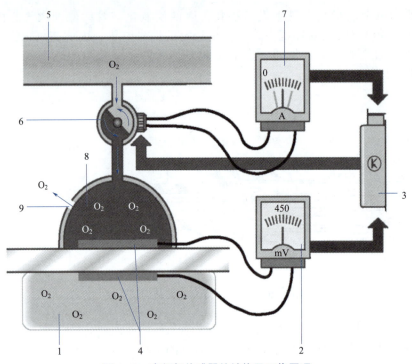

图 4-40 宽频氧传感器的结构及工作原理
1—空气；2—传感器电压；3—控制单元；4—测量片；5—尾气；
6—单元泵；7—单元泵电流；8—测量室；9—扩散通道

（3）OBD 就绪代码

OBD 车载诊断系统会对与排放相关的故障部件进行监控，当识别到相关故障后会在控制单元内存储相关的故障代码，同时根据程序要求点亮发动机故障灯。但该系统对相关系统部件的监控需要满足相应的条件，并不是只要发动机运转就立即进行监控，只有满足传感器闭环监控条件的系统才开始进行监控。

通过查询 OBD 就绪代码可以观察车辆哪些系统已经开始进入到闭环监控状态，通过诊断仪的"服务功能—驱动装置—OBD 扫描工具"选项执行对应的 ABL 文件就能读出相关系统的状态，如图 4-41 所示。

只有所有的系统都显示已完成状态，才说明 OBD 系统完全进入工作状态，如果显示为未完成状态，说明 OBD 系统还没有完全进入到闭环监控状态。这时候即使相关系统有故障也不会被控制单元识别到。

(a) OBD 扫描工具

(b) OBD系统监控项目

图 4-41　OBD 检测计划

因此在维修与混合气相关的故障后，一定要读取 OBD 就绪代码，保证相关系统的就绪代码处于完成状态。为了让所有的相关系统都进入到闭环监控状态，需要按图 4-42 所示的行车特点进行一次完整的车辆行驶，持续时间大约 60min，发动机控制单元中不允许存在任何与排放相关的故障代码。

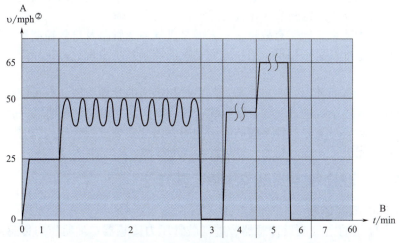

图 4-42　OBD 要求的行车特点

1—进行冷机启动，立即（没有怠速阶段）驾驶车辆以 40km/h 的速度行驶 5min；2—动态行驶 10min，执行至少 10～30 个滑行阶段并实施负荷变化，这些滑行阶段必须持续 5～18s，滑行阶段持续；3—让车辆在静止状态下以怠速转速运转约 1min；4—将车辆在高负荷下从静止状态加速到 80km/h，以 80km/h 的恒定车速行驶 20min；5—以 100km/h 的恒定车速行驶 20min；6—让车辆在静止状态下以怠速转速运转约 1min；7—关闭点火开关，然后让车辆停车 1min，读取就绪代码；A—速度；B—行驶时间

② 1mph=1.6093km/h

如果个别就绪代码未完成，可以利用表 4-1 中列出的行车特点完成这些就绪代码。发动机控制单元中不允许存在任何与排放相关的故障代码。

表 4-1 个别 OBD 就绪代码的行车特点

就绪代码	设置代码时需要的行车特点
不点火监控	1min 怠速
燃油系统监控	在发动机暖机（约 80℃）时执行至少 10～30 个持续时间为 5～18s 的滑行阶段，以 100km/h 的恒定车速行驶 20min
废气触媒转换器监控	冷机启动，无怠速阶段，以 40km/h 的车速行驶 5min
蒸发系统	将车辆停放过夜
增压系统监控	动态驾驶至少 10min，之后以 80km/h 的恒定车速行驶至少 10min
氧传感器监控	将车辆在高负荷下从静止状态加速到 80km/h，以 80km/h 的恒定车速行驶 20min

4.3.2.2 混合气控制系统故障分析

根据以上分析可知，混合气控制系统故障实际上是发动机实际的燃油和空气混合比例与控制系统所要求的混合比例存在偏差，当偏差超过规定值时就会报混合气相关故障代码，并点亮发动机故障灯。根据燃油和空气混合比情况的不同，可能存在混合气稀（气多油少）和混合气浓（油多气少）两种情况，无论哪种故障情况，导致故障的原因主要有以下三个方面。

一是目标值问题，输入的信号不正确，主要是空气计量的传感器（空气流量计、歧管压力传感器）和油轨压力传感器故障导致的。

二是反馈值问题，主要是氧传感器故障导致的给控制单元错误的反馈信号，控制单元按照错误的信号对混合气进行调节，导致实际混合气出现故障。

三是混合气相关系统确实有故障，一方面是进气系统管路及进气控制系统故障，导致实际的进气量与理论进气量不相符；另一方面是燃油控制系统出现故障，导致实际供油量与理论供油量不相符。

除了以上三个方面外，还要考虑与进气系统相连通的其他系统，有可能存在有额外的空气或燃油蒸气从这些系统进入气缸，导致混合气故障，比如说曲轴箱通风、燃油箱通风等。

混合气的故障有可能是其他系统故障引起的，因此在处理混合气故障时，如果有其他相关系统的故障要先进行处理，然后再处理混合气的故障，

4.3.2.3 混合气控制系统故障诊断方法

(1) 目标值故障诊断

目标值主要指的空气流量传感器、进气歧管压力传感器、油轨压力传感器输入的信号值。在排除目标值方面的故障时，可以断开相应传感器的插头，此时发动机控制单元会识别到传感器断路故障，控制单元内部采用应急模式，用计算值代替传感器输入值。如果断开插头后混合气故障趋于好转或消失，则可判断为是该目标值导致的混合气故障。

对于单个传感器的诊断，可以参考传感器诊断相关章节，利用相关 ABL 文件对其进行功能检查或多工况进行测量信号波形的方法判断其性能好坏。

(2) 进气控制系统诊断

进气控制系统主要指的是 VVT 系统，对于该系统故障诊断时可采用断开 VVT 插头方法，然后将 VVT 电机调节到最大开度，如果是由 VVT 系统故障导致的混合气故障，此时故障应该消失或好转。除了 VVT 控制电机外，相关的机械部件故障及气门积炭严重也会导致进气量的改变，因此在考虑 VVT 系统故障时应充分考虑。

对于 VVT 系统相关部件及线路的诊断可参考 VVT 相关章节。

(3) 燃油控制系统诊断

对于燃油控制系统故障导致混合气故障，多数是喷油器堵塞或泄漏、高压油泵泄漏引起的，可以执行燃油系统相关的检测计划对其性能进行检查，可参考燃油控制系统相关章节内容。

(4) 反馈值（氧传感器）诊断

氧传感器的反馈信号错误会直接导致发动机控制单元对混合气闭环监控出现错误。因此，在处理混合气故障时，尽量先确定反馈值是否有问题，如果没有问题再进行进气控制及燃油控制系统排查。

① 氧传感器控制线路诊断。B58 发动机氧传感器控制电路如图 4-43 所示。前氧传感器和后氧传感器的加热装置都由集成供电模块内的 F05 熔丝供电，标准电压为 12V 蓄电池电压，加热装置的电阻值在常温下为 2～3Ω。线路短路和断路的判断方法与其他传感器一样，通过测量线束电阻进行判断。

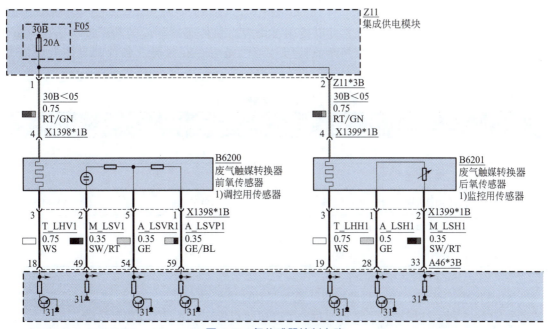

图 4-43　氧传感器控制电路

② 氧传感器数据流诊断。可以通过读取发动机控制单元里存储的氧传感器的相关数据流来帮助诊断混合气的状态，如图 4-44 所示。前氧传感器的数据流（709）根据氧传感器的不同而不同，例如 N52 发动机标准数据流（前氧传感器电压）为 2V，N20/N55 发动机标准数据流（前氧传感器电压）为 1.5V，B38/B48/B58 发动机标准数据流（过量空气系数）为 1，当数据流显示值小于标准值时，说明混合气浓；大于标准值时，说明混合气稀。后氧传感

器数据流显示的标准值为 0.8V，当数据流显示值大于标值时，说明混合气浓；小于标准值时，说明混合气稀。空燃比调节系数（720）和混合气调校（721）数据流显示的数值范围为 0.75～1.25，标准值为 1，当数据流显示值大于标准值时，说明混合气稀；小于标准值时，说明混合气混。

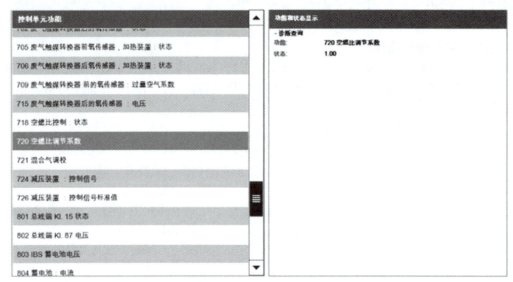

图 4-44　氧传感器数据流

③ 氧传感器信号电压诊断。可以使用万用表对氧传感器相应的端子进行信号测量，然后与标准值进行对比，从而判断氧传感器信号是否存在故障。各针脚具体电压值见表 4-2。

表 4-2　氧传感器各针脚电压标准

信号线名	功能	N52	N20/N55/B38/B48 横置	B58
A_LSVP1	泵室电压	1.5～2.5V	2～3V	2.6～3.6
M_LSV1	虚拟接地	2.0V	2.5V	3.1V
T_LHV1	加热控制	PWM 控制	PWM 控制	PWM 控制
U_LHV1	加热电源	12V	12V	12V
A_LSVR1	参考室电压	2.45V	2.95V	3.6V

④ 氧传感器波形。用示波器的双通道测量功能测量故障车的前氧传感器与后氧传感器波形与图 4-45 所示的标准波形进行比对，可以帮助判断氧传感器的功能性故障。

可对示波器进行如下设置：通道 1 选择信号源 1，电压设置成 0.5V 一格，红表笔前氧传感器的针脚 A_LSVP1，黑表笔表接 M_LSV1；通道 2 选择信号源 2，电压设置成 0.5V 一格，红表笔接后氧传感器的信号线 A_LSH1，黑表笔接针脚 M_LSH1；时间设置成 500ms 一格。

测量时，需要在发动机运行状态下，急加速然后立即松油门进行模拟混合气的浓稀变化。

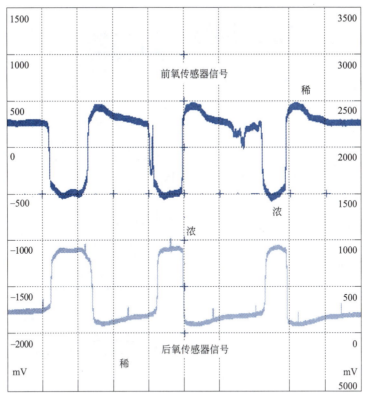

图 4-45　前氧传感器和后氧传感器波形

⑤ 氧传感器 ABL 检测计划诊断。可以通过检测系统提供的氧传感器 ABL 检测计划对氧传感器进行诊断，如图 4-46 所示。根据检测计划的提示，可以对氧传感器相关项目进行检测，还可以显示氧传感器的测量值，最后生成图表方便对数据进行分析。在显示氧传感器测量值时，重点观察前氧传感器和后氧传感器显示数值所代表的混合气浓稀是否一致，如果不一致，则说明是反馈值出现的问题。

⑥ 进气管路及其他相连接管路的诊断。进气管路及其他相连接的管路如果存在泄漏，也会导致混合气故障，对于这些管路的泄漏故障可采用烟雾测试仪进行烟雾泄漏检测，通过烟雾即可判断具体的泄漏位置。

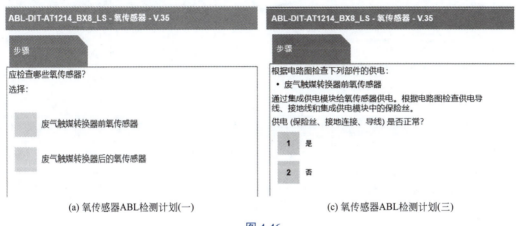

(a) 氧传感器ABL检测计划(一)　　　　　　(c) 氧传感器ABL检测计划(三)

图 4-46

ABL-DIT-AT1214_BX8_LS - 氧传感器 - V.35

步骤

废气触媒转换器前氧传感器
下列检测用于所选氧传感器：

- 氧传感器加热装置故障查询
- 氧传感器功能故障查询
- 混合气调节故障查询
- 显示氧传感器值
- 修理后对氧传感器加热装置进行功能检查
- 检测导线和插头连接
- 检查供电。
- 反馈结束检测

(b) 氧传感器ABL检测计划(二)

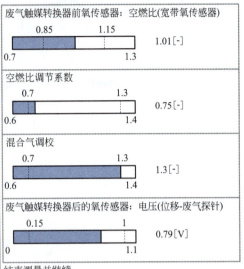

(d) 氧传感器ABL检测计划(四)

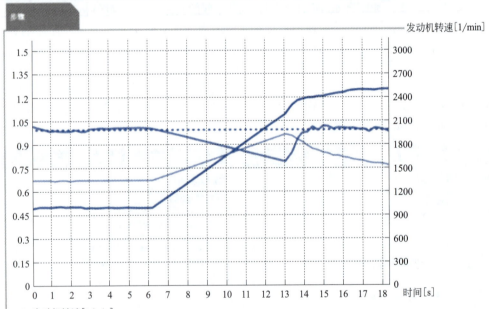

(e) 氧传感器ABL检测计划(五)

第 4 章 电控燃油供给系统

```
ABL-DIT-AT1214_BX8_LS - 氧传感器 - V.35

步骤

废气触媒转换器前氧传感器
确定了存在哪些故障原因？

1  下列部件损坏：
   废气触媒转换器前氧传感器
   D1170_B000001V_11_002

2  导线或插头连接损坏。
   D1170_B000001V_11_401

3  供电损坏
   D1170_B000001V_11_440

4  排气装置不密封
   D1170_00000000_17_300

5  进气区域不密封
   D1160_B0000000_17_305

6  机油加注口或油尺发生泄漏
   D1140_00000000_70_305

7  无法确定故障原因。
   D1170_B000001V_11_901
```

(f) 氧传感器ABL检测计划(六)

图 4-46　氧传感器检测计划

4.4　燃油箱通风及泄漏诊断系统

4.4.1　故障案例

4.4.1.1　F02 加油跳枪

（1）车辆信息

车型	发动机型号	里程 /km
F02，740Li	N54	99352

（2）故障现象

车主反映：该车加油时，燃油箱还没加满，加油枪就跳枪了。

故障现象确认：接车后对该车辆进行加油测试，车辆油表加到四分之三左右跳枪，如图 4-47 所示，更换两个加油站试验，故障现象一样。

（3）故障分析思路及排除方法

首先对车辆用故障诊断仪进行快测，未发现相关故障码。根据该车故障现象进行分析，导致加油跳枪故障有以下两种可能性。

第一可能是油位传感器故障，实际加满了，只是油表提示未加满。涉及部件有燃油液位传感器。

第二可能是燃油箱通风系统故障，造成加油时燃油箱压力过高，导致加油跳枪。涉及部件有通风管路、炭罐电磁阀、炭罐、加注管、燃油箱。

接下来找来同款车进行加油对比，通过组合仪表查看正常同款车辆加满燃油数值：左侧 43.0L，右侧 30.5L，如图 4-48 所示。

图 4-47 故障车辆的油位显示

图 4-48 正常车辆的油位显示

启动故障车辆，怠速着车五分钟左右，观察组合仪表左右传感器液位变化，右侧变为最大液位 30.5L。因此可以初步判断实际加注燃油量和引流泵工作正常、燃油液位传感器正常。

接下来检查燃油箱加注通风系统，对每个部件逐步排查，检查炭罐、电磁阀、管路等，均无异常，如图 4-49 和图 4-50 所示。

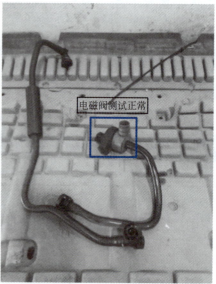

图 4-49 检查炭罐和电磁阀

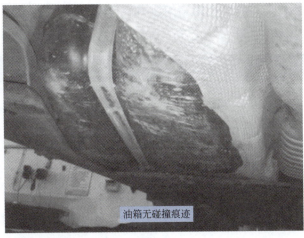

图 4-50 检查加油口和油箱

通过以上检查，最终确认是油箱内部的问题，经与车主沟通得知，此车前一次也是因为此故障，已更换了炭罐、油箱，现在也就行驶了 7000 多公里，难道油箱这么快就出现故障？

为了确定是油箱内部问题，接下来断开油箱和炭罐的管路连接，加油试车，故障现象依旧；断开加注通风管加油试车，故障依旧，至此可判断是加油时内部无法排气导致跳枪。与客户沟通后重新订购一个油箱安装后，故障消除。

为了弄清楚到底油箱里面哪坏了，将故障油箱剖开，经检查是加油通风的单向阀卡滞，如图 4-51 所示。卡滞的单向阀造成加油时油箱内的气体排不出去，使得油箱内部压力过高，导致加油跳枪。

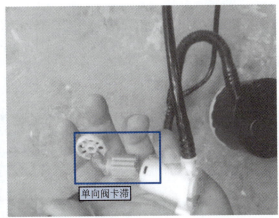

图 4-51 通风单向阀卡滞

(4) 故障总结

该故障是典型的燃油箱通风阀卡滞导致的燃油箱加油通风不畅进而引起加油跳枪故障。对于故障的排除思路还是比较清晰的。只是因为油箱刚更换没多久，又出现同样的故障现象，所以让维修在一开始的时候忽略了油箱的问题。但如果对整个燃油系统熟练于心的话，还是可以排除障碍顺利找到故障点。

4.4.1.2 G38 发动机故障灯亮

(1) 车辆信息

车型	发动机型号	里程 /km
G38，530Li	B48	3300

(2) 故障现象描述

客户反映：发动机故障灯点亮。

故障现象确认：与客户试车并未发现发动机工作有什么异常，只是尾气排放指示灯一直点亮。

(3) 故障分析思路及排除方法

首先连接诊断设备对车辆进行检测，发现有如图 4-52 所示的故障代码。

190302	油箱排气和扫气系统：识别到微量泄漏大于 0.5 mm
801A4A	防盗报警系统：倾斜报警传感器和车内防盗监控传感器禁用
E12C01	燃油油位传感器左侧：对正极短路
S 1020	互联驾驶功能限制

图 4-52　车辆故障代码

该车辆正好有一个关于燃油箱泄露诊断模块温度传感器的技术升级，技术升级导致的发动机故障灯点亮，估计做完技术升级这个毛病也解决了。关于燃油箱泄漏方面的问题压根就没考虑。对车辆做完技术升级，编程后交车给客户，客户使用两天后打过电话说故障灯又点亮了，第一次维修宣告失败。

车辆第二次进厂，由于是新车，只跑了 3300km，客户投诉比较强烈。再次连接诊断设备读取故障代码，发现与第一次的故障码一样，试车也没有发现发动机有明显异常，看来是第一次维修没有彻底解决故障，该车燃油箱通风系统确实存在故障。

接下来仔细阅读故障代码的相关提示，如图 4-53 所示。

故障描述	该诊断监控油箱排气系统和吹洗空气系统的密封性。 故障监测前提条件： 如果在系统中存在大于 0.5 mm 的泄漏，则会识别到故障。
故障识别条件	温度条件： 车外温度高于下列极限值：3.75 °C 时间条件： - 在发动机关闭大约 6 至 10 小时后，该诊断识别到故障，并在下次发动机起动后 30 秒内记录该故障。 其他条件： 环境压力高于下列极限值：~750.03 mbar 控制单元电压：9 V 至 16 V。 总线端 Kl. 15 接通 PWF 状态：驾驶 提示：总线端状态或 PWF 状态的名称分别根据车辆的车载网络适用。

故障代码存储记录条件	如果在关闭发动机后识别到故障，则在发动机起动后大约 30 秒故障被传输至 DME 并被记录。
故障代码存储记录条件	如果在关闭发动机后识别到故障，则在发动机起动后大约 30 秒故障被传输至 DME 并被记录。
保养措施	-检查燃油箱盖的位置是否正确。 -检查燃油箱盖密封件是否损坏。 -不密封的燃油箱排气阀（参见附加故障代码存储器）。 -检查快速接头的位置是否正确。 -检查快速接头密封件是否损坏。 -检查燃油箱排气和冲洗空气系统的密封性。
用于故障后果的提示	-无。
驾驶员信息	排放警示灯
服务提示	使用泄漏探测仪 BMW Smoke Tester，以确定泄漏位置。

图 4-53　故障代码提示

故障保养措施中很明显让检查油箱盖及相关管路，基本上不涉及电气部分的检查。按照故障代码细节中描述的保养措施进行了检查。第一步检查了燃油箱盖的位置，当时让检查这个位置的时候，所有的人都不太理解，而且认为故障不可能出现在这里，但事实证明我们都太主观臆断了。我们用手拧了下油箱加注口盖子，听到了嵌入的声音，莫非以前这个盖子没有被拧紧？怎么样才能确认到底是油箱盖导致的问题，而且让客户也能接受呢？

我们查看了车辆的油箱，有多半箱油，上次进厂到本次进厂行驶 100km 左右，基本上可以判断客户车辆发动机故障灯点亮阶段一直用的都是这同一箱汽油。再次打电话确认客户加油时间，最终锁定故障出现在加油后行驶 100km 左右。最后我们怀疑车辆发动机故障灯点亮是由加油站加完油后油箱盖子没有拧紧导致的。

为了验证我们的诊断结果，我们尝试将油箱盖拧松，通过诊断设备调用燃油箱泄漏诊断的功能结构进行检测，10min 后诊断设备提示有泄漏情况。再次着车进行电脑检测，得到的故障代码与车辆进厂时所报故障代码相同。对于带有泄露诊断功能的车辆，加油时要拧紧油箱盖，在油箱盖上有相应的提示，如图 4-54 所示。

最后我们删除故障代码，拧紧油箱盖，试车后故障灯没有点亮。但为了确保不再出现问题，建议留店观察一晚，因为查阅相关资料得知此车采用的是 NVLD 泄漏诊断系统，以前的车辆采用的是泄漏诊断模块，采用 NVLD 车辆燃油系统泄漏识别车辆

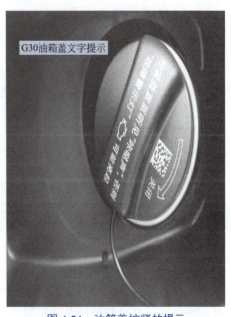

图 4-54　油箱盖拧紧的提示

需要放置较长时间。

第二天准备交车前又进行了检查，发现故障灯又亮了，这一下可有点傻眼，故障灯怎么又亮了？心里暗想，还好车子还没交给客户，否则就麻烦大了。用检测仪对车辆进行检测，还是故障代码：识别到微量泄漏大于 0.5mm。难道还有别的位置泄漏？这回决定对燃油箱通风系统进行彻底检查。

首先检查油箱盖处于正常关闭状态，用烟雾测试仪和 CO_2 气体在压力开关处对燃油箱通风系统进行泄漏检查，未发现泄漏现象。检查 NVLD 的空气滤芯，空气滤芯上没有灰尘。我们拆装压力开关，检查未发现损坏现象，但泄漏系统怎么会识别到泄漏呢？经仔细分析，有可能是压力开关出现了问题，于是找到同款车的压力开关装上，删除故障代码进行试车，然后将车辆放置大半天，再次试车，故障灯没有点亮，悬着的心终于放下了。最后更换压力开关后交车，故障排除。后期回访车主得知，车辆一切正常，故障彻底排除。

（4）故障总结

此故障是典型的燃油箱通风系统泄漏导致发动机故障灯点亮的故障，但此故障的排除可以说是一波三折。究其原因还是对燃油箱泄漏系统知识掌握不够，故障的判断过于草率。另一方面，由于 NVLD 燃油箱泄漏系统故障识别的条件比较特殊，并不是马上能识别到故障，这也是导致此类故障车辆发生重复维修的根本原因。因此，在处理此类故障时，一定要清楚故障代码识别的条件，做到全面检查，彻底排除。

4.4.2 故障解析

4.4.2.1 燃油箱通风系统结构特点

燃油箱通风系统的作用主要有两个方面：一方面是环保，将燃油箱蒸气收集到炭罐并将其引入到气缸内燃烧；另一方面是维持燃油箱压力平衡。现在环保法规还要求对燃油箱通风系统进行闭环监控，出现泄漏的情况要及时提醒驾驶员。根据泄漏检测方法的不同，可分为泄漏模块诊断系统（DMTL）和真空自然泄漏诊断系统（NVLD）两种类型。

（1）泄漏模块诊断系统

泄漏模块诊断系统的组成如图 4-55 所示，主要包括泄漏诊断模块、燃油箱通风电磁阀、油箱内的通风管路、油箱外通风管路、炭罐、燃油箱及燃油加注管等。

燃油箱通风系统泄漏诊断主要通过诊断模块（DMHTL）实现，其结构如图 4-56 所示。当发动机关闭后，燃油箱通风电磁阀处于关闭状态。泄漏诊断模块中的电动泄漏诊断泵通过一个定义的直径 0.5 mm 的泄漏从环境中抽取新鲜空气，并将所需的电流消耗作为数值存储。当开始燃油箱泄漏诊断时，泄漏诊断泵从环境中抽取新鲜空气到燃油箱中，内部压力等于环境压力，电流消耗因此低。随着燃油箱内部压力的升高，电流消耗增大。发动机控制单元（DME）分析泄漏诊断泵的电流消耗，如果这段时间内的电流消耗高于存储的数值，则燃油箱通风系统被评定为正常；如果电流消耗达到存储的数值，则燃油系统被评定为不正常。燃油箱泄漏诊断系统根据电流大小能够区分微量泄漏（小于 0.5mm 的泄漏）和少量泄漏（大于 0.5mm 的泄漏），相关的故障记录在发动机控制单元的故障代码存储器中。

（2）真空自然泄漏诊断系统（NVLD）

真空自然泄漏诊断系统（NVLD）的结构组成如图 4-57 所示，与泄漏诊断模块系统相比，少了泄漏诊断模块，多了用于测量燃油蒸气温度的温度传感器及监控是否泄漏的压力开关和电子装置，其他结构基本相同。

第 4 章 电控燃油供给系统

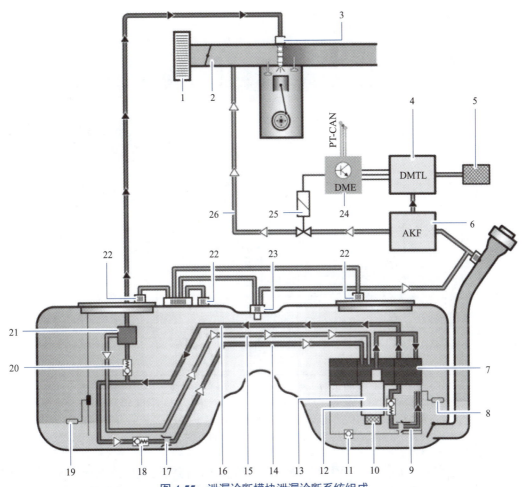

图 4-55 泄漏诊断模块泄漏诊断系统组成

1—空气滤清器；2—进气管路；3—喷油器；4—燃油箱泄漏诊断模块（DMTL）；5—滤清器；6—活性炭罐；7—燃油滤清器；8,19—油位传感器；9,17—引流泵；10—抽吸滤网；11—首次加注阀；12,18,20—单向阀；13—电动燃油泵；14—补偿管路；15—回流管路；16—供给管路；21—压力调节器；22—运行通风阀；23—加油通风电磁阀；24—发动机控制单元（DME）；25—燃油箱通风阀；26—通风管路

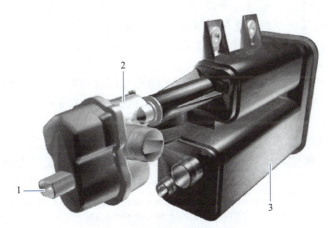

图 4-56 泄漏诊断模块结构

1—插头连接；2—燃油箱泄漏诊断模块（DMTL）；3—活性炭过滤器

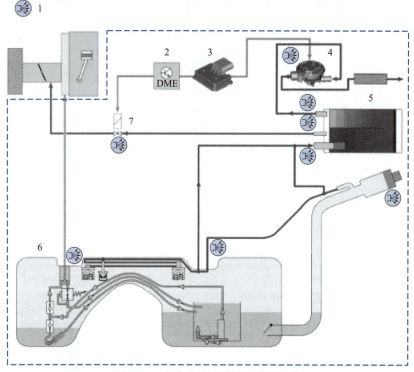

图 4-57　真空自然泄漏诊断系统组成

1—可能泄漏的位置；2—发动机控制单元（DME）；3—真空自然泄漏检测的电子装置和温度传感器（只安装在标准型上）；4—真空自然泄漏检测的电子装置、温度传感器和压力开关（集成型）；5—活性炭过滤器；6—燃油箱；7—油箱排气阀

真空自然泄漏诊断系统（NVLD）是基于理想气体在物质的量保持不变且体积恒定时，压力和温度成正比的物理原理工作的。NVLD通过一个温度传感器测量温度，当温度降低时燃油箱内产生真空，NVLD通过一个压力开关确定真空度，开关则通过膜片来操纵。从相对环境压力达到某一真空度起，这个膜片接通压力开关。

图4-58所示为燃油箱泄漏和不泄漏时的温度曲线和压力曲线。燃油箱泄漏诊断在关闭发动机后静止状态下进行，通过温度差（例如日间与夜间之间的温度差）来冷却燃油箱内的燃油，燃油箱内产生真空，如果不存在泄漏，则会保持真空，压力开关关闭，系统将燃油通风系统识别为密封。如果存在泄漏，燃油箱内则不会保持真空，压力开关打开，系统将燃油通风系统识别为泄漏。

发动机在每个行驶周期关闭后，当满足泄漏诊断条件时，都会开始燃油箱泄漏诊断。NVLD需要发动机关闭较长时间，以便识别泄漏，因此无法快速测试是否泄漏。根据环境条件，诊断时间通常在发动机关闭6～12h之间。

燃油箱泄漏诊断可在下列条件下进行：环境温度高于4.5℃，8℃以上冷却超过1h，海拔高度低于2500m，燃油箱排气阀关闭，总线端状态为继续运行或车辆处于休眠状态，蓄电池电压介于11～16V之间，发动机关闭与发动机启动之间环境压力的压力差小于6mbar。

自然真空泄漏诊断系统按照部件安装方式的不同分为标准型和集成型，如图4-59所示。

标准型中安装了2个分开的部件，电子装置和温度传感器安装在一起是一个部件，压力开关是一个部件。在集成型中NVLD只是1个部件，将电子装置、温度传感器、压力开关集成在一起安装。

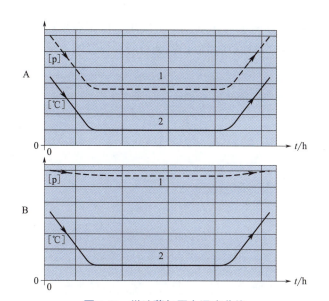

图 4-58　燃油蒸气压力温度曲线

A—无泄漏时的压力曲线；B—泄漏时的压力曲线；1—压力；2—温度

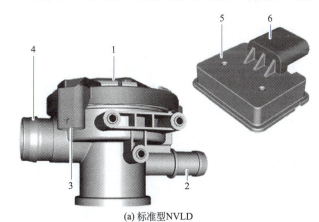

(a) 标准型NVLD

1—压力开关；2—至活性炭过滤器；3—3芯插头连接；4—通往滤尘器；
5—电子装置和温度传感器；6—5芯插头连接

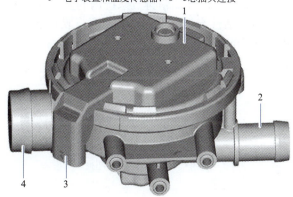

(b) 集成型NVLD

1—电子装置、温度传感器和压力开关；2—至活性炭过滤器；3—3芯插头连接；4—通往滤尘器

图 4-59　NVLD 类型

NVLD 系统根据其工作情况的不同可分为以下 5 种工作状态。

① 静止状态。如图4-60所示静止状态下大气压力作用在膜片上侧和圆盘阀上,压力开关处于打开状态。圆盘阀以密封方式闭合,燃油箱与环境之间无空气循环。

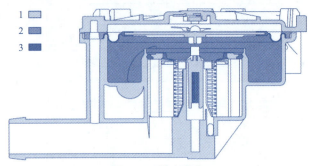

图4-60 静止状态
1—真空;2—大气压力;3—过压

② 密封状态。如图4-61所示,燃油箱排气系统内的真空将上部橡胶膜片压向压力开关。压力开关关闭。燃油箱与环境之间无空气循环。弹簧将下部圆盘阀压到密封件上。燃油箱排气系统密封,真空度约为2.5mbar。

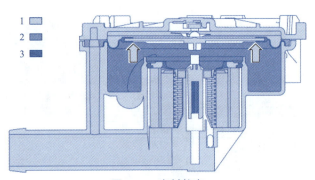

图4-61 密封状态
1—真空;2—大气压力;3—过压

③ 负压状态。如图4-62所示,燃油箱排气系统内的真空度较大时,圆盘阀开启一个较小的间隙。空气从滤尘器流入活性炭过滤器内,真空度将膜片继续压向压力开关,压力开关保持关闭状态,真空度大于8mbar。

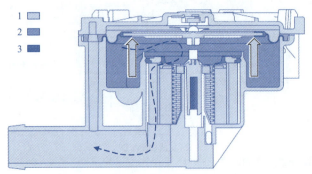

图4-62 负压状态
1—真空;2—大气压力;3—过压

④ 过压状态。如图 4-63 所示,如果燃油箱排气系统内的压力略高于大气压力,则下部膜片压到圆盘阀上,圆盘阀自动打开。气体从燃油箱排气系统经过滤尘器流向外部,压力开关处于打开状态,压力大于 2mbar。

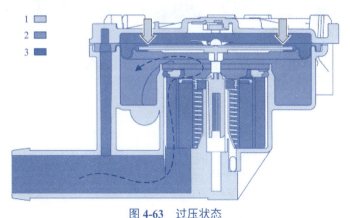

图 4-63　过压状态
1—真空；2—大气压力；3—过压

⑤ 加油状态。如图 4-64 所示,加油期间系统压力剧烈升高,从而使上部膜片下降,上部膜片同时继续压到位于其下的圆盘阀,气体从燃油箱排气系统经过滤尘器流向外部,压力开关处于打开状态。

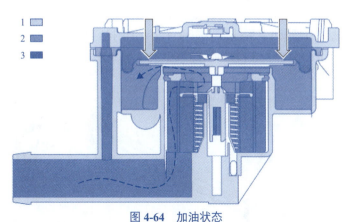

图 4-64　加油状态
1—真空；2—大气压力；3—过压

(3) 燃油箱通风电磁阀

通过燃油箱电磁阀控制炭罐到进气管的通风管路,如图 4-65 所示。通过活性炭过滤器吸入的空气被根据活性炭的负荷量加入燃油蒸气,然后吹洗空气被输送到发动机参与燃烧。由发动机从活性炭过滤器抽吸的燃油蒸气量必须与相应的发动机运行状态相匹配。为此,发动机控制系统利用可变的脉宽调制信号来控制燃油箱排气阀。燃油箱排气阀是间歇式电磁阀,不通电状态下燃油箱排气阀封闭从活性炭过滤器至进气管的燃油箱排气管。发动机熄火时,燃油箱排气阀保持关闭,否则燃油箱排气阀可能始终保持敞开。在下列条件下,燃油箱排气阀关闭：当冷却液温度处于一定数值下,车辆启动之后的可设码时间；诊断或调校期间(混合气调校、负荷检测等)；滑行阶段。

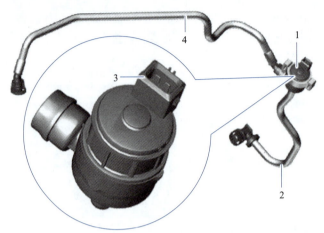

图 4-65　燃油箱通风电磁阀

1—燃油箱通风电磁阀；2—发动机接口；3—2 芯插头连接；4—活性炭过滤器接口

（4）文丘里喷嘴压力传感器

有些车型采用了两级型号的带有连接进气系统的第二个燃油箱通风接口，如图 4-66 所示。与曲轴箱通风装置相似，在增压运行模式下利用空气滤清器和废气涡轮增压器之间的真空压力进行燃油箱通风。但由于无法始终确保洁净空气管内有足够的真空压力，因此还使用了一个引流泵。引流泵利用文丘里喷嘴生成真空，文丘里喷嘴通过在增压空气冷却器后方获取并在压缩机前方又被引入的空气流量驱动，形成第二个燃油箱通风引入接点。而文丘里喷嘴压力传感器则安装在此通风管路上，用于监控燃油箱排气系统的第二引入点的工作情况。压力传感器信息通过信号线传送到发动机控制系统，真空度信号根据压力发生变化，测量范围约 -0.8～0.05bar 的真空。

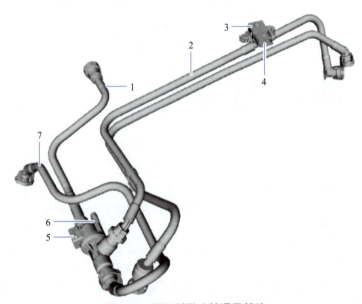

图 4-66　两级型燃油箱通风管路

1—活性炭过滤器的燃油箱排气管；2—燃油箱排气管的第二引入点；3—文丘里喷嘴压力传感器；4—3 芯插头连接；5—燃油箱排气阀；6—2 芯插头连接；7—燃油箱排气管的第一引入点

4.4.2.2 燃油箱通风系统故障分析

根据以上介绍可知，燃油箱通风系统主要作用是维持油箱内的压力平衡，避免燃油蒸气排放到大气中造成污染。当该系统相关部件或管路损坏后，会导致油箱内压力不平衡或燃油蒸气泄漏到大气当中造成污染。油箱压力不平衡主要是由于管路堵塞及管路中的通风单向阀卡滞导致的通风受阻。当燃油蒸气无法排出时，油箱内压力升高，会导致加油跳枪或油箱发胀。当外界空气无法进入到燃油箱进行压力补偿时，油箱内压力会降低，严重时会导致油箱被吸瘪变形。而燃油蒸气泄漏主要是通风管路不密封造成的，会导致发动机故障灯点亮。

4.4.2.3 燃油箱通风系统故障诊断与排除

（1）压力不平衡诊断

压力不平衡主要是由于通风管路堵塞或单向阀卡滞导致的通风不畅，判断此类故障主要是判断管路堵塞的位置，故障位置确定了，故障也就自然得到解决了。判断管路堵塞的位置可采用分段隔离法，分别拔掉相应位置的管路检查故障是否得到解决。可以将整个通风系统的管路分为油箱内部管路、加注通风管路、炭罐通风管路三个部分。可以分别断开油箱到加注口和炭罐通风的管路进行检查。如果断开相应的管路后，故障恢复，则说明是断开管路存在故障。如果断开油箱外部管路故障没有任何变化，则说明是油箱内部管路问题。

（2）管路泄漏诊断

通风管路的泄漏会导致发动机故障灯点亮，对于管路的泄漏主要采用BMW烟雾测试仪和惰性气体包套装工具，如图4-67所示。

图4-67　BMW烟雾测试仪和惰性气体包套装工具

1—BMW烟雾测试仪；2—烟雾剂；3—惰性气体包套装工具；4—各种适配接口；
5—压缩空气驱动用离合器组件；6—移动式手电筒和特制眼镜；7—电源组件

首次使用BMW烟雾测试仪时，可按图4-68所示的流程进行操作。首先加注一整瓶UltraTraceUV®。重复使用时，通过标杆上的油位指示器确保用于驱动的加注量足够。必要时，固定住用于连接压缩空气或惰性气体接口的离合器。压缩机冷凝水的放油孔位于此设备的底面。冷凝水必须能够自由流出。

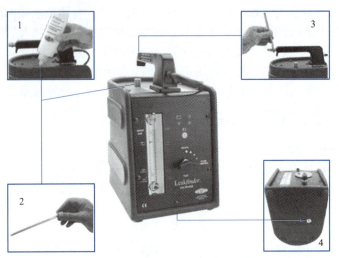

图 4-68　烟雾测试仪首次使用流程

1—烟雾剂 UltraTraceUV®；2—油位指示器标尺；3—气体接口离合器；4—冷凝水的放油孔

烟雾测试仪面板指示部位的功能如图 4-69 所示，测试时可以先将流量开关旋钮调节到"test"测试挡位，当发现有泄漏后再调至烟雾挡位，根据需要调节烟雾流量。泄漏尺寸的刻度尺左侧用于压缩空气指示，右侧用于 CO_2 气体指示。

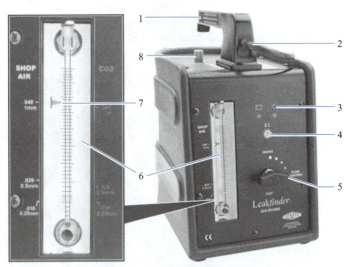

图 4-69　烟雾测试操作面板指示

1—压缩空气或惰性气体连接；2—2.4m 连接导线；3—运行状态显示器；4—打开和关闭开关；5—用于工作模式的阀门（调节烟雾量）；6—泄漏尺寸的刻度尺（左侧用于压缩空气，右侧用于 CO_2）；7—可自由移动的指示器；8—UltraTraceUV® 的液体容器

注意！由于存在爆炸危险，只允许使用惰性（不可燃）气体对燃油系统进行泄漏测试！在燃油系统上进行的所有工作，建议在熄火的情况下进行。设备具体操作过程如图 4-70 所示。打开燃油箱盖并连接适配接口专用工具，拔下出风口并将软管插到适配接口专用工具

上，连接惰性气体包套装工具，连接 BMW 烟雾测试仪上的电源组件，准备好用于泄漏测试的特制眼镜和手电筒。

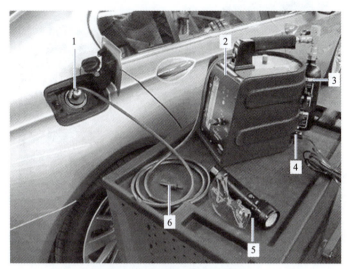

图 4-70　燃油箱的密封性检测

1—油箱盖密封专用工具；2—BMW 烟雾测试仪；3—惰性气体包套装工具；4—BMW 烟雾测试仪电源组件；5—泄漏测试仪的特制眼镜和手电筒；6—出风口

在进行打压测试时，要将炭罐侧的通风口进行密封，如图 4-71 所示。从自然真空泄漏诊断装置上拔下软管，用专用工具密封住自然真空泄漏诊断装置通风管路。

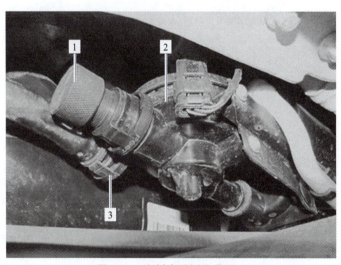

图 4-71　密封炭罐侧的通风口

1—专用工具；2—自然真空泄漏诊断装置；3—连接软管

打开电源组件上的摆动按钮开关，将烟雾生成阀门设置为"测试"模式，按下"启动"按钮，启动压力设备。成功建压后，可以通过流量计上的刻度读取泄漏尺寸。然后将开关旋转到烟雾挡位，调整所需的烟雾量，用手电筒的白光确定逸出烟雾的具体泄漏位置，如图 4-72 所示。

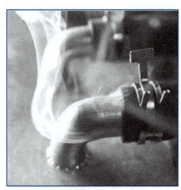

图 4-72　用烟雾测试具体位置

对于微小的泄漏，可将手电筒切换为紫外光，采用特制眼镜和手电筒通过荧光造影剂直接确定泄漏位置，如图 4-73 所示。

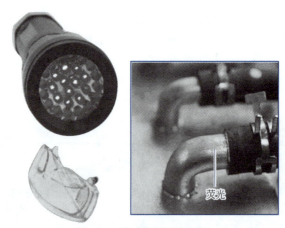

图 4-73　轻微泄漏位置确定

（3）通风电磁阀诊断

通风电磁阀是典型的电磁式执行元件，可利用在执行器章节中所述的用万用表测静态下电磁阀阻值或利用示波器测量其控制信号波形的方法进行判断。比较简单有效的方法是通过检测系统提供的 ABL 检测计划对其进行诊断，具体方法如图 4-74 所示。检测中，系统会自动控制通风电磁阀工作 20s 左右。在此期间，可以通过电磁阀是否发出工作声音对其工作情况进行判断。

（4）NVLD 系统诊断

NVLD 系统控制线路如图 4-75 所示，NVLD 电子装置由后部配电器提供 12V 电源，压力开关的状态由 NVLD 电子装置识别，电子装置与 DME 之间通过一根信号线进行通信。NVLD 系统供电及线路的检测与其他系统类似，通过万用表电压挡测量供电电压，标准为 12V，用万用表欧姆挡测量导线及导线之间的电阻值判断线路是否存在断路和短路。

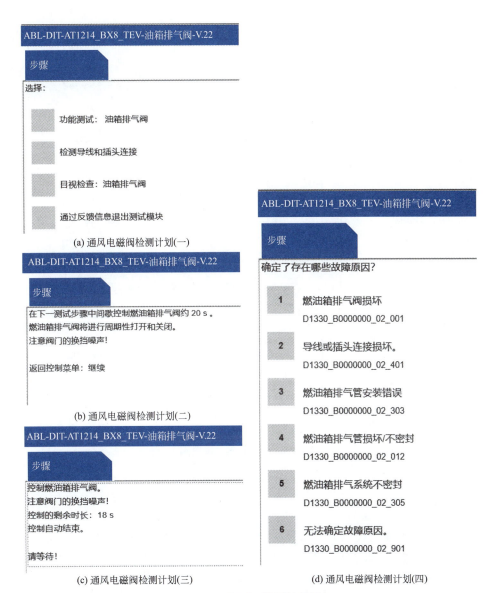

图 4-74 通风电磁阀检测计划

对于压力开关，其闭合的压力约为 2.5mbar。压力开关主要的故障形式是内部的圆盘阀损坏或卡滞，导致燃油箱通风系统泄漏。采用集成式 NVLD 系统无法对压力开关进行单独检查，可通过整个开关的保压测试检查其性能。压力开关内部的阀门应能够保持 6mbar 左右的压力，用手动真空泵结合 IMIB 压力测量功能给压力开关施加压力，在压力小于 6mbar 时，阀门应保持关闭，否则说明内部阀门失效，应更换。如果采用标准型的 NVLD 系统，在进行保压测试的同时，可以用万用表测量压力开关的状态，对压力开关闭合压力进行检查。

（5）文丘里喷嘴压力传感器诊断

文丘里喷嘴压力传感器与进气压力传感器、增压压力传感器的工作原理一样，检查方法也相同，只是压力特性曲线不同。其由发动机控制单元提供的 5V 电压供电，信号线的信号电压范围为 0.5～4.5V，在对其进行信号检测时，可参考图 4-76 所示的特性曲线进行对比测量。

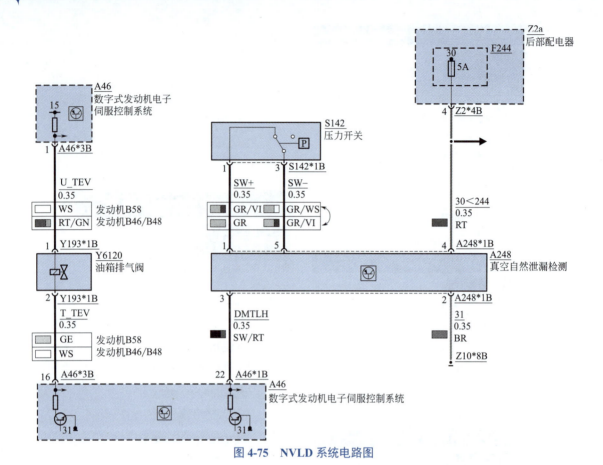

图 4-75 NVLD 系统电路图

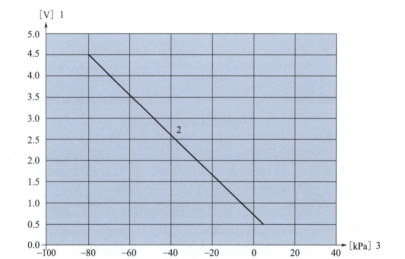

图 4-76 文丘里喷嘴压力传感器特性曲线
1—电压;2—特性线;3—压力

第 5 章 冷却系统

5.1 电子节温器式冷却系统

5.1.1 经典故障案例

5.1.1.1 F15 行驶过程中发动机高温报警

（1）车辆信息

车型	发动机型号	里程 /km
X5，F15	N55	15000

（2）故障现象描述

客户反映：车辆行驶中发动机水温过高报警。

故障现象确认：根据客户描述进行试车，行驶一段时间后确实出现发动机过热报警，并且 CID 中有提示水温过高，客户描述故障确实存在。

（3）故障分析思路及排除方法

初步分析造成发动机水温过高可能有以下几个方面原因。

① 冷却系统管路不密封，导致冷却液泄漏。

② 冷却系统部件损坏，导致散热不良。

③ 冷却系统水道不密封，导致燃烧室与水道相通。

④ 水道严重堵塞，导致散热不良。

首先用 ISID 快测，有 2E82，DME 电动冷却液泵，关闭；2E81，DME 电动冷却液泵，转速偏差两个相关故障码。初步对冷却系统管路进行外观检查，冷却液管和水箱没看到明显渗漏，防冻液液位正常。

执行相应检测计划，要求检查水泵插头、供电电压和控制信号，经检查都正常。之后检测计划进一步提示检查电动冷却液泵是否卡滞。用 DME 控制单元的控制功能激活电子水泵，用手触摸水泵壳体，有工作的震动感。拆下水泵，转动水泵叶轮，有明显的卡滞感，但水泵的叶轮没有卡滞物。更换水泵后试车正常。

之前遇到过好几部车辆因为电子水泵转速偏差故障导致水温高报警。为了进一步找到水泵损坏的原因，将水泵解体，发现水泵转子的涂层裂开了，变大了，与定子滑套摩擦，如图 5-1 所示。

图 5-1　损坏的电子水泵

我们又分别找来了其他两个故障电子水泵进行了分解，发现也是水泵转子的涂层脱落，导致运转产生摩擦甚至卡死，引发发动机水温高报警。也许是涂层质量问题，也许因为紧靠发动机，长时间高温导致水泵内涂层老化。

（4）故障总结

该故障是典型的由于冷却系统控制部件损坏导致的发动机高温报警故障。冷却系统控制部件除了电子水泵外，还有电子节温器、水温传感器等，当出现相关故障代码时，可按相同的诊断思路和方法进行排除。排除故障过程中，仔细认真执行系统提供的检测计划会让我们少走好多弯路。同时，排除故障的时候，如果能带着疑问去追根溯源，会让自己得到更好地提升。

5.1.1.2　G12 发动机高温报警

（1）车辆信息

车型	发动机型号	里程/km
750Li，G12	N63TU	15000

（2）故障现象描述

客户反映：开高速途中车辆报警，提示发动机温度高。

故障现象确认：试车，CID 中显示发动机温度高，如图 5-2 所示，客户描述属实，故障当前存在。

（3）故障分析思路及排除方法

造成发动机过热的可能原因主要有冷却系统机械部件损坏、冷却系统控制功能故障、冷却管路密封不良、发动机水道堵塞等。

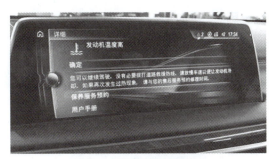

图 5-2　故障车辆报警信息

首先用 ISID 对车辆进行诊断，无相关故障码，可以先排除控制系统故障。检查冷却液液位正常，对冷却管路进行外观检查，也没发现有泄漏，可以暂时排除管路密封故障。

在车辆仪表中调出当前水温温度为 123℃，在 DME 中读取数据流跟仪表中显示一样，确实温度过高。在机舱内用手摸上下水管很烫手，且没有明显温差，说明发动机温度确实过高且可以排除节温器故障。

电子风扇也在转动。拆下电子风扇检查水箱表面，上下左右用手摸无明显温差正常。等车辆完全冷却后发动车辆在怠速时副水壶中无冷却液流出，加油门后可以正常流出，对比正常车辆也是这种现象，初步排除水泵故障。

经过上述的维修未发现任何异常，且车辆发动了一个上午没有出现发动机过热报警。出去试车也未报警。当准备将车辆交付客户时车辆再次报警，此时诊断进入僵局，一定是还有其他没有想到的地方。

经多次验证发现，只要将车辆怠速运行，且关闭空调的情况下就会报警发动机过热。且出去试车时未开空调水温也不高，重点检查发动机散热问题。经反复试车，发现了一个细节，在启动车辆后，开空调时该车风扇没有高速运转。正常车辆开空调的瞬间由于管路中的压力过高需要风扇高速运转，而该车没有，将故障确定在电子风扇工作不良。

再次试车发现当水温过高时，该车电子风扇一直以一个速度转动，没有高速运转。通过诊断仪执行风扇 ABL 文件，当脉冲负载控制在 80% 时风扇刚开始转动，脉冲负载在 99% 时只有 920r/min，正常车 2500r/min。判断电子风扇控制有问题。

影响电子风扇控制可能的故障原因有：电子风扇、DME、供电、搭铁、线路等。根据图 5-3 所示的电子风扇控制电路图进行测量。

检查风扇插头 3 号脚供电正常；测量风扇 4 号 LIN 线波形正常；测量风扇 1 号对地阻值 0Ω 正常；测量 2 号脚供电发现该电压会波动，有时会下降到 9V 左右不正常。跟正常车辆对换电子风扇后故障依旧。电子风扇的 2 号脚供电是由继电器控制，继电器线圈的供电和风扇的常火线为一根线，线圈的搭铁由 DME 控制，在控制风扇时测量继电器的线圈搭铁线一直为 0V 正常，继电器 3 号脚供电正常，5 号脚输出电压也会降到 9V 左右，所以判断为继电器损坏，更新继电器试车正常。

（4）故障总结

该故障是由风扇继电器故障导致的风扇没有高速运转故障。由于开始判断问题时没有发现风扇没有高速运转的细节，从而导致维修过程中走了很多弯路。对于类似电动风扇这类的电子部件，在维修时要更加注意，不能只看工作没工作，还要进一步通过相对应的 ABL 检测计划检查其工作性能是否正常。同时也提醒我们在处理车辆故障时不要错过任何细节，一定要认真仔细。

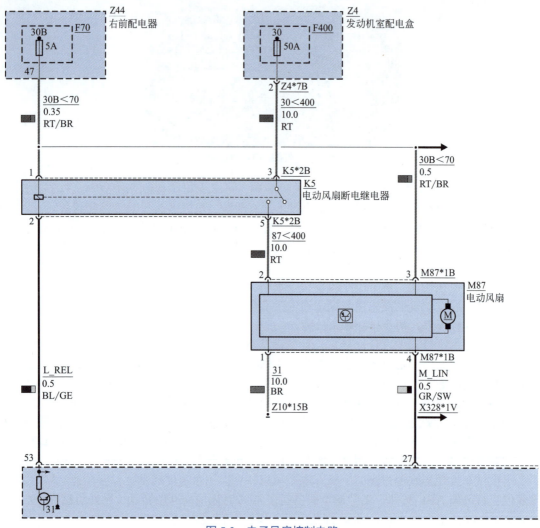

图 5-3 电子风扇控制电路

5.1.2 故障解析

5.1.2.1 电子节温器式冷却系统结构特点

N20 发动机采用特性曲线节温器式冷却系统，通过发动机控制单元内的热量管理系统对电动冷却部件电子扇、特性曲线式节温器和冷却液泵进行独立调节。N20 发动机冷却系统循环回路如图 5-4 所示。

（1）热量管理系统

热量管理系统确定当前冷却需求并相应调节冷却系统，在某些情况下甚至可以完全关闭冷却液泵。如在暖机阶段让冷却液迅速加热时，在发动机停止运转且温度较高时或冷却废气涡轮增压器时，冷却液泵在发动机静止状态下仍可继续输送冷却液。因此可以不需要根据发动机转速满足冷却功率要求。因此发动机管理系统可以根据行驶情况调节冷却液温度。热量管理模块通过以下模式对冷却系统进行调节：

109℃＝经济运行模式；106℃＝正常运行模式；95℃＝高功率运行模式；80℃＝高功率运行模式和特性曲线式节温器供电。

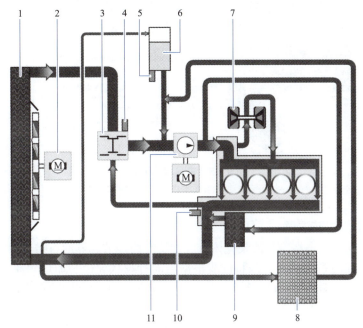

图 5-4　N20 发动机冷却系统循环回路

1—冷却液散热器；2—电子扇；3—特性曲线式节温器；4—特性曲线式节温器加热装置；5—电动油位传感器；6—补液罐；7—废气涡轮增压器；8—暖风热交换器；9—发动机机油/冷却液热交换器；10—冷却液温度传感器；11—电动冷却液泵

发动机控制单元根据行驶情况识别到节省能量的"经济"运行范围时，发动机管理系统就会调节到较高温度（109℃），在这个温度范围内发动机以相对较低的燃油需求量运行。处于"高功率和特性曲线式节温器供电"运行模式时，驾驶员希望利用最佳发动机功率利用率，为此需将气缸盖内的温度降至80℃。温度降低可以提高容积效率，从而提高发动机扭矩。发动机控制单元现在可根据相应行驶状况调节到特定运行范围，从而能够通过冷却系统影响耗油量和功率。

如果发动机运行期间冷却液或发动机机油温度过高，就会通过影响车辆的某些功能为发动机冷却系统提供更多能量。例如：当冷却液温度超过117℃，主机油通道内机油压力和温度传感器上的发动机机油温度超过143℃，会降低空调和发动机功率。

（2）电动冷却液泵

电动冷却液泵是一个电动离心泵，其结构如图5-5所示，泵内集成电子装置。冷却液泵中的电子控制装置对电动机的功率进行电子控制，自动调节转速。发动机控制单元据此相应地控制电动冷却液泵。冷却液泵电机由系统的冷却液环绕冲洗，以此对电机和电子控制装置进行冷却，用冷却液对电动冷却液泵的轴承进行润滑。

拆卸并重新使用冷却液泵时必须确保在留有冷却液的情况下关闭冷却液泵。排空冷却液可能会导致轴颈粘住。这样可能会导致冷却液泵无法继续运转，还可能造成发动机损坏。安装前应用手旋转泵轮以确保转动灵活性。

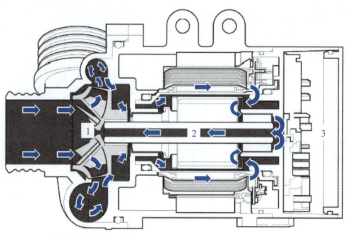

图 5-5　电动冷却液泵

1—液压系统；2—管道密封式电机；3—电子装置

（3）特性曲线式节温器

特性曲线节温器固定在冷却液泵壳体上。在特性曲线节温器的石蜡元件中安装了一个加热电阻。发动机控制系统通过一条特性线根据当前行驶状况控制加热元件，如图 5-6 所示。当发动机控制系统对加热电阻进行控制加热时，特性曲线节温器中的石蜡元件膨胀，并克服一个弹簧片的弹簧压力关闭气缸盖入口，关闭小循环管路，打开大循环管路。发动机控制系统针对每个运行点计算最佳冷却液温度。可通过有针对性地加热电子节温器中的石蜡元件以及根据需求控制电动风扇来影响冷却液温度。在满负荷时可通过较低的冷却液温度改善气缸的进气程度。此外，可以通过降低发动机温度来降低爆震危险，因此可对功率和扭矩施加正面影响。特性曲线节温器在非电动调节模式下在（97±2）℃开始开启，在 109℃完全开启。

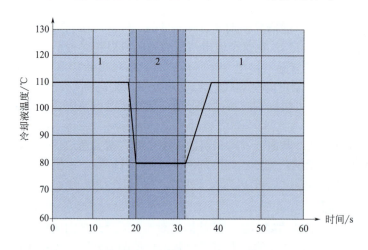

图 5-6　特性曲线节温器控制曲线

1—加热电阻不受控；2—加热电阻受控

5.1.2.2　电子节温器式冷却系统故障分析

冷却系统常见的故障是冷却液高温报警。导致冷却液高温的原因主要有以下几个方面：

冷却管路不密封，导致冷却液泄漏，从而使得冷却液温度高；冷却水道不密封，导致冷却液与高温燃烧室相通；冷却管路中有空气，导致冷却效果不良；冷却系统机械部件和控制部件故障（如节温器、电动水泵、电动风扇、百叶窗等），导致冷却循环不畅或散热效果不好；控制系统或控制线路故障导致散热效果不好；冷却管路堵塞导致散热效果不良；冷却液温度传感器故障导致冷却液温度错误报警。

由冷却管路不密封导致的冷却液温度过高故障，可以通过目检和冷却系统密封性检查进行诊断；由冷却水道不密封导致的冷却液与高温燃烧室相通造成的冷却液温度过高故障，可以通过燃烧室密封检查进行诊断；由冷却液温度传感器等冷却系统控制部件故障导致的冷却液温度过高故障，可通过控制单元诊断或相关的 ABL 文件进行诊断。

5.1.2.3　电子节温器式冷却系统故障诊断方法

（1）冷却管路密封性检测

如图 5-7 所示，松开冷却液储液罐上的密封盖，将检测工具 170113 安装到储液罐上，用手动泵 170101 向冷却管路中加压至 1.5bar，保持 2min，观察压力表指示的压力，如果压力下降不超过 0.1bar，表明冷却系统密封良好。注意：只有当冷却液温度较低时，才能打开冷却液储液罐上的密封盖，否则有可能被高温冷却液烫伤！

（2）冷却液储液罐密封盖开启压力检测

如图 5-8 所示。使用专用工具 170114 将密封盖旋上。利用手动泵 170101 加压，观察压力表，确认密封盖的开启压力。当压力达到 1.4bar 时，密封盖的过压阀应能够打开。检测三次后开启压力仍然错误的情况下需要更换密封盖。

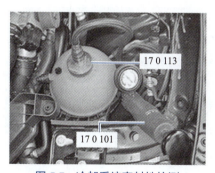

图 5-7　冷却系统密封性检测

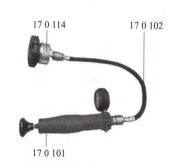

图 5-8　冷却液储液罐密封盖开启压力检测

（3）冷却系统排气

对于配置电动冷却液泵的车型，用真空加注装置对冷却系统加注后还必须按以下步骤执行排气过程：

① 连接蓄电池充电器；

② 打开点火开关和近光灯，对于排气过程必须打开近光灯，如果近光灯未打开，则点火开关（总线端 KL.15）在一段时间后会自动关闭并且中断排气过程；

③ 驾驶体验开关不得位于 ECOPRO 处；

④ 把暖风装置调到最大温度，把风扇回调到最小挡；

⑤ 压下加速踏板至极限位置 10s，发动机不得启动；

⑥ 排气过程已通过踩下油门踏板启动并持续约 12min（电动冷却液泵已激活，并且将在大约 12min 后自动关闭）；

⑦ 然后将冷却储液罐内的液位调到最大值；
⑧ 完成排气过程后让发动机热启动，直至电动风扇启动；
⑨ 如果必须再次进行冷却系统排气（例如当冷却系统不密封时），应将 DME 完全关闭（拔出点火钥匙约 3min），然后重新执行排气程序。

（4）特性曲线节温器检测

对于特性曲线节温器可利用 ISTA 内提供的检测计划进行判断，如图 5-9 所示。通过电子节温器检测计划可以检测电子节温器功能是否正常，电子节温器阻值是否正常。

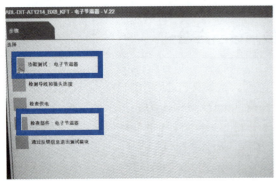

(a) 电子节温器检测计划(一)

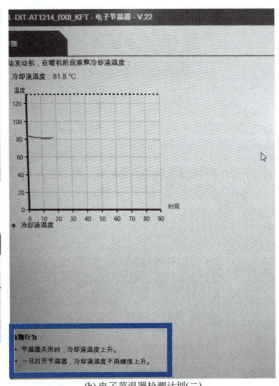

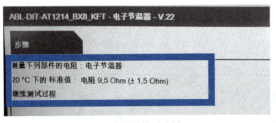

(c) 电子节温器检测计划(三)

(b) 电子节温器检测计划(二)

图 5-9　电子节温器检测计划

（5）电动风扇检测

对于电动风扇可以根据相应的控制电路对其供电和线路进行检查，也可以用万用表测量电阻值等方法对电动风扇进行检查。但最简便快捷准确的方法是利用 ISTA 内提供的检测计划进行判断，如图 5-10 所示。通过电动风扇的检测计划，不但可以检查供电、线路、插头连接和电阻，还可以检查电动风扇最高转速及各控制负荷下的转速及电流，可以更全面准确地判断电动风扇功能是否正常。

（6）水温传感器检测

水温传感器是典型的负温度特性的热敏电阻传感器，其供电也是由 DME 提供 5V 供电，其线路的检查可参考相应电路图进行，信号可信度检查可根据特性曲线测量各对应温度下的电阻值进行比对，还可以通过读取 DME 内的水温传感器数据流与实际温度进行对比。具体方法参考传感器诊断章节。

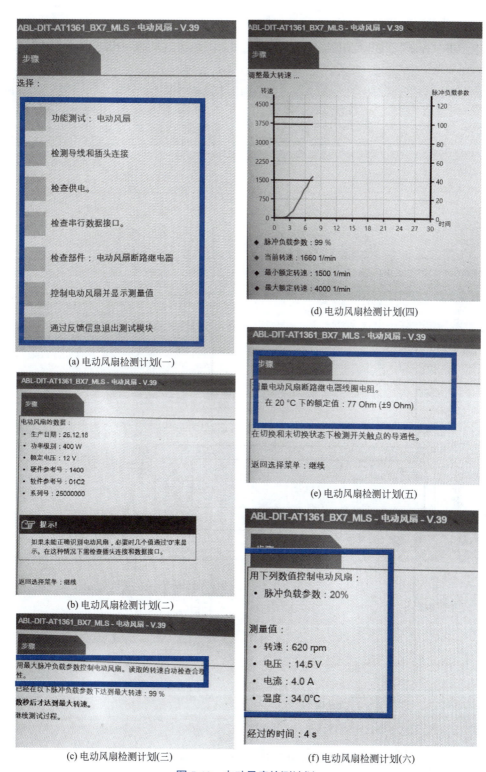

图 5-10 电动风扇检测计划

(7) 电子水泵检测

电子水泵的工作受 DME 控制,图 5-11 所示为 N20 发动机电子水泵控制电路。由控制电路可知，电子水泵电机与电子水泵控制装置集成在一起。电子水泵电机由集成供电模块提供 12V 电压，电子水泵控制装置由 DME 提供 12V，电子水泵的运转由 DME 通过 LIN 总线信号控制。

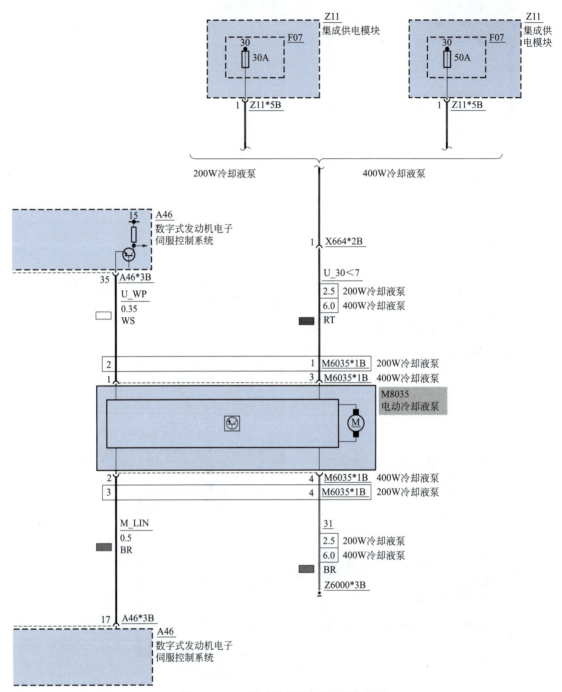

图 5-11　N20 发动机电子水泵控制电路图

电子水泵的供电和线路检测与其他系统检测一样，可以用万用表测量供电端子电压，标准为 12V；用万用表测量单根导线电阻值，标准小于 1Ω；测量导线之间的电阻值，标准为 ∞；用示波器测量控制信号波形与标准波形对比。标准波形如图 5-12 所示。

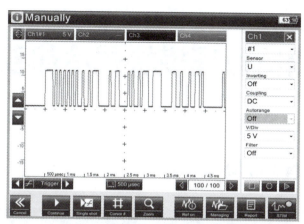

图 5-12 电子水泵信号控制标准波形

电子水泵除了上述检测方法外，在 ISTA 内还提供了电子水泵的检测计划，可利用检测计划对电子水泵检测项目进行检测，从而对电子水泵功能进行判断，如图 5-13 所示。

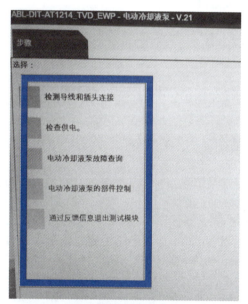

(a) 电子冷却液泵检测计划(一)

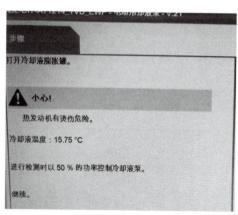

(c) 电子冷却液泵检测计划(三)

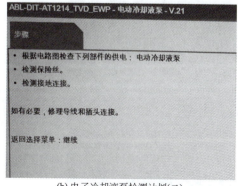

(b) 电子冷却液泵检测计划(二)

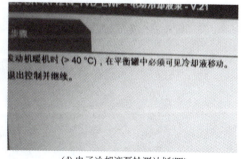

(d) 电子冷却液泵检测计划(四)

图 5-13 电子冷却液泵检测计划

5.2 热量管理模块式冷却系统

5.2.1 经典故障案例

5.2.1.1 F35 发动机高温报警

(1) 车辆信息

车型	发动机型号	里程/km
F35，328Li	N20	71399

(2) 故障现象描述

客户反映：车辆行驶时显示屏提示发动机温度过高。

故障现象确认：试车 30km 后，没有提示发动机过热报警，冷却液液位正常，但发现备水壶有"噗呲噗呲"的回水声音。

(3) 故障分析思路及排除方法

首先用 ISID 对辆进行快测，无相关冷却系统故障。用 ISID 查看历史报警信息，发现在 40km 之前出现过"发动机过热"报警；52km 之前出现过"冷却液液位过低"报警。看来客户描述的情况属实，只不过故障是偶发故障。

询问客户得知此车最近开了一段长途，车辆在途中出现此故障，在一家 4S 店更换过涡轮增压水管"O"型圈，回来的路上故障再次出现，并且多次提示冷却液液位低。

根据该车故障现象分析可能的原因如下：冷却系统泄露、冷却系统内有空气、冷却系统堵塞、电子扇损坏、节温器故障、发动机软件故障、缸垫损坏。

首先怀疑冷却系统有泄露，对冷却系统打压测试，如图 5-14 所示。压力为 1.5bar，1h 后压力下降到 1.4bar，检查泄露点发现涡轮增压水管"O"形圈还是泄露，因考虑到客户刚更换该部件，怀疑是水管变形，于是更换水管后，试车故障依旧。再次打压测试冷却管路，外部没有发现泄漏位置。

图 5-14 冷却系统打压测试

利用打压表对储液罐盖进行打压,发现只能保持到 1.2bar,低于标准的 1.4bar,尝试更换一个储液罐盖试车,故障依旧。

怀疑更换 "O" 形圈时,冷却系统排气没有排干净,于是用真空加注机对冷却系统进行真空加注,并排气 30min,试车故障依旧。

怀疑节温器故障和水箱内部堵塞或直通,检查节温器可以机械打开,拆下水箱,检查水箱内部没有堵塞,上、下水道没有直通,正常。顺便清洗了一下水箱外部。

检查电子扇,用 ISID 对其进行功能检查,电子扇运转正常。

怀疑缸垫损坏,于是用气缸泄露表检测,向气缸内打压时,压力为 6bar,未发现备水壶内有气泡产生。

此时就剩下 DME 软件的问题了,此车有多处改装,无法用原厂设备恢复 DME 软件。

此时诊断陷入迷茫,能检查的都检查了,没有发现故障点,接下来不知道该如何进行了。突然想到之前学习时老师说的一个方法,用尾气分析仪检测储液罐的碳氢化合物的含量也可以判断冷却系统是否有内部泄漏。于是找到尾气分析仪测量储液罐里的碳氢化合物含量,如图 5-15 所示,测量结果显示冷却系统内有碳氢化合物,缸垫肯定坏了。

图 5-15　尾气分析仪检测冷却液中 HC 值

拆下发动机缸盖,在拆缸盖时,发现 3 缸和 4 缸的缸盖螺栓力矩不够,拆下螺丝发现中缸上面的丝扣划扣,缸垫上面的密封胶也全部烧蚀,发现缸垫损坏,如图 5-16 所示。发现此车维修过发动机,怀疑是维修发动机时缸体螺丝扣损坏,导致缸垫损坏。更换气缸盖和气缸垫,重新试车 200km,没有出现车辆报警!

(a) 损坏的缸盖螺栓

(b) 损坏的气缸垫

图 5-16　缸盖螺栓和气缸垫损坏

(4) 故障总结

该故障是典型的冷却系统内部泄漏故障,原因为缸盖固定螺栓丝扣脱扣导致缸盖不能压紧缸盖垫,从而导致燃烧室与冷却系统相通。气缸内的压力远远大于冷却系统内的压力,在诊断中,使用普通的冷却系统打压设备(最高 2bar)无法确认泄漏情况,即使使用缸内压力保持设备保压 6bar,也无法确认泄漏点,最后巧用尾气分析仪确定故障点,这点非常值得借鉴。此故障也提示我们,冷却系统内部泄漏通过普通的检测工具不一定能检测出来,有些泄漏情况是在高温高压的情况下产生的。

5.2.1.2 F34 行驶中发动机前部冒白烟

(1) 车辆信息

车型	发动机型号	里程/km
F34, 330i	B48	76651

(2) 故障现象描述

客户反映：车辆在行驶过程中提示发动机过热，接着发动机前部冒白烟，打开发动机舱盖可以看到冷却液喷出。

故障现象确认：车辆拖车进厂，检查发动机舱，发现高温水壶有明显的冷却液喷出的痕迹，明显是冷却液温度过高导致的冷却液喷出现象。

(3) 故障分析思路及排除方法

首先用ISID对车辆进行检测，故障代码如图5-17所示，故障码显示有发动机过热的记录。

故障代码存储器					
SGBD	BNTN	设码编号	说明	里程数	目前是否存在？
DME8FF_R	DME-841-DME	0x10C152	气缸盖和曲轴箱温度传感器，信号：温度过高或对地短路	76634	否
ENTRYNAV	HU-ENTRYNAV-HU	0xB7F8BD	CD驱动器中的媒质故障	73432	未知
ENTRYNAV	HU-ENTRYNAV-HU	0xB7F8C6	CID：由于温度过高亮度下降	76634	未知
ENTRYNAV	HU-ENTRYNAV-HU	0xE1C440	HU-B：复位	65272	未知
FEM_20	FEM-LR01-BODY	0xD90D29	雨天/行车灯/雾气/光照传感器：LIN 副控制单元缺失	67838	否
KOMB25	KOMBI-CT_B_01-KOMBI	0xE12C1D	信号（故障控制的总线端KL.30 滞后时间，0x3AC）无效，发射器JBE/FEM/BDC	63883	否
REM_20	REM-CT01-REM	0x030101	驾驶员侧后部车门电动车窗升降机：继电器吸合，无输出电压	76651	否
REM_20	REM-CT01-REM	0x030196	前乘客侧车门后部车窗把：电动马达由于温度过高关闭	75384	否
ZBEL20	ZBE-05M-FRONT	0x801403	CON：控制单元未针对车辆设码	76651	是
ZBEL20	ZBE-05M-FRONT	0x801408	CON：未存储当前设码数据	76651	是
ZGW_01	FEM-LR01-GATEWAY	0x801C10	由于不合理的唤醒请求复位总线端KL.30F	63883	未知
ZGW_01	FEM-LR01-GATEWAY	0x801C11	由于不合理的唤醒请求关闭总线端KL.30F	63883	未知
ZGW_01	FEM-LR01-GATEWAY	0xCD0487	中央网关模块：FlexRay同步失败	-1	否

图5-17 车辆故障代码

根据故障代码及故障现象分析出现故障的可能原因主要有以下几个方面。

气缸盖温度传感器或者是冷却液温度传感器有故障，或者线束有故障；热量管理模块（B系列发动机的新结构，功能类似于N系列发动机的电子节温器，但是功能远强于节温器）故障；机械水泵故障，可能是水泵皮带轮和叶轮转速不同步，导致水泵转速丢失；冷却液比例不正常，未严格按照标准1∶1混合，或者冷却液没有正常排气；发动机内部窜气，燃烧室废气窜入到冷却系统中；水箱散热出现问题；电子扇出现问题。

先是执行故障代码提示的检测计划，并没有明确的方向告知导致高温原因，与以往常常遇到的由电子水泵导致的高温故障明显不同，检测计划要求检查温度传感器线束和温度传感器的好坏。冷机状态下读取了环境温度和冷却液温度，基本相同。拆开进气歧管，检查冷却液温度传感器线束，各种摇晃，针脚检查都未见异常。

对高温冷却系统进行密封打压测试，并未发现有泄漏痕迹，重新按照标准排放并添加冷却液到标准值，进行路试。车辆行驶3km左右就出现了客户反映的高温现象。

第一"板斧"砍完没什么效果，接着还有第二招，直接换了个热量管理模块，因为需要

第 5 章 冷却系统

排放添加冷却液，顺便把水箱拆下来清洗，水泵拆下来检查了泵轮旋转及是否有异物卡滞，又把电子扇和试驾车对调，所有冷却系统全部处理结束后，对冷却系统重新按照比例添加冷却液，并按照 ISTA 标准进行冷却系统排气。

利用尾气分析仪测量高温水壶内碳氢化合物含量，未见有碳氢化合物，所以发动机窜气的可能性不大。

综上修理后信心满满去试车，而且同时还调出仪表中的冷却液温度，实时查看冷却液的真实温度。这次试车 5km 左右，故障又出现了！接下来对车辆开始了第二轮维修。

重新读取车辆故障代码，这次虽然报高温了，但是完全没有跟 DME 有关的任何故障。第一次拖车进厂还有与缸盖或冷却液温度传感器有关的相关故障，本次为什么就没有了呢？仔细查看了第一次进店时故障代码，为什么会有缸盖温度传感器故障？以前从来没有听过的，还有毕竟是 B 系列发动机，冷却系统和以前的 N 系列发动机有明显不同，决定还是先查查资料，看看缸盖温度传感器是个什么东西吧。

经查阅相关资料，如图 5-18 所示，得知 B 系列发动机机械水泵上面有个冷却液泵的换挡原件，这个换挡原件是负责在发动机冷启动时候关闭曲轴箱的冷却液循环来让发动机快速进入暖机阶段。它通过真空管路来控制，真空源由真空泵提供，DME 通过控制冷却液泵转换阀来实现真空的接通与关闭。在缸盖上安装了缸盖温度传感器，可更精确监控缸盖温度，用于热量管理模块的控制。

FUB-FUB-FB-GZ-B6236-F01		FUB-FUB-FB-GZ-B6236-F01 - 冷却液温度传感器 - V.7，车架号：：G773328			
ISTA 系统状态	4.18.14.18535	数据状态	R4.18.14	编程数据	-
车架号：	G773328	车辆：	3'/F34/SAT/320i/B48/自动变速箱/ECE/左座驾驶型/2016/07		
工厂整合等级	F020-16-07-505	整合等级（实际）	F020-19-03-546	整合等级（目标）	-
总行驶里程	-				

冷却液温度传感器

冷却液温度传感器将冷却液温度和发动机机油温度转换成一个电气参数 (电阻值)。对此使用一个具有负温度系数 (NTC) 的电阻。冷却液温度还是用于下列计算的测量值：喷射量和怠速标准转速。

功能描述

进行温度记录时，使用的是与温度有关的电阻器。该电路包括一个分压器，可对其测量与温度有关的电阻值。通过一条传感器特有的特性线转换成温度值。在冷却液温度传感器中安装有一个热敏电阻 (NTC)，其电阻值随温度的上升而下降。

气缸盖温度传感器

该温度传感器被拧入气缸盖。
气缸盖温度传感器还可以用于冷却液温度传感器。因此，需要通过热量管理模块更加精确地控制冷却液。
从而更有效地影响功率、油耗和排放。
温度传感器探测第一个气缸废气道范围内的气缸盖材料温度。

功能描述

进行温度记录时，使用的是与温度有关的电阻器。该电路包括一个分压器，可对其测量与温度有关的电阻值。通过一条传感器特有的特性线转换成温度值。气缸盖温度传感器中安装有一个热敏电阻 (NTC)，其电阻值随温度的上升而下降。

车架号：	G773328	车辆：	3'/F34/SAT/320i/B48/自动变速箱/ECE/左座驾驶型/2016/07

图 5-18

工厂整合等级	F020-16-07-505	整合等级（实际）	F020-19-03-546	整合等级（目标）	-
总行驶里程	-				

冷却液泵转换阀

在各种机动化装置中，使用了可开关的冷却液泵。
由此缩短了冷却液的加热阶段，且因此在更短的时间内达到发动机的工作温度。
带或不带换档元件的冷却液泵的基本结构是相同的。区别仅涉及转换阀、带真空罐的真空管路以及带换档元件的拉杆。

功能描述

借助转换阀发动机控制系统可以切换至真空罐的真空供应装置接口的真空。真空将拉杆沿真空罐方向拉动。由此通过换档元件闭合冷却液泵压力侧的冷却循环。

在暖机阶段，冷却液冷却器通过电子节温器与发动机冷却回路脱开。在这种情况下冷却液的循环仅通过曲轴箱（小的冷却循环）进行。
通过闭合可开关冷却液泵的换档元件，同样会中断曲轴箱的冷却循环（小的冷却循环）。冷却液现在不再循环。
该措施缩短了暖机阶段，这又减少了燃油消耗和废气排放。

图 5-18　B 系列发动机冷却系统相关资料

根据该车的故障现象，心中顿时有两个疑问，一是发动机高温时是采取的哪个温度传感器数据，真高温还是假高温？二是根据几次试车情况看，这台车达到高温的速度有点快，感觉冷却液都没有进行大循环，一直在小循环。问题是热量管理模块负责大、小循环的控制，已经更换了热量管理模块，试车故障还是依旧。

带着以上的疑问先调用一下 DME 数据流（查看缸盖温度和冷却液温度），同时在仪表中调用冷却液温度（为了验证高温时到底是哪个传感器报警的），通过查看数据流发现了问题，缸盖温度比冷却液温度要高 20℃。与正常 B48 发动机数据流进行对比后，认定故障车辆缸盖温度确实不正常，如图 5-19 所示。

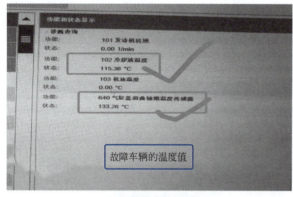

(a) 故障车温度数据　　　　　　　　(b) 正常车温度数据

图 5-19　与正常车辆对比缸盖温度传感器与冷却液温度数据

终于找到突破口了，接下来就是分析什么原因导致的缸盖温度高出冷却液温度接近 20℃。记得前面资料里介绍的机械水泵上面冷却液转换阀，只有这个转换阀可以实现缸盖和曲轴箱不一样的温度控制，而且只是在发动机暖机阶段，与该车高温时间点正好相符。

接下来就是让故障车辆和正常车辆都从发动机冷机阶段开始，观察缸盖温度传感器和冷却液的温度传感器数据流。通过对比两个车辆数据流会发现正常车辆暖机后冷却液泵换挡原件就打开，而且观察到换挡原件机械机构会有明显的动作。而故障车辆则是一直关闭曲轴箱冷却液循环，换挡原件机械机构未见有任何动作。

故障点已经找到，接下来分析是什么原因导致冷却液泵换挡原件无法正常工作。经分析，有可能是冷却液泵换挡原件机械机构故障，卡在关闭位置；还有可能是换挡原件的机械机构通过真空来控制，真空无法被关闭，导致换挡原件一直处于关闭状态。提示：换挡原件是常开的，有真空来源时换挡原件关闭，没有真空来源时打开。有没有真空度，一方面是真空泵说了算，还有一点是通过 DME 控制冷却液泵转换阀来切断和打开真空来源，所以 DME 控制存在问题也会导致真空度持续。

手动去打开关闭冷却液泵换挡原件机械机构，机械机构非常灵活，可以自由运转，基本排除换挡原件机械机构问题。

启动发动机，用 IMIB 测量真空泵真空度，与正常车辆对比数据，真空度正常。

测量 DME 对电磁阀的控制信号，信号很简单，测得信号正常，如图 5-20 所示。

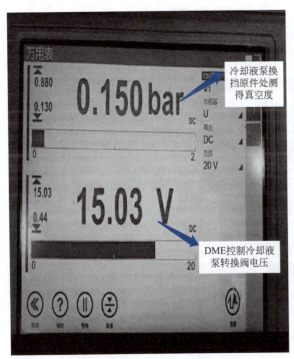
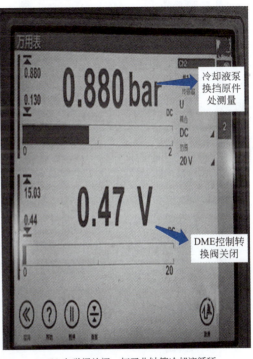

(a) 电磁阀打开，关闭曲轴箱冷却液循环　　(b) 电磁阀关闭，打开曲轴箱冷却液循环

图 5-20　电磁阀控制信号

接下来只剩下电磁阀了，这是一个常闭电磁阀，不通电的时候两边真空管路不通，拆下电磁阀吹气发现电磁阀已经长通，证明电磁阀故障。更换冷却液泵转换阀后，外出试车，故障排除。

（4）故障总结

此故障是由控制电磁阀故障导致冷却液泵换挡原件一直处于关闭状态，进而导致关闭了曲轴箱的冷却液循环，使得缸盖的温度持续高于曲轴箱冷却液温度，是典型的冷却循环控制故障。此故障排除过程中用到了数据流读取，示波器测量等方法，非常值得借鉴。同时也暴露出了对新车型知识不够了解，导致诊断时走了弯路。要对产品知识有足够的认知掌握，特别是新车型、新发动机，不能只依靠以往的维修经验来修车。

5.2.2 故障解析

5.2.2.1 热量管理模块式冷却系统结构特点

（1）冷却循环回路

图 5-21 所示为 B58 发动机冷却液循环回路，与 N 系列发动机相比，主要的区别是取消了电子节温器，取而代之的是热量管理模块。通过热量管理模块可以更加精确地控制冷却系统大循环回路、小循环回路及暖风回路。

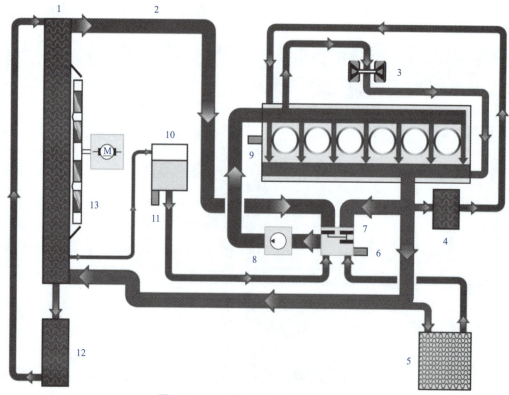

图 5-21　B58 发动机的冷却液循环回路

1—冷却液散热器；2—至热量管理模块；3—废气涡轮增压器；4—发动机机油/冷却液热交换器；
5—暖风热交换器；6—旋转滑阀位置传感器；7—热量管理模块；8—冷却液泵；9—缸盖
温度传感器；10—补液罐；11—冷却液液位开关；12—附加冷却液散热器；13—电子扇

（2）热量管理模块

在 B 系列发动机上用热量管理模块取代了传统节温器。图 5-22 展示了热量管理模块的管路连接。

热量管理模块以纯电动方式驱动，主要由旋转滑阀（连接或封住各冷却液接口）、直流电机（用于调节旋转滑阀的驱动装置）、位置传感器（将旋转滑阀位置反馈给发动机控制单元）、传动机构（传输直流电机扭矩）组成，如图 5-23 所示。与带膨胀元件的特性曲线式节温器不同，热量管理模块与冷却液没有直接的物理连接，可通过一个旋转滑阀以可变方式开启和封住不同冷却通道的开启横截面。为了准确进行旋转滑阀定位，数字式发动机电子系统 DME 需要冷却液温度传感器提供的冷却液温度以及缸盖温度传感器提供的气缸盖材料温度。热量管理模块电动执行元件内的位置传感器向数字式发动机电子系统 DME 提供旋转滑阀的当前位置，这样可以确定旋转滑阀的精确位置，从而使其以准确规定的横截面开启或封住不同冷却通道。通过调节横截面，可根据运行时刻以最佳方式调节热量管理模块所连冷却通道的流量。可根据需要进行发动机暖机和冷却，并为附属总成供油，从而降低油耗。

图 5-22　B58 发动机的热量管理模块管路连接

1—散热器回流；2—带发电机和空调压缩机固定装置的冷却液泵；3—短接管路；4—曲轴箱冷却液输出端；5—热量管理模块；6—补液罐回流；7—暖风回流；8—连至冷却液泵

图 5-23　热量管理模块组成

1—曲轴箱冷却液输出端接口；2—电子装置；3—暖风回流接口；4—旋转滑阀

热量管理模块通过旋转滑阀可以控制冷却系统的循环回路状态，使冷却液流经不同的循环回路，如图 5-24 所示。大冷却液循环回路处于开启状态时，冷却液经过冷却液散热器；小冷却液循环回路处于开启状态时，冷却液通过短接管路从曲轴箱直接流向热量管理模块；暖风循环回路处于开启状态时，冷却液经过暖风热交换器。

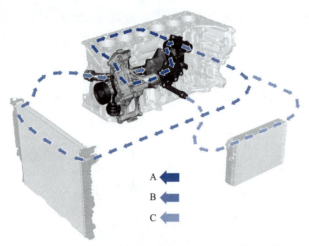

图 5-24　B58 发动机冷却液循环回路的冷却液流动情况
A—小冷却液循环回路；B—大冷却液循环回路；C—暖风循环回路

热量管理模块会根据发动机运行工况及工作温度对旋转滑阀进行控制，运行控制策略如图 5-25 所示。

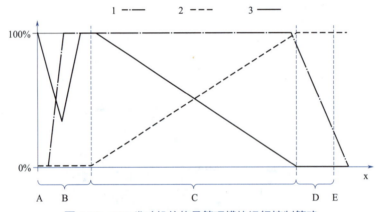

图 5-25　B58 发动机的热量管理模块运行控制策略
0%—旋转滑阀关闭；100%—旋转滑阀打开；A—冷启动阶段；B—暖机阶段；C—运行温度；
D—从正常运行过渡到最大冷却需求；E—最大冷却需求；X—旋转滑阀的扭转角度；
1—暖风循环回路；2—大冷却液循环回路；3—小冷却液循环回路

旋转滑阀打开时，就会根据旋转滑阀的扭转角度改变不同冷却通道的横截面。图 5-26 所示展示了达到最大冷却要求前的旋转滑阀的不同位置及开关状态。

在冷启动阶段，短接管路 100% 打开，与散热器和暖风的冷却液连接关闭。在暖机阶段，除打开短接管路外，还会打开暖风连接。冷却液散热器管路保持关闭状态。

在运行温度模式下，相应连接的横截面根据冷却液温度或多或少地进一步打开，使得冷却液能够流过小冷却液循环回路、大冷却液循环回路和暖风循环回路。

最大冷却需求为在动态负荷较高或车外温度较高时提供最大冷却能力，散热器连接以 100% 开启且短接管路完全关闭。此时暖风热交换器 90% 受阻，从而为冷却液散热器提供更多体积流量。与补液罐的冷却液连接不进行控制，该连接始终处于开启状态，以便随时能够通过补液罐补偿冷却循环回路内的冷却液需求。

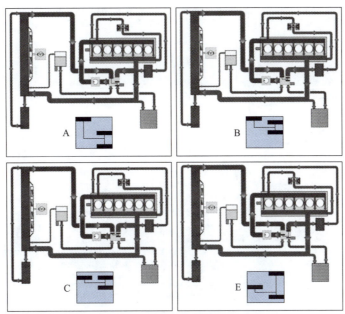

图 5-26 B58 发动机的热量管理模块旋转滑阀开关状态
A—冷启动；B—暖机阶段；C—运行温度；E—最大冷却需求

（3）气缸盖温度传感器

气缸盖温度传感器被拧入气缸盖，探测第一个气缸废气道范围内的气缸盖材料温度。气缸盖温度传感器中安装有一个热敏电阻（NTC），其电阻值随温度的上升而下降。电阻值根据温度在 0.150～110kΩ 的范围内变化，对应于 -40～150℃ 的温度。气缸盖温度传感器还可以用于冷却液温度传感器。因此，需要通过热量管理模块更加精确地控制冷却液，从而更有效地影响功率、油耗和排放。

（4）可切换的冷却液泵

带有开关元件的冷却液泵和没有开关元件的冷却液泵基本结构完全相同，不同之处仅在于电动转换阀、带有真空罐的真空管路以及带有开关元件的连杆，如图 5-27 所示。这样可缩短冷却液的加热过程，从而更快地达到发动机运行温度。

发动机控制单元可通过电动转换阀接通真空供给接口至真空罐的真空。真空朝真空罐方向拉动连杆。这样可通过开关元件关闭冷却液泵压力侧的冷却液循环回路，如图 5-28 所示。当关闭可切换冷却液泵的开关元件后，曲轴箱冷却液循环回路（小冷却液循环回路）将被中断，此时不循环冷却液。该措施可缩短暖机阶段，从而降低耗油量和尾气排放量。真空系统

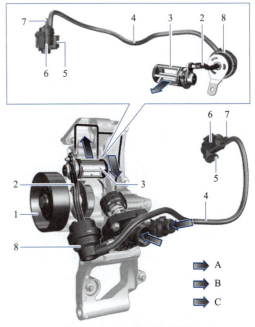

图 5-27 可切换冷却液泵
A—冷却的冷却液；B—变温的冷却液；C—变热的冷却液；1—带轮；2—连杆；3—开关元件；4—真空管路；5—电气接口；6—电动转换阀；7—真空供给接口；8—真空罐

泄漏和电动转换阀失灵时无法再通过开关元件关闭冷却液循环回路。

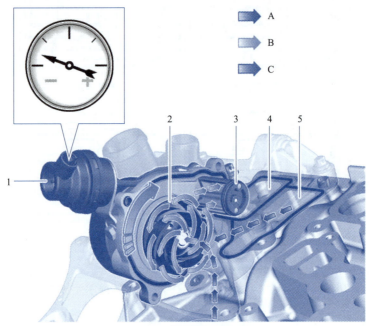

图 5-28 冷却泵开关元件已关

A—冷却的冷却液；B—变温的冷却液；C—变热的冷却液；1—真空罐；2—泵轮；3—开关元件；
4—至曲轴箱的冷却通道；5—自曲轴箱的冷却通道

5.2.2.2　热量管理模块式冷却系统故障分析

热量管理模块式冷却系统与节温器式冷却系统的故障形式与诊断方法基本相同，只在部件总成上多了热量管理模块，水泵上多了一个真空控制开关，在缸盖上安装了缸盖温度传感器。因此在诊断上只要掌握了多出的部件的诊断方法，其他部件的诊断都一样。

5.2.2.3　热量管理模块式冷却系统故障诊断方法

（1）供电及线路诊断

热量管理模块式冷却系统控制电路如图 5-29 所示。热量管理模块电机由 DME 提供 12V 电源，电子装置由 DME 提供 5V 电源。控制冷却液泵转换的冷却液泵转换阀由 PDM 提供 12V 电源。冷却液温度传感器和气缸盖温度传感器则由 DME 提供 5V 电源。

对于供电故障，可根据相关电路图测量相应端子上的电压是否与标准电压相符进行判断。线路的断路和短路故障的判断与其他系统一样，通过万用表测量单根导线及导线与导线之间的电阻进行判断。

（2）热量管理模块诊断

热量管理模块本身是一个控制单元，里面有电机、传感器和集成电路，热量管理模块与发动机控制单元之间通过数据信号线进行数据传输。对于热量管理模块的诊断可以通过执行系统提供的检测计划进行检测，如图 5-30 所示。在检测过程中系统会控制热量管理模块按程序要求进行工作，同时系统会对热量管理模块的极限位置、错位情况及测量值进行读取，帮助判断热量管理模块是否存在故障。

第 5 章 冷却系统

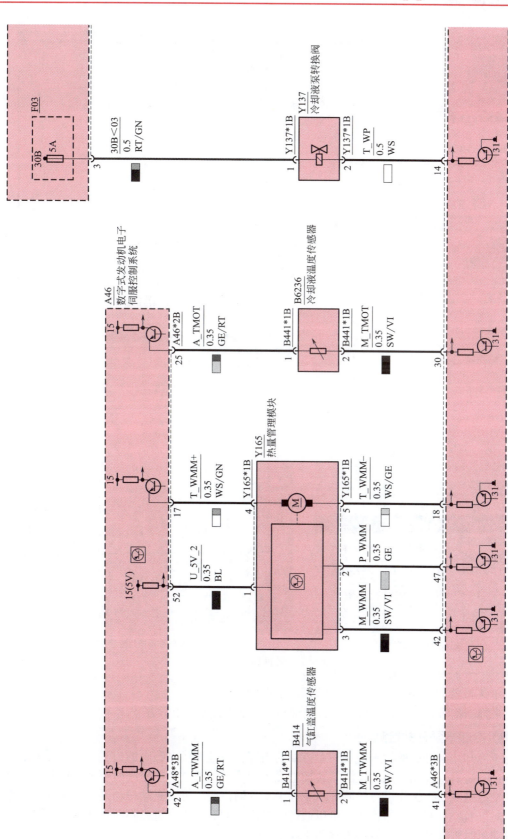

图 5-29 热量管理模块式冷却系统控制电路

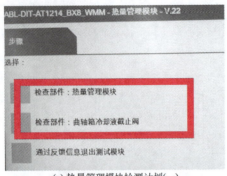
(a) 热量管理模块检测计划(一)

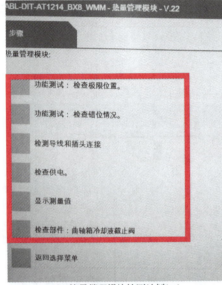
(b) 热量管理模块检测计划(二)

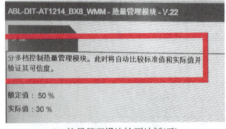
(c) 热量管理模块检测计划(三)

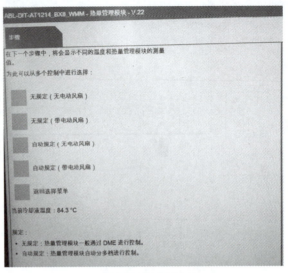
(d) 热量管理模块检测计划(四)

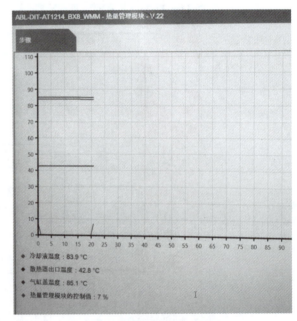
(e) 热量管理模块检测计划(五)

图 5-30　热量管理模块检测计划

对于热量管理模块与发动机控制单元之间的数据信号，可与图 5-31 所示的标准波形进行对比来判断信号是否正常，该信号是波形为 0～5V 的规则矩形方波。

（3）冷却水泵开关检测

对于冷却水泵开关的检测包括三个方面的内容：一是转换电磁阀的检测；二是开关本身的检测；三是真空控制管路的检测。转换电磁阀的检测可通过给电磁阀两端子施加蓄电池电压，观察电磁阀是否工作进行检测。对于开关本身的检测，可以手动拉动开关，检查其是否卡滞。对于真空控制管路的检测，可以通过测量管路的真空压力进行判断。此外，还可以在启动发动机时观察开关是否能够正常动作进行判断。

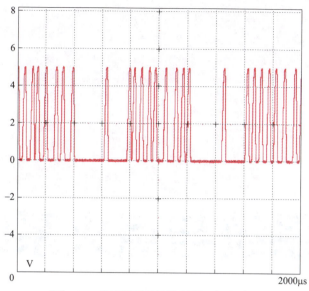

图 5-31　热量管理模块控制信号标准波形

(4) 气缸盖温度传感器检测

气缸盖温度传感器与冷却液温度传感器结构原理基本相同，可根据电路图对其线路和供电进行检测。同时可通过读取发动机控制单元数据流，观察缸盖传感器数据与冷却液温度传感器数据对比进行判断。此外，还可以根据图 5-32 所示的气缸盖温度传感器电阻与温度特性曲线进行参考测量，在 25℃时，其标准电阻值为 6073Ω。

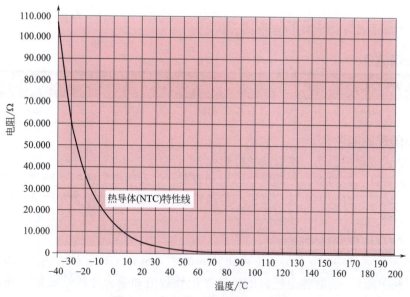

图 5-32　气缸盖温度传感器特性曲线

第6章 润滑系统与点火系统

6.1 润滑系统

6.1.1 经典故障案例

6.1.1.1 F49 发动机怠速抖动熄火

（1）车辆信息

车型	发动机型号	里程/km
X1，F49	B38	40000

（2）故障现象描述

客户反映：发动机抖动，接着发动机熄火。

故障现象确认：经检查，发动机能够启动着车，但发动机怠速抖动严重，同时组合仪表上的发动机故障灯点亮，中央显示屏提示传动系统发生故障，过一会发动机自动熄火，基本与客户描述一致。

（3）故障分析思路及排除方法

用 ISID 对车辆进行检测，发现发动机控制单元（DME）中存储有当前故障信息"1缸熄火，喷射阀关闭"。读取各个气缸的运转平稳性数值和熄火计数器数据，确认气缸1不工作。

分析可能的故障原因有：点火系统故障、喷油系统故障、气缸压力不足。

首先将气缸1的火花塞与气缸3的火花塞对调，故障没有转移；将气缸1的点火线圈与气缸2的点火线圈对调，故障也没有转移，气缸1仍然不工作，同时发现3个气缸的火花塞电极都比较黑。用 IMIB 测量气缸1的点火初级波形和喷油器的波形，发动机刚启动的时候是有的，运行一段时间后就没有喷油波形了。分析认为，DME 检测到气缸 1 不工作后主动切断了该气缸的喷油。尝试对调气缸 1 与气缸 2 的喷油器，故障依旧。检查点火系统和喷油系统的导线，正常。至此，排除发动机外围电气部件出现故障的可能。

故障可能出现在气缸压力上，接下来测量气缸压力，发现气缸 1 的气缸压力约为 5bar，气缸 2 和气缸 3 的气缸压力约为 7bar，1 缸压力偏低。对比同款发动机，气缸压力在 9bar 左右。查阅资料，发现对于 B 系列发动机，厂家下发过一个技术通告，内容是关于该款发动机气缸盖上的气门摇臂容易脱出来导致气缸进气不足，进而引起发动机抖动的故障。于是拆下气门室盖罩，检查气门摇臂，正常；旋转曲轴观察气门及凸轮轴组件，工作也正常。重新装上气门室盖罩，启动发动机，故障依旧。

继续检查发现，在脱开气缸盖侧面 VANOS 电磁阀导线连接器后，发动机抖动现象消失，但是发动机工作的声音很响，就像发动机运行时缺少机油的声音，同时发现在发动机运行时旋下机油加注口盖，没有机油喷出来。

测量发动机机油压力，怠速时为 2bar；脱开机油压力调节阀导线连接器（此时机油泵进入应急模式，以最大功率运行），机油压力为 8bar，说明机油泵工作正常。但是在拆检机油滤芯时发现机油滤芯上的滤纸有点脱落，如图 6-1 所示，怀疑机油滤芯是副厂件。查看该车的维修记录，发现该车没有在 4S 店养护过。询问车主得知，这是一辆二手车，车主并不了解该车之前的维修与养护情况。

图 6-1　损坏的机油滤清器

顺着机油的供油路径往上检查，再次拆开气门室盖罩，拔掉燃油泵的熔断丝，接通点火开关，启动发动机，发现在气门组件运行时凸轮轴轴瓦都没有机油溢出，由此推断机油油道堵塞了。

经仔细查看图 6-2 所示的 B38 发动机机油回路得知，机油进入气缸盖 C 部位后主要分为两路：一路为 VANOS 调节单元（E、F）供油，另一路为进气凸轮轴润滑部位、偏心轴润滑部位和液压气门间隙补偿器（HVA 元件）供油。

拆下 VANOS 电磁阀滤网，发现已堵塞，如图 6-3 所示，且堵塞物正是机油滤芯上面脱落的织物。检查另一个机油回路，拆下液压气门间隙补偿器（HVA 元件），启动发动机，油道里面基本没有机油出来；拆检气门组件，发现气缸 1 的 1 个进气门 HVA 元件捏起来比较软，如图 6-4 所示。

至此，该车的故障原因找到了：该车在其他修理厂养护，没有使用原厂的机油滤清器，机油滤芯织物脱落，引起机油油道堵塞；气缸盖上的 HVA 元件因长期没有机油的供给而泄压，导致气门升程变小，影响了气缸的进气量，以致发动机燃烧不好，怠速抖动，甚至熄火。

拆解发动机，用高压水枪冲洗机油油道，更换损坏的 HVA 元件和相关密封件后装复试车，发动机怠速运转平稳，且加速正常，故障排除。

（4）故障总结

该故障是典型的由油路堵塞导致的发动机抖动故障。油路堵塞是由于使用了质量有问题的副厂机油滤清器。对于油路堵塞故障，轻微的会造成发动机抖动及异响，严重的会导致发动机整体损坏。对于油路堵塞的故障实际维修过程中不太好判断，只有对整个机油回路全面系统地掌握，才能有效地解决此类故障。同时也建议广大客户到专业的维修机构进行维修，避免不必要的损失。

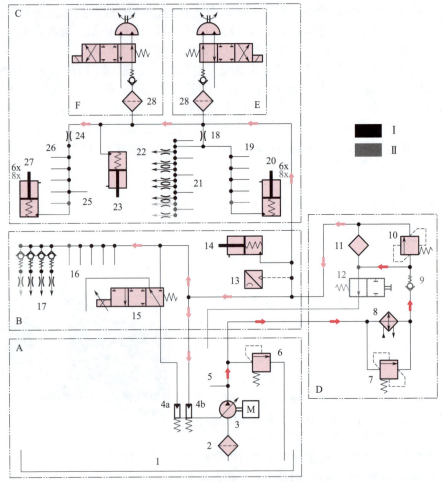

图 6-2　B38 发动机机油回路

A—机油泵；B—曲轴箱；C—气缸盖；D—机油滤清器模块；E—进气凸轮轴 VANOS 调节单元；F—排气凸轮轴 VANOS 调节单元；Ⅰ—3 缸汽油发动机；Ⅱ—4 缸汽油发动机；1—油底壳；2—抽吸管和滤网；3—机油和真空泵；4a—特性曲线控制室（正常运行）；4b—二级调节室（应急运行）；5—真空泵机油供给装置；6—溢流阀（泵内部）；7—旁通阀机油/冷却液热交换器；8—发动机机油/冷却液热交换器；9—单向阀（仅限纵向安装）；10—滤清器旁通阀；11—机油滤清器；12—机油滤清器排放阀（仅限纵向安装）；13—机油压力传感器；14—下部链条张紧器；15—特性曲线控制阀；16,17—用于冷却活塞的机油喷嘴；18,24—节流阀；19—进气凸轮轴润滑部位；20—液压气门间隙补偿器；21—偏心轴润滑部位；22—中间推杆机油喷嘴；23—上部链条张紧器；25—高压泵润滑部位；26—排气凸轮轴润滑部位；27—液压气门间隙补偿器；28—电磁阀滤网

图 6-3　VANOS 电磁阀被异物堵塞

图 6-4　泄压的 HVA 元件

6.1.1.2 F35 机油油位无法测量

(1) 车辆信息

车型	发动机型号	里程/km
320Li, F35	B48	24000

(2) 故障现象描述

客户反映：车辆提示发动机机油压力过低，无法继续行驶，同时，机油量无法正常测量，测到 15% 时就自动取消了，有时一天报好几次。

故障现象确认：车辆当前无故障现象，急速加油均无异常，但是，机油量如客户所述，只能测到 15% 就失败了。

(3) 故障分析思路及排除方法

首先用 ISID 对车辆进行检测，发现有机油压力低相关故障，如图 6-5 所示。

图 6-5　车辆故障代码

查阅该车维修历史记录可知，该车半年前曾因进水大修过发动机，更换中缸及相关密封件。由于该车现在无法测量机油量，分析该故障可能的原因有以下几方面：机油量缺少；机油脏污，发动机油道堵塞；机油泵损坏；机油压力传感器损坏；机油压力调节阀损坏。

首先读取机油压力数据并用 IMIB 实际测量机油压力，测量结果如图 6-6 所示。找同款车辆进行对比，如图 6-7 所示，发现故障车辆油压略低。

(a) 机油压力实测值

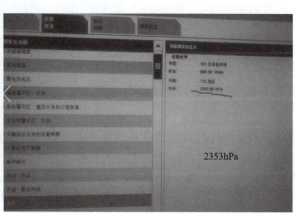
(b) 机油压力数据流

图 6-6　故障车辆机油压力测量值与数据流

(a) 正常车辆机油压力测量值　　　　　　　(b) 正常车辆机油压力数据流

图 6-7　正常车辆机油压力测量值与数据流

首先检查机油泵工作是否正常，为了测试机油泵，将发动机转速反复提高至 3000r/min，发现实际油压可以随发动机转速高低变化，可以判断机油泵机械机构应该没问题。

拆下机油滤清器检查滤清器和机油，机油质量正常，机油滤清器密封圈完好，没有发现问题。机油压力数据流与测量值相符，基本排除机油压力传感器问题。

接下来就剩机油压力调节电磁阀没检查了，拔掉机油压力调节电磁阀插头，让机油泵进入应急模式，此时可调式机油泵会以最大供油量供油，压力应该升高。但是该车拔掉和插上电磁阀，机油压力没有变化，可以判断是机油压力调节电磁阀控制或阀本身出了问题。

发动机故障代码上没有提示相关线路和电器故障，因此，机油压力电磁阀本身就有很大嫌疑了。于是，与同款车互换了一个电磁阀，着车，怠速时机油压力为 1.66bar，ISID 读取的为 2507hPa，此时机油量可以正常测量了。机油量在 MAX 处，此时油压为 2.22bar，拔掉电磁阀后约为 4bar。到此，可以判断机油压力电磁阀已损坏，更换机油压力调节电磁阀后故障排除。

（4）故障总结

该故障是典型的由机油压力调节电磁阀损坏导致的机油压力不足故障。根据故障现象可以判断出机油压力电磁阀应该是卡滞在某个位置，在个别工况下满足不了正常油压，而在测量机油油位时，系统有油压要求，从而导致机油量无法正常测量。此故障在隔离机油压力调节电磁阀时，充分利用机油压力调节阀系统的控制逻辑，当机油压力调节失效后，机油系统会进入到应急模式，系统压力会升高，隔离方法值得借鉴。

6.1.2　故障解析

6.1.2.1　润滑系统结构特点

（1）机油回路

图 6-8 所示为 N20 发动机机油回路，机油泵把机油从油底壳泵出后分为两条路径，一路是给链条张紧器提供压力机油，另一路通过曲轴箱和气缸盖的油道到达机油滤清器。机油被机油滤清器过滤后通过气缸盖内的油道分别给进、排气凸轮轴，进、排气 VANOS，进、排气液压间隙补偿器，正时链条张紧器提供机油。气缸盖上有两条油道又流回到曲轴箱给活塞冷却喷嘴、曲轴主轴承及机油压力调节阀提供机油。机油压力和温度传感器监控的是曲轴主轴承处的机油压力和温度。机油流经曲轴箱后，通过两条油道又与油底壳的平衡轴润滑油

路、紧急阀油路相通,最后流回油底壳。

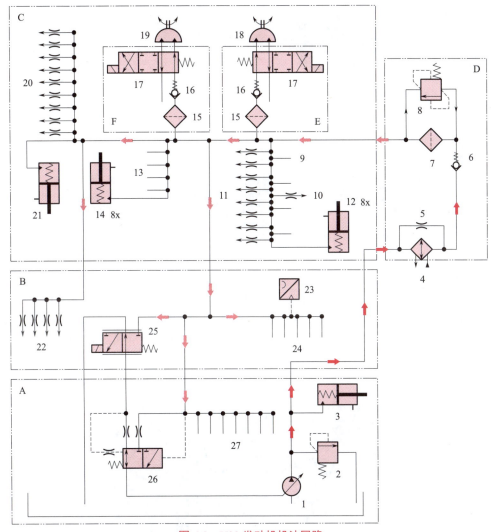

图 6-8　N20 发动机机油回路

A—油底壳；B—曲轴箱；C—气缸盖；D—机油滤清器模块；E—进气凸轮轴 VANOS 中央阀；F—排气凸轮轴 VANOS 中央阀；1—机油泵；2—溢流阀；3—平衡轴和机油泵传动链条张紧器；4—发动机机油/冷却液热交换器；5—永久旁通；6—回流关断阀；7—机油滤清器；8—滤清器旁通阀；9—进气凸轮轴轴承润滑部位；10—Valvetronic 伺服电机花键机油喷嘴；11—进气凸轮轴凸轮机油喷嘴；12—进气侧液压气门间隙补偿器 HVA；13—排气凸轮轴轴承润滑部位；14—排气侧液压气门间隙补偿器 HVA；15—单向阀；16—过滤器；17—4/3 通阀；18—进气凸轮轴 VANOS 调节单元；19—排气凸轮轴 VANOS 调节单元；20—排气凸轮轴凸轮机油喷嘴；21—正时链条张紧器；22—用于活塞顶冷却的机油喷嘴；23—组合式机油压力和温度传感器；24—曲轴主轴承润滑部位；25—机油压力调节阀；26—紧急阀；27—平衡轴轴承润滑部位

(2) 机油压力控制逻辑

机油压力控制逻辑原理如图 6-9 所示。发动机控制单元根据转速、负荷、温度等传感器信号,根据内部特性曲线控制机油压力调节电磁阀,通过机油压力调节电磁阀能够调节机油泵的供油量,然后通过机油压力传感器对调节后的压力进行监控,形成一个闭环控制系统,直到调节结果与系统要求相符。

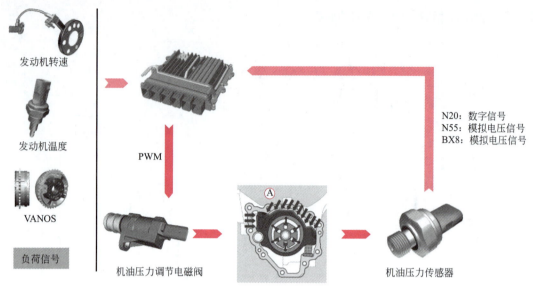

图 6-9 机油压力控制逻辑简图

(3) 机油泵

机油泵一般都过一个链条由曲轴驱动。不同发动机的机油泵的形状及结构略有不同，但基本上都采用体积流量可变式滑阀机油泵，并且采用特性曲线调节方式。图 6-10 所示为 N20 发动机机油泵的结构。体积流量可变式机油泵的核心部分是滑阀，N20 机油泵滑阀与其他机油泵滑阀主要区别是在调节过程中滑阀不再围绕一个轴线旋转，而是沿泵的轴线平行移动，机油泵的功能并未改变。

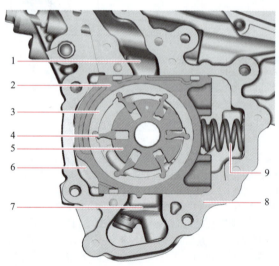

图 6-10 N20 发动机机油泵内部结构

1—压力侧；2—滑阀；3—外转子；4—摆杆；5—内转子；6—调节油室；7—抽吸侧；8—壳体；9—主弹簧

滑阀的工作过程如图 6-11 所示，调压室的机油直接作用于滑阀。机油压力越大，滑阀克服弹簧力向泵中心方向的位移就越大，体积流量变化减小直至几乎不再产生任何体积流量变化。泵功率也会随之减小，直至最后调节至最小输送功率，这样可以减小泵的输送功率并限制系统内的压力。机油压力越低，滑阀在弹簧力的作用下偏离泵轴线中心的位移越大，通过这种方式可使抽吸侧体积流量显著增加并使压力侧体积流量显著减小，这样可以提高泵功率。

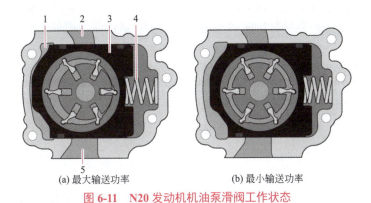

图 6-11　N20 发动机机油泵滑阀工作状态

1—调节油室；2—压力侧；3—滑阀；4—主弹簧；5—抽吸侧

滑阀位置取决于调节油室内的机油压力，该压力可使滑阀克服弹簧力移动。如果该压力较小，滑阀就会偏离中心且输送功率较高；如果该压力较大，滑阀就会逐渐压向中心且输送功率降低。

（4）机油压力调节电磁阀

特性曲线调节阀安装在发动机左侧底板内，可使机油压力从主机油通道输送至机油泵内的调节油室，其结构和控制特性曲线如图 6-12 所示。特性曲线调节阀可通过无级方式减小在调节油室内产生影响的机油压力。因此机油泵内作用于滑阀的主弹簧要比纯体积流量调节式系统所用弹簧更软，也就是说更容易使滑阀朝中心位置移动，从而在调节油室内压力较小的情况下，机油泵实现最小输送功率。这样可使机油系统内的压力比较小，从而减少机油泵驱动能量。通过机油压力调节电磁阀使发动机控制系统可以个性化地控制机油输送量。

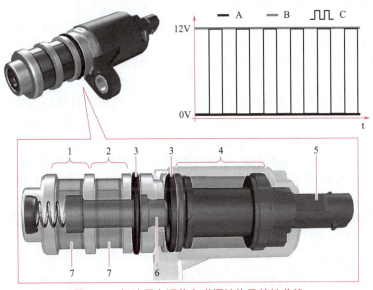

图 6-12　机油压力调节电磁阀结构及特性曲线

A—最大输送功率电压线；B—最小输送功率电压线；C—50% 输送功率电压曲线；1—自机油滤清器的机油通道；2—至机油泵的机油通道；3—密封环；4—电磁线圈；5—电气接口；6—滑阀；7—过滤器

机油压力调节第二级通过一个安装在机油泵壳体内的液压阀来实现，该液压阀称为紧急阀。该液压阀位于机油压力调节电磁阀与机油泵内的调节油室之间，其结构如图6-13所示。它是3/2通阀，能够控制机油泵调节油室内的主机油压力。为此主机油通道内的机油克服弹簧力压回活塞，直至最后连接机油泵的通道开通。来自特性曲线调节阀的机油压力对活塞另一侧施加作用。

机油压力调节电磁阀和液压阀简化的机油回路控制如图6-14所示。机油压力调节电磁阀和液压阀都是3/2通阀，在机油压力调节电磁阀不工作时，机油泵调节油室通过液压阀和机油压力调节电磁阀与油底壳接通，机油泵调节室里没有压力机油，油泵滑阀处于最大功率位置。

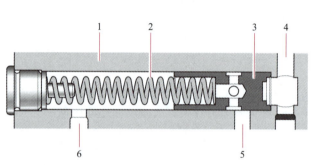

图6-13　N20发动机紧急阀
1—连接自主机油通道；2—连接自特性曲线调节阀；3—紧急阀；
4—连接调节油室的通道；5—连接至平衡轴；6—调节油室

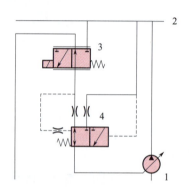

图6-14　机油压力调节电磁阀和液压阀简化机油回路
1—机油泵；2—主机油通道；3—特性曲线调节阀；4—紧急阀

在机油压力调节模式下，液压阀和机油压力调节电磁阀的位置如图6-15所示，液压阀活塞始终保持在其限位位置处。需要移动活塞时必须存在可以克服弹簧力的5.5bar压力。这在压力调节模式下不可能出现，因为系统内的最大调节压力为4.5bar。在这种情况下，紧急阀由调节阀向机油泵调节油室方向开启。通过这种方式可使机油泵调节油室内的压力直接由特性曲线调节阀决定，从而控制机油泵的输送功率。特性曲线调节方式是机油系统标准运行模式。如果系统内没有任何故障且运行条件没有高于或低于特定数值，就会始终执行这种模式。

机油压力调节电磁阀在未通电状态下关闭时，紧急阀内弹簧侧空间就会失去压力，因此活塞只承受朝向弹簧侧的压力。切换紧急阀时需要5.5bar压力差，由此将压力从主机油通道直接引导至机油泵调节油室内，通过这种方式可使机油压力限制为最大5.5bar，如图6-16所示。低于该限值时在紧急运行模式下不会进行任何调节，因为机油泵调节油室内没有机油。因此在特性曲线调节阀失灵情况下，系统自动进入紧急运行模式并将压力限制为最大5.5bar。

下列原因可能会导致系统进入紧急模式：特性曲线调节阀损坏、机油压力传感器损坏、车外温度低于-20℃、较高级驾驶方式如高转速时间较长等。

(5) 机油压力传感器

发动机机油压力传感器通过电容测量方法测出绝对压力，绝对压力是进行精确油压调节所必需的。发动机机油压力传感器中有一个含金片的陶瓷架。通过油道所施加的油压使金片彼此之间的距离产生变化，从而改变电容。电容量在电子分析装置中进行测量，然后将经过分析的数据作为输入信号发送到发动机控制单元，用以调节机油压力。机油压力的有效信号根据压力变化而变化，其特性曲线如图 6-17 所示，压力测量范约为 50～1050kPa，电压变化范围约 0.5～4.5V。

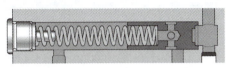

(a) 压力调节模式下液压阀油路状态

(a) 紧急模式下液压阀的油路

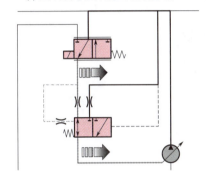

(b) 压力调节模式下的控制油路

图 6-15　压力调节模式下的简化机油回路

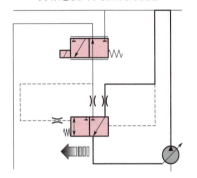

(b) 紧急模式下的控制油路

图 6-16　紧急运行模式下的简化机油回路

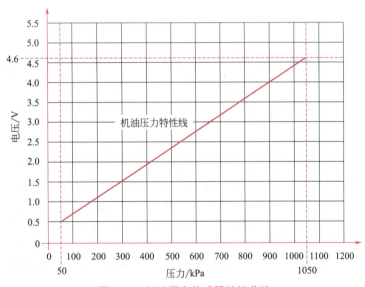

图 6-17　机油压力传感器特性曲线

（6）机油油位传感器

油位传感器固定在油底壳上，由一个电子分析装置和一个量管组成，如图 6-18 所示。油位传感器基于超声波探测，电子分析装置发射超声波脉冲。这些超声波脉冲在机油至空气的分界处反射（回声脉冲）。声波返回的距离决定了回声延时。电子分析装置根据回声延时计算油位。电子分析装置接收并放大这些回声脉冲。接着，这些被放大过的回声脉冲被转换成一种数字信号。

图 6-18 机油油位传感器

1—量管；2—油位传感器；3—3 芯插头连接

6.1.2.2 润滑系统故障分析

根据以上分析可知，润滑系统主要故障表现形式是机油压力低导致发动机报警及机油油位无法显示或油位显示不正常。润滑系统机油压力不足会导致发动机抖动及异响，如果不及时维修还会造成发动机严重损坏。造成润滑系统机油压力低报警的原因较多，有可能是机油压力控制系统故障（如控制线路、机油压力电磁调节阀、机油压力传感器、发动机控制单元等）；也有可能是机油本身问题（如机油脏污、机油量不足）；还有可能是润滑系统部件及管路故障（如机油泵、滤清器、管路泄漏、管路堵塞等）。在排除故障时需要根据故障实际情况分清楚是哪方面的故障，然后再逐项排除。

6.1.2.3 润滑系统故障诊断方法

（1）机油控制系统诊断

图 6-19 所示为 B58 发动机机油压力控制系统电路。对于控制系统供电线路诊断可以根据电路图进行测量，油位传感器和油压调节电磁阀由集成供电模块提供 12V 电源，机油压力传感器由 DME 提供 5V 电源。对于线路的断路和短路故障，可以用万用表测量导线电阻的方法进行判断。此外，当供电线路和信号线路有故障时，在发动机控制单元内会存储相应的故障代码，可根据故障代码进行检查。对于传感器输入信号和执行器控制信号，可以用示波器对其信号波形进行测量，并与标准波形对比进行判断。如果没有标准波形，可以进行实车对比测量。

（2）机油回路压力诊断

机油回路压力诊断的有效方法是用 IMIB 或机油压力表实际测量机油压力，同时读取发动机控制单元机油压力数据进行对比判断。怠速情况下，机油压力数据流大约为 2.5bar，实际测量显示值比数据流小 1bar，大约为 1.5bar。如果测量值与数据流显示值都正常，说明机油回路压力正常。通过此方法还能辅助判断机油压力传感器的好坏，如果实测值正常，而发动机机油压力数据流显示不正常，可基本判断压力传感器有故障。也以通过图 6-20 所示的机油压力传感器的检测计划对机油压力传感器进行诊断。

第 6 章 润滑系统与点火系统

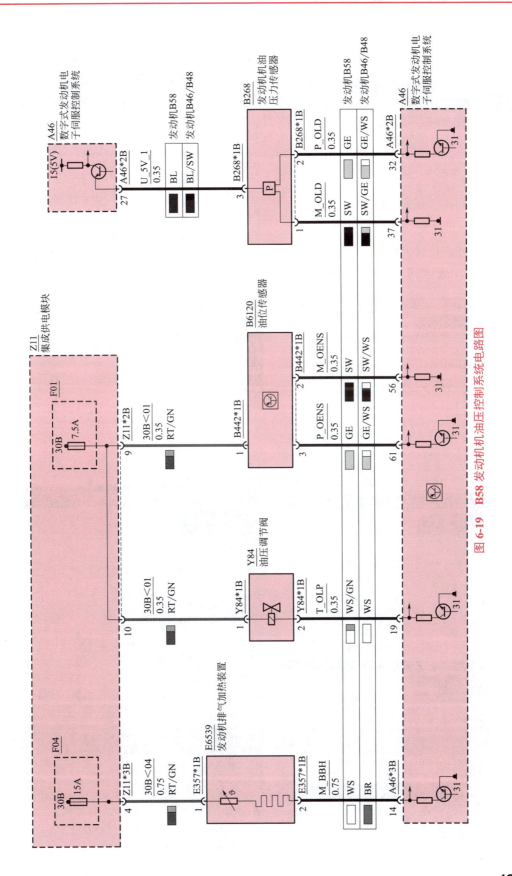

图 6-19 B58 发动机机油压控制系统电路图

(3) 机油压力调节电磁阀诊断

机油压力调节电磁阀的性能直接影响机油回路的压力，对其工作性能的判断可利用其控制特点。当电磁阀不工作时，机油回路进入应急模式，机油压力会明显升高。在电磁阀工作和不工作两种工作状态下，通过测量机油压力或读取机油压力数据流进行对比来判断电磁阀工作是否正常。如果断开电磁阀后机油压力明显上升，则可判断电磁阀工作正常，同时也对机油泵的性能进行了辅助判断。如果断开电磁阀后机油压力没有变化，则说明电磁阀工作不正常或机油泵有故障。

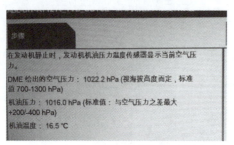

图 6-20 机油压力传感器检测计划

通过诊断系统提供的机油压力调节电磁阀的检测计划也可以对其进行诊断，如图 6-21 所示。检测计划在执行过程中会控制电磁阀工作，并通过压力传感器对其工作情况进行监控。

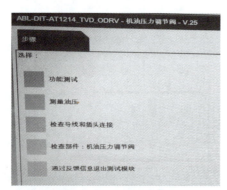

(a) 机油压力调节电磁阀检测计划(一)

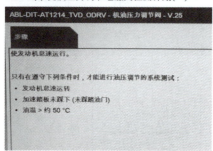

(b) 机油压力调节电磁阀检测计划(二)

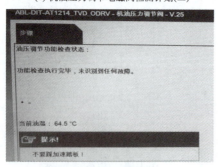

(c) 机油压力调节电磁阀检测计划(三)

(d) 机油压力调节电磁阀检测计划(四)

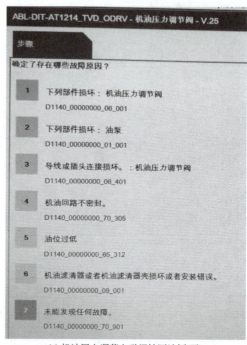

(e) 机油压力调节电磁阀检测计划(五)

图 6-21 机油压力调节电磁阀检测计划

(4) 机油油位传感器诊断

当怀疑机油油位传感器有故障时，除了进行信号对比测量、调换部件外，还可以按规定要求重新加注机油再次进行油位测量，如果油位依然显示不正确，则可判断为油位传感器损坏。

(5) 机油异常消耗的诊断

机油管路的损坏导致机油外泄及机油通过其他管道进入到气缸内导致机油燃烧内泄都会导致机油消耗异常。对于机油外泄可通过外观检查判断。对于机油内泄无法从外观上看出来，需要对相关管路和部件进行拆检，尤其是曲轴箱通风管路、涡轮增压管路及气门油封这几处泄漏会造成烧机油，应进行重点拆检。

6.2 点火系统

6.2.1 经典故障案例

6.2.1.1 G12 发动机抖动，传动系统报警

(1) 车辆信息

车型	发动机型号	里程/km
740Li，G12	B58	42000

(2) 故障现象描述

客户反映：车辆非常抖，有传动系统故障报警。

故障现象确认：接车后试车，发现发动机故障灯点亮，CID 提示："传动故障，请谨慎驾驶！"同时车辆抖动严重。

(3) 故障分析思路与排除方法

首先用 ISID 对车辆进行测试，控制单元存储故障代码如图 6-22 所示。

故障代码存储器					
SGBD	BNTN	设码编号	说明	里程数	目前是否在？
DME_BX8	DME-MEVD1723-DME	0x134A02	电子气门控制伺服马达：过载	42420	否
DME_BX8	DME-MEVD1723-DME	0x140001	熄火，多个气缸：喷射装置被关闭	42420	未知
DME_BX8	DME-MEVD1723-DME	0x140010	熄火，多个气缸：已识别	42420	未知
DME_BX8	DME-MEVD1723-DME	0x140301	熄火，气缸 3：喷射装置被关闭	42420	未知
DME_BX8	DME-MEVD1723-DME	0x140310	熄火，气缸 3：已识别	42420	未知
DME_BX8	DME-MEVD1723-DME	0x150302	点火开关，气缸 3：点火火花持续时间过短	42420	未知
DME_BX8	DME-MEVD1723-DME	0x213601	动力管理：休眠电流故障	42420	否

图 6-22　车辆故障代码

根据故障代码和车辆的故障现象分析可能的原因有以下几个方面：供油系统（某缸喷油器工作不良，可通过互换及测喷油器波形检查）、点火系统（某缸的点火线圈、火花塞工作不良，可通过拆下检查外观是否损坏，测量该缸的点火波形，互换部件等方法检查）、机械系统（气缸不密封，可通过测量缸压进行检查）。

根据先易后难的原则，先将点火线圈、火花塞与其他车辆对调，对调后清除故障代码。怠速着车全部正常，进行路试发现发动机大功率运转时故障灯点亮，开回店里重新诊断，故障代码依旧，基本可以排除点火系统故障。对所有气缸进行气缸压力测量，测量结果如图 6-23 所示，发现各缸的缸压正常，基本排除发动机机械故障。

点火线圈、火花塞、机械系统都已经排除了，只剩下喷油器了，于是严格按照 ISTA 维修说明将 B38 喷油器更换完成，同样怠速着车一切正常，将车辆开出去试车，结果与之前一样，发动机灯又亮了。

单缸抖动这几个方面都查了，只剩下 DME 控制和线路。

接下来测量 3 缸喷油器波形，如图 6-24 所示，与其他缸喷油波形对比正常，基本可以排除喷油控制故障。

图 6-23　气缸压力测量结果

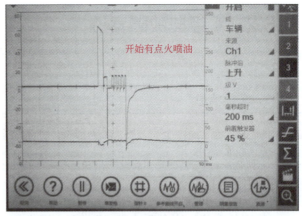

图 6-24　3 缸点喷油波形

现在，只剩下点火控制系统了，把所有的希望都寄托在测量点火初级波形上了。测量 3 缸点火初级波形，并与其他缸进行对比，如图 6-25 所示。发现 3 缸的点火波形中反映了点火持续时间不太正常，怀疑是点火控制信号有问题。

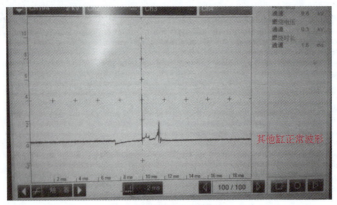

(a) 其他缸点火波形

第 6 章 润滑系统与点火系统

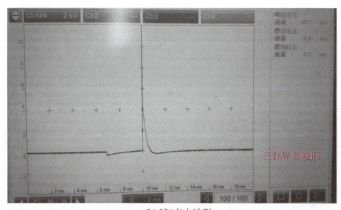

(b) 3缸点火波形

图 6-25　测量点火线圈初级波形

找来技术经理一块分析有可能是什么原因造成的，由于 3 缸的火花塞和点火线圈都调换过，剩下的只有点火线路和 DME。想到点火线路还没测量，于是先从线路入手，根据图 6-26 所示电路图对 3 缸点火线圈进行测量。

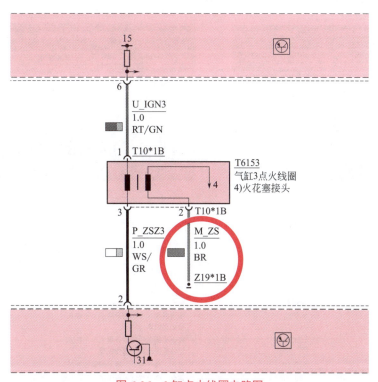

图 6-26　3 缸点火线圈电路图

首先测量了初级线圈的供电线路，线路无短路、断路，供电电压测量值正常。继续测量初级线圈接地控制线，开始测量线路通断时电阻还正常（1.2Ω），等稍微动了动线束发现电阻明显变大很多，故障应该就在这里，于是将这根接地线从线束中剥离出来进行测量，最终找到了故障点，如图 6-27 所示。将线束有故障的地方进行了相关维修，装配完成后试车，故障排除。

201

(4) 故障总结

此故障是典型的由于点火控制线路接触不良引起的单缸工作不良故障，表现为发动机抖动。在维修过程中对于单缸抖动故障多数维修工作都是通过调换零件的方法进行维修，但当调换部件不能解决故障时，多数技师就不知道该如何进行了。此故障诊断过程中值得借鉴的地方是对执行部件进行了波形对比测量，从而发现了故障点。如果凭经验盲目更换 DME，将会造成比较大的损失和客户投诉。

6.2.1.2　F18 抖动严重并且发动机故障灯点亮

（1）车辆信息

车型	发动机型号	里程/km
530L，F18	N20	73000

（2）故障现象描述

客户反应：发动机故障灯点亮，车辆抖动严重。

故障现象确认：接车后试车，发动机抖动严重，并伴有传动系统报警，同时发动机故障灯点亮，如图 6-28 所示，看来客户反映情况属实。

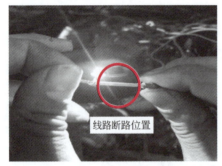

图 6-27　控制线路故障

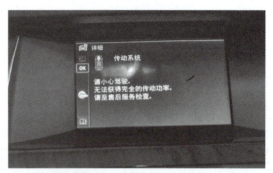

图 6-28　车辆故障提示

（3）故障分析思路与排除方法

首先用 ISID 对车辆进行诊断。故障代码如图 6-29 所示，有多缸熄火故障，故障代码指向了 1 缸和 2 缸。

设码编号	说明
30095	前乘客侧车门车窗升降机：不存在初始化设置
3009C	前乘客侧车门车窗升降机：不能对驱动装置进行初始化设置
140001	熄火，多个气缸：喷射装置被关闭
140010	熄火，多个气缸：已识别
140101	熄火，气缸 1：喷射装置被关闭
140110	熄火，气缸 1：已识别
140201	熄火，气缸 2：喷射装置被关闭
140210	熄火，气缸 2：已识别
150102	点火开关，气缸 1：火花持续时间过短
150202	点火开关，气缸 2：火花持续时间过短

图 6-29　车辆故障代码

根据故障代码提示，导致发动机抖动的原因主要是 1 缸和 2 缸工作不良，有可能是 1 缸和 2 缸的喷油和点火不良导致的。

首先测量喷油波形（发动机如果监测到失火会自动断开燃油喷射，所以需要删除故障代码后再测量喷油器的波形）。删除故障代码后，测量各缸喷油波形，如图 6-30 所示，喷油波形无异常。

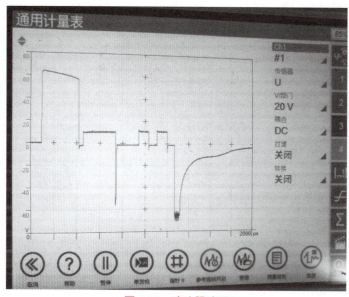

图 6-30　喷油器波形

接下来测量点火线圈的初级波形，测量结果如图 6-31 所示。结果发现 1、2 缸的初级波形都不正常，电压都是 0V，说明根本没有点火触发信号，有可能是线束短路故障、点火线圈短路故障或是 DME 控制故障。

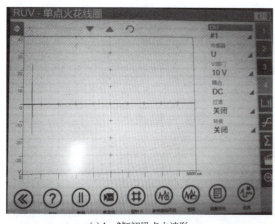

(a) 1、2 缸初级点火波形

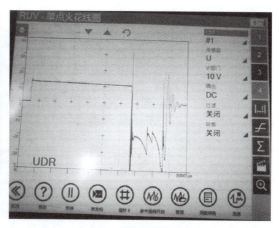

(b) 3、4 缸初级点火波形

图 6-31　初级点火波形

接下来根据图 6-32 所示电路图测量 1、2 缸点火线圈到 DME 之间的线束，结果线束正常。检查并测量 DME 内部针脚也没有发现搭铁故障，此时，已经判断 DME 损坏，没有输出初级的点火线圈电压。

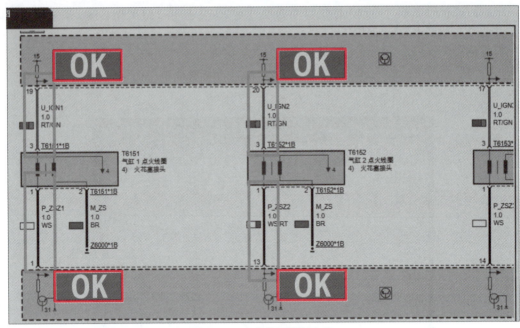

图6-32 点火线圈控制电路

为什么DME只是1、2缸没有输出电压，而3、4缸正常？会不会新换上一个DME后再次出现损坏？线束是否有短路？点火线圈是否工作正常？是DME自身损坏，还是别的问题导致了DME损坏？由于DME比较贵，我们再继续往下仔细检查，逐一排除。

接下来分别测量了所有点火线圈的初级绕组电阻，如图6-33所示，发现2缸电阻值接近0Ω，1、3、4缸电阻值约为0.55Ω。2缸点火线圈短路了，故障点终于找到了。经查找相关资料得知，点火线圈初级绕组电阻值标准应该在0.6Ω左右，说明1、3、4缸阻值正常。

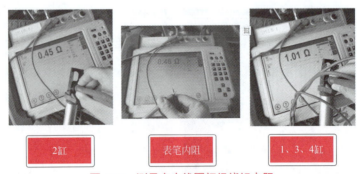

图6-33 测量点火线圈初级绕组电阻

为什么2缸点火线圈损坏而DME会报1、2缸故障呢？查询车辆最初入场维修记录得知，只是报2缸失火故障，因为维修过程中将1、2缸点火线圈对调，导致DME内部短路，所以才会报1、2缸熄火。最后与客户沟通，更换DME和4个点火线圈后故障排除。

(4) 故障总结

此故障是典型的由点火线圈损坏导致的单缸缺火故障，只是该故障车辆点火线圈的故障是短路，导致烧坏 DME，在维修过程中对调了故障点火线圈，导致正常缸的点火控制电路也被烧坏了。这个故障提示我们，采用对调点火线圈的方法判断故障虽然方便，但可能会出现该故障中出现的烧坏 DME 的故障，如果只是更换 DME，那么新的 DME 也会损坏，导致不必要的损失。

6.2.2 故障解析

6.2.2.1 点火系统结构特点

（1）点火系统控制逻辑

点火系统采用闭环控制，控制逻辑简图如图 6-34 所示。发动机控制单元根据接收到的各传感器信号，进行同步判别后，按存储的有关程序和相关数据，确定出该工况下最佳点火控制参数，点火线圈中的点火装置发出控制指令，控制点火线圈初级电路的导通和截止。系统通过爆震传感器监控发动机实际的点火情况，可根据传感器信号对点火参数进行修正，形成闭环控制系统。发动机控制系统还能根据点火线圈的初级线圈中的电流对点火电路进行监控，此电流在接通过程中在一定的时间阈值期间在规定的数值范围内变化。点火电路监控包括点火线圈的初级电路、点火装置的电线束、点火线圈的次级电路与火花塞和火花持续时间等内容。通过点火电路监控可以识别到点火线圈输入端的短路、点火线圈次级侧的短路、火花塞控制断路和点火终极损坏等故障。

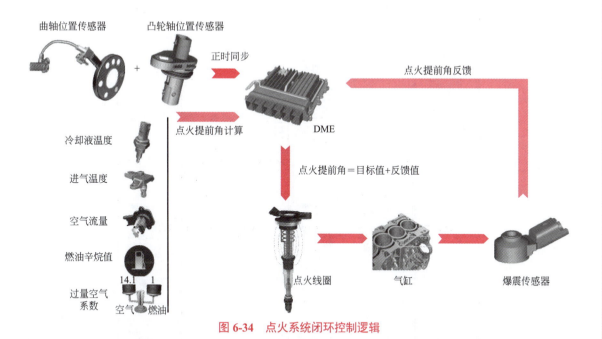

图 6-34　点火系统闭环控制逻辑

（2）点火系统控制电路

点火系统控制电路如图 6-35 所示，点火线圈由 PDM 经发动机控制单元提供 12V 供电，点火线圈控制端由 DME 控制。点火线圈次级绕组一端与火花塞相连，另一端则经发动机缸盖搭铁，与火花塞负极相连。

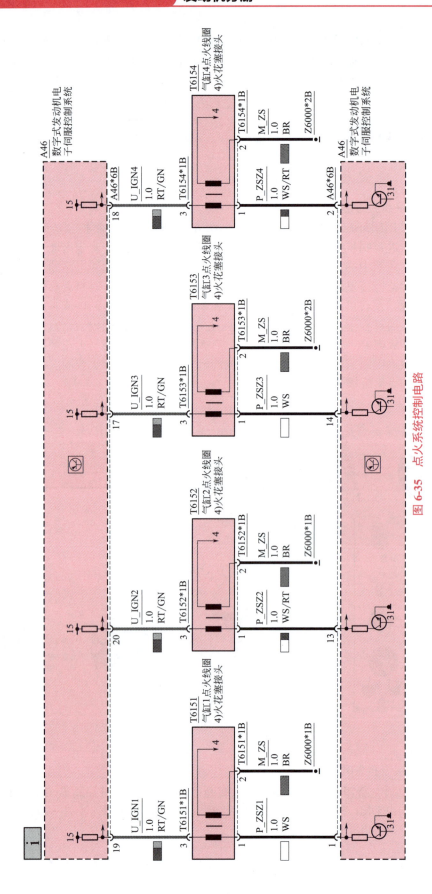

图 6-35 点火系统控制电路

（3）点火线圈

点火线圈结构如图 6-36 所示。点火线圈利用变压器的原理工作，可将汽车电源提供的 12V 低压电转变成能击穿火花塞电极间隙的高压直流电。每个火花塞都由一个单独的点火线圈（杆状点火线圈）以及 DME 中一个单独的点火终极用高压控制。当初级电路导通时，有电流从点火线圈中的初级电路通过，点火线圈将点火能量以磁场的形式储存起来。当初级电路中的电流被切断时，在次级线圈中将产生很高的感应电动势（可达 30kV）。点火线圈产生的高压电直接作用在火花塞上，点火能量经火花塞瞬间释放，使火花塞跳火，点燃气缸内的可燃混合气。

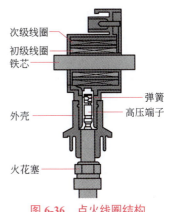

图 6-36　点火线圈结构

（4）爆震传感器

汽油发动机在特定条件下可能出现非正常燃烧过程即爆震，在较长时间持续爆震时，压力波和热负荷可能在气缸盖密封件上、活塞上和气门区域内引起机械损坏。爆震燃烧的特征性震动可通过爆震传感器被接收。爆震传感器固定在曲轴箱左右两侧，信号的转换通过一块压电陶瓷片进行，通过压力在陶瓷内部产生电荷移动，从而产生电压。信号电压被输送到发动机控制系统，在发动机控制系统中，将对这些信号进行处理，以使它们与相应的气缸进行对应。

爆震传感器的控制电路如图 6-37 所示。爆震传感器在最高约 20kHz 的频率范围内显示出线性特征。传感器自身的谐振频率出现在一个高得多的频率下（大于 30kHz）。通常出现的发动机爆震声在大约 7kHz 的频率范围内变动。

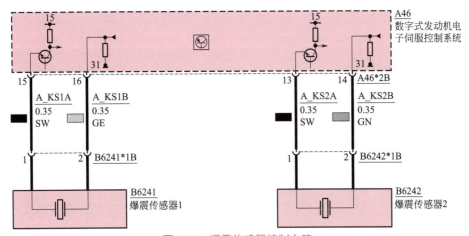

图 6-37　爆震传感器控制电路

6.2.2.2　点火系统故障分析

根据以上分析可知，点火系统出现故障会导致发动机无法启动或抖动。如果是整个点火系统的故障（DME 故障、PDM 供电故障）会导致发动机所有气缸不能工作，无法启动发动机。此类故障可以通过测量点火系统控制电路供电及波形的方法进行判断。如果是单个气缸点火系统故障（点火线圈、火花塞、线路、DME 单个控制电路）会导致发动机工作不平稳而抖动。此类故障可以通过调换零件、测量波形及线路电阻等方法进行判断，还可以通过诊断系统提供的点火缺火识别检测计划进行诊断。

6.2.2.3　点火系统故障诊断方法

（1）点火缺火诊断

诊断系统提供的点火缺火识别检测计划能够全面有效地对单缸缺火故障进行诊断。检测计划分为基础测试和特殊测试两个部分。

基本测试会检查最常见和最可能的熄火故障原因。除此以外，还会执行很大程度上可以自动运行的检测。基本测试涵盖以下一些检测：故障数据分析；无燃油喷射条件下检测运行不稳定性；冷机启动时的运行不稳定性检测；保持压力检测；确定最大运行不稳定性；点火线圈检测；火花持续时间和运行不稳定性检测；混合气浓度偏差检测；特殊过程清洁和检测点火装置；运行不稳定性的检查测量；进气系统密封性检测。

检测计划采用动态设计。也就是说，检测的数量和顺序会随着冷却液温度、车辆的生产时间以及具体的检测结果发生变化。

① 故障数据分析。通过故障数据分析确定已知的故障症状，排除已知故障症状的最常见措施是重新编程。通过分析故障记录的特定边界条件，通常有很大概率可得出是否的确存在已知故障症状的结论。如果存在已知故障症状，则需要重新编程，但无需强制性完成测试模块。如果不存在已知故障症状，最好仍进行重新编程，从而从根本上避免反复维修。

② 无燃油喷射条件下检测运行不稳定性。通过该检测识别机械性故障原因，该检测会评价发动机机械机构。如果在没有燃油喷射的情况下尝试启动时出现增大的运转平稳性数值，则作为不稳定发动机运行的原因，可能存在一处机械问题。气缸内表面的磨损会导致压缩压力降低，如果该磨损是均匀的，则不会因此发生运行不稳定，只会导致动力不足。一旦发生单侧磨损或阀门泄漏，则各个气缸中不同的压缩压力从大约 2bar 的偏差起就会导致发动机运行不稳定。

③ 冷机启动时的运行不稳定性检测。通过该检测识别有轻微故障的喷油器。在冷机启动时，在废气触媒转换器加热过程中空燃比控制不起作用，会进行多次喷射。每次喷油量细小的偏差效应会产生叠加，并且可能会导致不稳定的发动机运行。如果在冷机启动时在废气触媒转换器加热过程中运转平稳性数值增大，但在发动机暖机或者其他运行状态下并未出现，则不必进行修理。

④ 保持压力检测。通过该项检测可识别燃油系统是否密封，尤其是识别不密封的喷油器。对于保持压力检测，会在发动机运行的情况下将油轨压力调节至 100bar，然后关闭发动机以及电动燃油泵。保持压力检测最多持续 5min，一旦得出明确检测结果便会提前结束。如果在 1min 后压力几乎未减少，则燃油系统得到充分密封。一旦压力在检测持续时间内降至 10bar 以下，则可视为燃油系统泄漏。压力损失可能是由连至燃烧室的喷油器不密封，或者由连至燃油箱的高压泵和电动燃油泵单向阀损坏所导致的。但损坏的电动燃油泵单向阀并不会导致熄火！这一方面这很可能是喷油器泄漏造成压力损失，另一方面则是喷油器出现的轻微泄漏处于公差范围内，并未造成熄火。因此，为了进一步确定故障位置，应执行混合气浓度偏差检测。

⑤ 确定最大运行不稳定性。通过该检测可规定后续检测的极限值。由于运行不稳定值的公差，因此即使发动机无异常/故障也会存在功率波动。该检测会依次关闭所有气缸的喷射，确定从中得出的运行不稳定性变化，由此确定最大运行不稳定性的发动机各自极限值。

⑥ 点火线圈检测。通过该检测可识别损坏和性能低下的点火线圈。横向交换点火线圈 / 火花塞，如果故障原因在于点火线圈 / 火花塞，则通过横向交换点火线圈 / 火花塞可以进一步定位故障原因。在点火线圈 / 火花塞损坏的情况下，故障记录会一起迁移。损坏的火花塞 / 点火线圈可能相互损坏，因此始终成对进行横向交换。该检测目前仅针对特定发动机可用，通过 IMIB，会在发动机运行的情况下通过测量点火线圈和 DME 之间的电流来确定和评价点火线圈的能量消耗。这样一来，就可以识别性能低下的点火线圈，它们在实际行驶模式下尤其是在负荷较高的情况下可能会导致熄火。

⑦ 火花持续时间和运行不稳定性检测。通过该检测识别点火装置。火花持续时间和运行不稳定性检测是在相对较低的负荷下进行的。如果没有出现任何异常，则作为识别混合气浓度偏差的原因，可以确定在该负荷区不存在任何点火装置故障。

在检测计划过程中，每个气缸会分别执行 100 次关于火花持续时间、运转平稳性数值和失火计数器的测量，并且加以记录和分析。这会分别在 1800r/min 和怠速条件下进行。分析内容包括检测是否满足绝对极限值要求。除此以外，还会将各个气缸的数值和所有气缸的平均值进行对比。如果在火花持续时间和运行不稳定性方面出现异常，则在大部分情况下可以确定有故障的气缸，但并不能确定真正的故障原因或者有故障的部件。

对于所有火花塞均匀且由于老化所引起的磨损，要加以识别可能会比较迟（火花持续时间极限值小于 0.4ms）。火花塞上的积炭可能会影响到检测结果。有条件地可以通过特殊过程"点火装置清洁和检测"执行一次清洁。

⑧ 混合气浓度偏差检测。通过该检测识别混合气浓度偏差，包括识别不密封的喷油器。在混合气浓度偏差检测过程中，会逐步关闭各个气缸的喷射。对整个混合气的影响将通过氧传感器进行测量，并且回算到各个气缸上。和密封的喷油器相比，不密封或者稍有不密封的喷油器在喷油停止的情况下由于不密封仍然会导致较浓的混合气。对于燃油喷射量过少的喷油器而言，过稀混合气的识别原理相类似。为了更好地识别故障，在混合气浓度偏差检测过程中会停用各类发动机控制调节功能，例如空燃比控制和最小喷油量调校。混合气同样也会受到多种其他故障症状的影响。因此，仅在首先通过了上述检测，才会执行混合气浓度偏差检测。

如果在混合气浓度偏差检测过程中多个气缸存在异常，则在测试模块中会推荐检测进气系统。多个喷油器同时异常是不太可能的。如果在更新喷油器后发动机运行仍然不稳定，则必须额外执行一次压缩压力检测。如果始终未找到故障，则在进气区域可能存在一处泄漏或者一处横截面变窄。

⑨ 特殊过程清洁和检测点火装置。通过该检测清除火花塞上的沉积物。短途行驶和不佳的燃油等级以及不密封或者稍有不密封的喷油器可能会导致火花塞存在沉积物。火花持续时间和运行不稳定性检测会和所谓的燃烧排堵功能相结合。燃烧排堵功能的首要作用是在可能的情况下，清除由于短途行驶 / 燃油等级而在火花塞上导致的沉积物。同时，和点火装置检测一样，会测量和分析火花持续时间以及运行不稳定性。这样一来，同样也可以识别仅在该转速范围内才会出现的火花持续时间和运行不稳定性故障。因此，可以将燃烧排堵功能视为火花持续时间和运行不稳定性检测的扩展。

⑩ 运行不稳定性的检查测量。在识别熄火原因的检测过程中，为了更好地识别故障，停用了许多发动机控制装置的调节功能，例如空燃比控制和最小喷油量调校。在结束所有检测时，最后会在接通调节器的情况下检测运行不稳定性。如果和预期不同，存在增大的运转平稳性数值，则更新受到怀疑的部件，以便排除故障原因。

⑪ 进气系统密封性检测。在进气系统中，即使是最小的泄漏也会影响到增压压力调节

或者混合气形成。它们可能导致发动机运行不稳定。检测分成两个步骤。第一步借助过压的密封性检测，通过该检测可以明确识别进气系统是否密封，但并不清楚泄漏的部位。第二步借助泄漏探测仪的泄漏测试，通过该检测将借助烟雾发现泄漏部位。在密封性检测过程中，会使用一种特殊的空气泵在当前空气压力的基础上建立过压，持续最长 6min。如果在当前空气压力的基础上达到 50mbar 的过压，则认定进气系统密封。

除了上述基本检测外，系统还提供了如图 6-38 所示的特殊检测项目，可根据需要按项目执行，查找具体故障原因。总而言之，点火缺火识别是一个全面检测分析发动机缺火抖动的检测计划，只要按计划认真执行，基本可以找到故障点。

（2）控制系统诊断

控制系统供电检查可根据电路图用万用表测量供电端子电压，标准为 12V。如果是单个点火线圈没有供电，则是单个点火线圈供电线路故障；如果是所有点火线圈都没有供电，则可能是集成供电模块故障。控制系统线路的断路和短路故障与其他系统线路检查方法一样，可以用万用表测量电阻的方法进行判断。对于控制信号故障，可以用示波器测量控制信号，然后与标准波形进行对比，如果无标准波形可以与其他车辆进行对比测量。点火线圈次级控制信号波形如图 6-39 所示。

次级点火波形分成 3 个部分：点火部分、中间部分和闭角部分。

点火部分：有一条点火线和一条火花线，点火线是一条垂直线，它代表克服火花塞空气间隙所需的电压；火花线则是一条接近水平的线，代表维持电流通过火花塞间隙所需的电压。

中间部分：显示点火线圈中剩余的能量，它会通过初级与次级之间的来回振荡耗散剩余能量。这时 DME 内部控制接地的三极管处于断开状态。

闭合部分：代表线圈处于通电状态，此时 DME 内部控制接地的三极管处于接合状态。

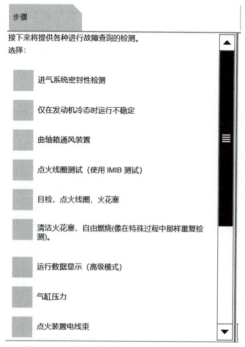

图 6-38　点火缺火识别的特殊检测项目

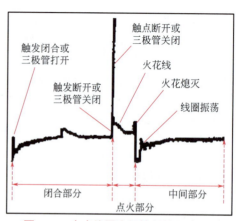

图 6-39　点火线圈次级控制信号波形

(3) 爆震传感器诊断

如果有关于爆震传感器故障的提示，可根据电路图在排除线路故障的前提下进行部件更换，也可用万用表测量其电阻值。由于传感器采用的是压电陶瓷，阻值应为无穷大，若电阻值为0Ω，表示有短路故障。还可以用示波器测量其波形，与标准传感器标准波形进行比较判断。

(4) 点火线圈诊断

首先检查点火线圈外观是否有橡胶损坏、裂纹及老化等现象，如果存在必须更换。对于点火线圈故障诊断简单方便快捷有效的方法是调换零件，如果调换后故障消失，则说明点火线圈损坏，直接更换即可。也可以用万用表测量其电阻值进行静态检查。点火线圈初级绕组的阻值一般在0.5Ω左右，也可进行对比测量。

第 7 章

启动系统

7.1 启动控制系统

7.1.1 经典故障案例

7.1.1.1 F02 发动机启动后自动熄火

（1）车辆信息

车型	发动机型号	里程 /km
F02，730Li	N55	18596

（2）故障现象描述

客户反映：有时车子启动后自动熄火，仪表全黑了。

故障现象确认：前几次启动发动机，车辆能正常启动而且没有感觉到有什么异常，后来试了几次之后终于能试到客户反映的现象出现，启动后发动机自动熄火，并且仪表黑屏。观察到故障发生的时候，不像普通发动机混合气故障自动熄火，而是感觉像发动机运行过程中瞬间突然没电了一样，比较特别的故障现象。

（3）故障分析思路及排除方法

首先对车辆进行快测，发现有故障码：930732，起动机运行时有发动机启动故障：继电器搭接片，如图 7-1 所示。

查看故障代码提供的维修措施如下：检查启动继电器的功能，如有必要，更新继电器或 CAS；如果继电器正常，则检查起动机供电电压，必要时更新；如果起动机供电电压正常，则单独检查起动机功能，必要时进行更新。

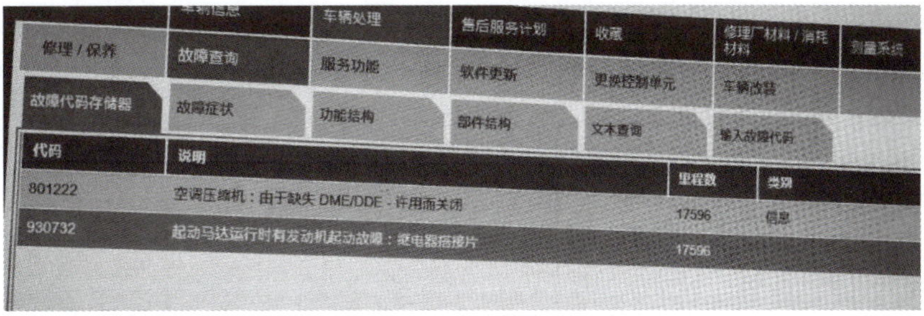

图 7-1　车辆故障代码

首先根据故障提示要检查启动继电器，可启动继电器指的是什么，安装在哪里呢？经查阅资料得知以下信息：起动机直接连接到总线端 KL.50L，CAS 控制单元通过总线端 KL.50L 控制启动继电器，启动继电器是继电器和电磁铁的组合件。启动继电器具有将起动机小齿轮向前移动直到啮合到飞轮的齿圈中及控制从蓄电池到直流电机的电路两个功能。启动继电器具有移入线圈和吸持线圈，为了啮合起动机小齿轮将控制两个线圈。如果电磁开关关闭，将通过总线端 KL.30 为直流电机提供电压。同时，由于关闭电磁开关，移入线圈将短路，仅能通过吸持线圈保持电磁开关。如果发动机已启动，吸持线圈将不通电换挡。因此打开电磁开关，蓄电池和直流电机之间的电路已中断。

根据以上信息描述可知，启动继电器实际上指的就是起动机上的电磁开关。根据图 7-2 所示的电路图进行实车测量 KL.50L 供电电压，发动机启动时为 12V，成功启动后变为 8~9V，然后自动熄火及仪表熄灭；对比正常车辆，发动机启动时为 12V，成功启动后电压变为 0V。

根据前面起动机工作原理分析，CAS 通过 KL.50L 控制起动机启动和关闭。分析认为：当发动机启动后，CAS 通过总线信息已经知道发动机成功启动并正常工作，所以会断开 KL.50L 控制，结束起动机工作。如果 CAS 断开 KL.50L 的控制，那么这根线是不该有电的，如果此时这条线仍然有电，则会记录故障信息，为了保护起动机，CAS 会控制自动关闭全车用电及发动机。

根据以上的测量结果分析，启动后 KL.50L 还会有 8~9V 电压，可能的故障原因有：起动机故障、CAS 内部故障、控制线路故障。

接下来测量 CAS 与启动继电器之间的 KL.50L 线路，线路对地、对正极导通均正常，可排除线路故障。

根据故障现象分析，经常都是好几次才能试出一次故障现象，属于偶发性故障，故障不出现的时候什么都是好的，正常启动的时候 CAS 都能正确输出控制信号，CAS 坏的概率较低。

接下来就剩起动机了，而且经过分析，继电器吸合后如果接触片不回位则会造成 KL.50L 线路持续有电，正好与此故障现象相符合。最终，判断为启动继电器的接触片机械故障，导致无法回位，CAS 识别到 KL.50L 有反馈电压，将电源都断掉起保护作用。更换了起动机，经多次试车不再出现故障现象，故障排除。

（4）故障总结

此故障是典型的起动机控制线路故障导致发动机启动后自动熄火故障。在启动控制线路中，当 CAS 识别到符合启动条件时，便会向这个 KL.50L 起动控制信号线发出一个高电位信号，控制启动继电器工作，使起动机工作。直到发动机成功启动时，CAS 断开 KL.50L 控制，起动机退出工作。起动机损坏多数都是碳刷磨损或内部损坏，导致启动时无反应。像此故障案例这种偶发性故障，而且是完全断电的现象比较容易判断为CAS有问题。因此在维修启动控制线路故障时还是需要对启动控制线路及起动机内部结构有比较详细的了解。

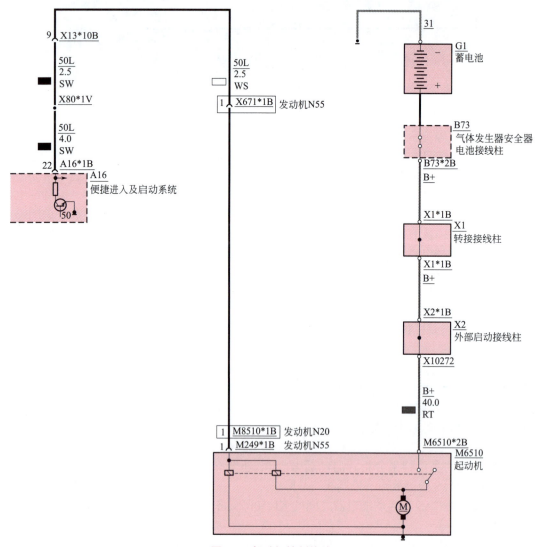

图7-2 起动机控制线路

7.1.1.2 F02遥控钥匙功能失效，车辆无法启动

（1）车辆信息

车型	发动机型号	里程/km
F02，740Li	N55	46119

（2）故障现象描述

客户反映：车辆两把遥控钥匙的遥控功能失效，车辆无法正常启动。

故障现象确认：接到故障车辆后，按压遥控钥匙的解锁或上锁按钮，门锁无反应，按一键启动，功能失效，但用应急启动功能能够启动发动机。

（3）故障分析思路及排除方法

根据车辆故障现象，由于应急启动可以正常启动发动机，可以判断启动控制线路没有问题，问题在遥控钥匙或遥控信号传递及信号验证上。但是遥控钥匙信号是怎么传递的呢？以前没有修过类似的故障。于是查询相关资料，终于发现遥控钥匙信号传递路径，如图7-3所示。

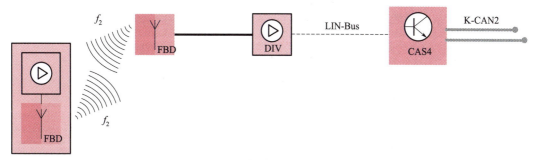

图7-3　遥控钥匙信号传递路径

遥控钥匙信号通过择优多相天线（FBD）接收，并将信号通过LIN信号传递给便捷进入控制单元（CAS），由CAS对此信号进行验证，通过后才能进行遥控操作。因此可以分析出故障的原因可能有：钥匙遥控器、FBD、线束故障、CAS故障、天线故障等。

考虑到两个遥控器都出现故障的可能性不大，先换了一个遥控器的电池进行检查，遥控器依然不好用，看来不是遥控器的问题。

接下来根据图7-4所示电路图，用万用表测量A122*6B的Pin4电压为12.3V，测量接地导通性正常，基本可以排除FBD供电问题。

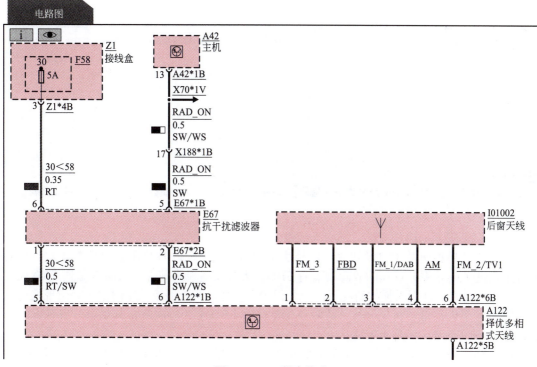

图7-4　FBD供电线路

接着测量 FBD 与 CAS 之间的信号，通过图 7-5 所示的电路图得知此信号是通过 LIN 总线传递的。在操作遥控钥匙时，用 IMIB 在 FBD 侧测量 FBD 与 CAS 模块之间的 LIN 线信号波形，测量结果为直线，无信号传输，测量正常车辆波形如图 7-6 所示。拔下 FBD 插头，万用表测量 FBD 的供电为 12.3V，测量其接地正常。重新插回插头后，操作遥控钥匙，再次测量 LIN 线信号（FBD），仍无信号传输。测量 FBD 与 CAS 之间的导线，断开插头时阻值为 0.3Ω，测量导线与接地之电阻为 ∞，导线正常。

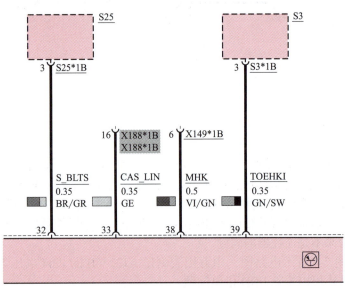

图 7-5　FBD 与 CAS 之间线路连接

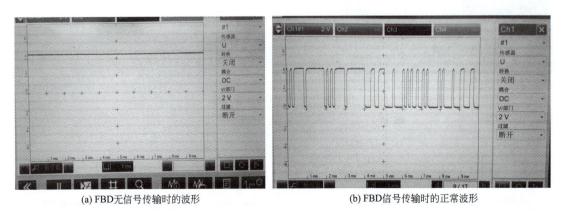

(a) FBD 无信号传输时的波形　　　　　(b) FBD 信号传输时的正常波形

图 7-6　FBD 与 CAS 之间的信号波形

遥控钥匙更换电池了也没解决，信号线正常但无信号，FBD 供电和接地都正常，到底是哪里出现了问题呢？现在的故障疑点有 FBD、天线及遥控钥匙上，然而考虑到 FBD 天线是集成在后窗上，外观无损的情况下，天线很少会损坏。另外遥控钥匙两把一起出现发送信号故障的概率也很低。再三分析，故障点仍然落在 FBD 上，再次测量其供电，发现此时电压只有 2.3V，正常应该为 12V 左右。

由电路图得知 FBD 模块由接线盒通过抗干扰滤波器供电，检查 F58 熔丝（5A）正常。拆卸滤波器检查发现已泡水，插头已腐蚀，且周边位置有积水，而万用表所测量的 12V 为虚电。将同车型的滤波器换上去后，车辆钥匙遥控功能恢复正常，原车的滤波器已损坏。排查积水的来源，仔细检查发现车辆天窗的左后排水口已被堵塞，而堵塞物竟然是尾门的一个螺丝橡胶饰盖，如图 7-7 所示。螺丝橡胶饰盖错误安装在天窗排水口上，造成排水通道堵塞。正确安装橡胶饰盖，清除车内积水，更换滤波器和插头后，故障才彻底消除。

（4）故障总结

该故障是典型的由于遥控钥匙信号无法传输和验证导致的发动机一键启动功能失效故障。启动信息的传输及授权验证涉及到信号本身、传输线路及相关控制单元，相对比较复杂。由于此系统故障率比较低，因此许多技师对相关内容不是特别熟悉。排除此类故障时，需要对启动授权系统相关知识有比较详细的了解才能在排除故障的过程中少走弯路。此故障是由于车辆在之前的维修时，技师对于

图 7-7　故障部位

部件结构不熟悉，将大小与天窗排水口差不多的尾门螺丝橡胶饰盖错误地安装排水口上，导致雨水倒灌到车内引起滤波器损坏，间接导致 FBD 失效，进而造成客户投诉钥匙遥控失效。该故障再次提醒我们，规范操作的重要性，在对部件结构不熟悉的情况下，先查询信息，不要随意安装，避免不必要的人为故障。

7.1.2　故障解析

7.1.2.1　启动控制系统结构特点

（1）发动机启动系统控制逻辑

启动系统控制逻辑如图 7-8 所示，首先通过启动按钮将启动请求发送给 CAS 控制单元，CAS 控制单元接到启动按钮启动请求信号后会激活车内天线发出低频信号搜寻遥控钥匙是否在车内。遥控钥匙识别到信号后作为回应发出一个高频信号，此高频信号被 FBD 接收后通过 LIN 线传输给 CAS 进行验证。CAS 会发出验证信息到 DME 和 EGS 进行验证，同时 CAS 还要收到刹车信号和变速箱挡位信号进行判定，所有信息都验证通过了并且启动条件满足以后，CAS 控制单元才会发出 KL.50L 供电到起动机电磁开关控制起动机工作。

（2）起动机结构与工作原理

起动机结构及工作原理如图 7-9 所示。永磁减速起动机主要由转子电机、定子永磁铁、行星齿轮减速机构及电磁继电器组成。

起动机通过启动继电器直接连接到蓄电池正极供电总线端 KL.30 和启动控制总线端 KL.50L 上。CAS 控制单元通过总线端 KL.50L 控制启动继电器。启动继电器具有移入线圈和吸持线圈，可以控制蓄电池到起动机的电路及控制起动机小齿轮向前移动直到啮合到飞轮的齿圈中。如果 CAS 控制总线端 KL.50L 接通，将通过总线端 KL.50L 给电磁开关的移入线圈供电，电磁开关关闭，将通过总线端 KL.30 为起动机提供电压。同时，由于电磁开关关闭，移入线圈将短路，仅能通过吸持线圈保持电磁开关。如果发动机已启动，吸持线圈将不再通电，电磁开关打开，蓄电池和起动机之间的电路中断，起动机停止工作。

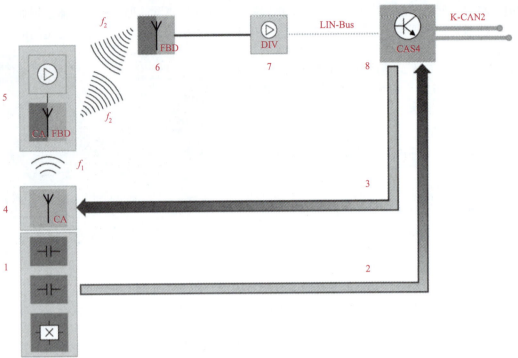

(a) 主动请求信号传输逻辑

1—启动按钮；2—发送至CAS的启动请求信号；3—通过CAS发送激活天线信号请求；4—车内天线发出f_1低频信号(kHz)；5—识别发射器发出的f_2高频信号(MHz)；6—后窗玻璃天线；7—FBD多相择优模块内的遥控信号接收器；8—便捷登车及启动系统CAS

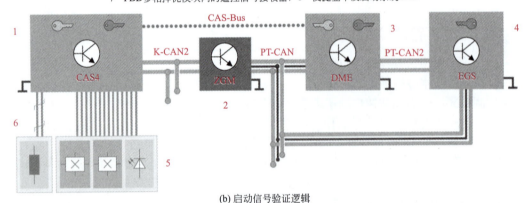

(b) 启动信号验证逻辑

1—便捷登车及启动系统CAS；2—中央网关模块；3—发动机控制单元DME；4—变速箱电子控制系统EGS；5—启动按钮；6—收发器线圈(应急启动线圈)

图 7-8　启动系统控制逻辑

（3）启动/停止按钮

启动/停止按钮的结构如图7-10所示。启动/停止按钮通过2个霍尔传感器以无接触的方式探测按钮位置，按钮信号通过2根信号线传输至CAS控制单元。如果仅在一根导线上识别到故障，也可以启动发动机，在这种情况下需要在4s内按下按钮3次后才能使发动机熄火。使用启动/停止按钮可以切换总线端，一旦操作了制动踏板或离合器踏板，在下次按下启动/停止按钮时即会启动发动机。

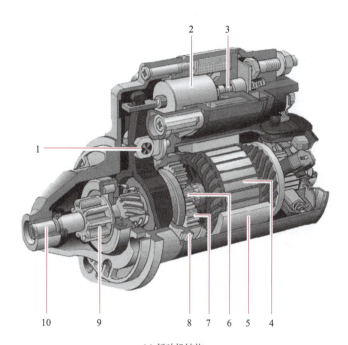

(a) 起动机结构

1—叉杆；2—继电器电枢；3—继电器弹簧；4—电动机；5—磁铁；6, 7, 8—行星齿轮；
9—小齿轮；10—传动轴承

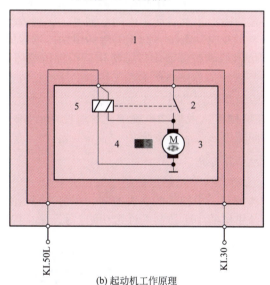

(b) 起动机工作原理

1—起动机；2—电磁开关；3—直流电机；4—永磁铁；5—启动继电器

图 7-9　起动机结构及工作原理

（4）择优多相天线

带天线功率放大器的择优多相式天线是一个当激活天线上接收到的无线电台的信号质量不佳时自动切换到下一根天线的系统，其结构如图 7-11 所示。该系统由一个天线功率放大器和主机中的多相择优选择功能构成。接收到的无线电台信号经放大，由天线功率放大器通过两根单独的天线导线转发至主机。然后在主机中通过多相择优选择功能将两路天线信号混合，这样就从中获得最佳的接收信号。

图 7-10 启动/停止按钮结构

1—启动/停止按钮；2—10 芯插头连接；3—发动机启动/停止自动装置（MSA）按钮；4—带有查找和照明灯功能的 MSA 按钮；5—带查询照明的启动/停止按钮

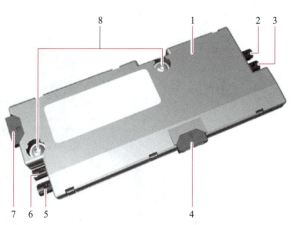

图 7-11 择优多相天线结构

1—择优多相式天线；2—DAB 信号线；3—电视信号线；4—6 芯插头，后窗玻璃中天线的端口；5—VICS 信号线；6—多相优选择功能的诊断信号线；7—6 芯插头供电和局域网总线接头；8—接地端

遥控接收器（FBD）集成在择优多相式天线中，有一个发送模块和接收模块。因此可以在红外线遥控器或识别传感器和 FBD 接收器之间建立双向通信。红外线遥控器是中控锁的钥匙。在具有无钥匙便捷上车及启动系统的车辆上，识别传感器是中控锁的钥匙。如果车辆装配有无钥匙便捷上车及启动系统，则无需激活识别传感器即可解锁或锁定车辆，以及启动发动机。按下识别传感器的解锁或中控锁按钮后识别传感器发出一个加密的遥控器信号。FBD 天线将遥控器信号继续传导至择优多相天线中的遥控接收器，在遥控接收器中解调、编辑并检查信号。当信号被正确识别时，才能通过 LIN 总线将信息继续传输至便捷进入及启动系统（CAS），然后在便捷进入及启动系统中进行遥控器信号的验证。如果这是一个有权限的请求，则车辆唤醒便捷进入及启动系统。

（5）便捷进入及启动系统

便捷进入及启动系统控制单元是主控制单元。在 CAS 中汇集了总线端控制、便捷启动控制、中控锁的遥控器控制、中控锁的中央控制、车窗升降机的中央控制、便捷上车功能的中央控制、电动转向锁止件的中央控制等许多功能，其结构如图 7-12 所示。

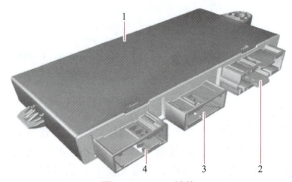

图 7-12 CAS 结构

1—便捷进入及启动系统（CAS）；2—41 芯插头连接，连接到车辆导线束；3—26 芯插头连接，连接便捷上车功能；4—26 芯插头连接，连接到前排座舱

CAS 控制单元是连接启动按钮和环形天线的接口。转向柱上的环形天线传递钥匙数据。此环形天线用于信号收发器芯片（在识别传感器中）和 CAS 控制单元之间的通信。在特殊的情况下（例如识别传感器损坏、向识别传感器的无线电传递受干扰），可能无法通过车厢内部的车内天线找到识别传感器。通过环形天线进行的通信使 CAS 控制单元能够识别有效地识别传感器并授予允许启动。

为了与识别传感器通信，需要便捷上车功能的车内天线和车外天线以及遥控操作的天线，所有天线都与 CAS 控制单元连接，数据处理以及相应的功能执行也在 CAS 控制单元中进行。

7.1.2.2 启动系统故障分析

根据以上分析可知，启动系统出现故障后会导致车辆无法启动，从车辆故障症状表现上可能会出现按压启动按钮或操作点火开关起动机无反应，也可能出现车辆启动后又自动熄火，还有可能出现能听到起动机电磁开关吸合但起动机无法转动等。根据故障发生的部位不同，大致可将启动系统故障分为起动机控制线路故障、启动条件不满足故障、启动授权故障等。起动控制线路故障主要指的是 CAS 与起动机电磁开关之间的线路故障、起动机本身故障、启动供电线路故障。启动条件不满足故障主要指的是启动时需要的刹车、挡位等信号故障。启动授权故障主要指的是在启动信号传输及验证方面存在故障，例如启动按钮、遥控钥匙、天线、FBD、授权验证模块（CAS、DME、EGS）及其线路故障。

7.1.2.3 启动系统故障诊断方法

（1）启动控制线路诊断

启动控制线路包括两个部分。一部分是由 CAS 到启动继电器的控制线路，控制启动继电器的工作，即 CAS 控制的 KL.50L 供电线路；另一部分是起动机的供电线路，是由蓄电池到起动机的供电线路，即 KL.30 供电线路。

对于 CAS 到启动继电器的 KL.50L 供电线路，可以通过测量 KL.50L 供电线路的电压进行诊断。启动时 KL.50L 供电电压约为蓄电池电压 12V，启动结束后为 0V，如果测量结果与标准不符，则说明启动控制故障，需要继续查找是启动条件不满足，还是启动授权验证没有通过导致。对于判断 KL.50L 供电线路是否有故障，也可以通过检测系统提供的检测计划进行诊断，如图 7-13 所示。

起动机 KL.30 供电线路故障，主要是供电线路接触不好引起的启动电流过小，可通过测量电压降的方法进行诊断。在排除蓄电池的因素后，可以测量启动线路电压降与标准车辆进行对比，判断起动机供电线路是否有接触不好的地方，从而找到启动供电线路故障。

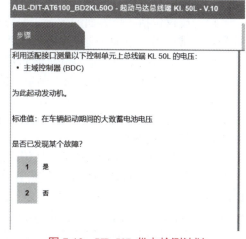

图 7-13 KL.50L 供电检测计划

（2）启动条件故障诊断

启动条件主要指的是制动开关和挡位开关，对于手动变速器的车辆还有离合器开关。判断是否是启动条件导致的无法启动故障，可通过查看相关启动条件的数据流进行判断，如图 7-14 所示。数据流中会有当前开关状态的显示，操作开关时，数据流的显示会有变化。

(a) 启动条件数据流(一)

(b) 启动条件数据流(二)

图 7-14　启动条件数据流

(3) 启动授权故障诊断

启动授权包括三个方面的内容。一方面是启动请求信号是否发出，主要是指启动按钮信号是否正常；另一方面是遥控钥匙信号传输是否正常，主要指的是遥控钥匙与 FBD 之间的信号传输；最后就是启动信号验证是否通过，主要指的是 CAS 是否发出了 KL.50L 供电信号，涉及到 CAS、DME、EGS 相关控制单元的信息传递及控制单元本身。

对于启动按钮的诊断，可以通过诊断系统提供的检测计划对其功能进行判断，如图 7-15 所示。在执行检测计划过程中系统会提示操作启动按钮，系统能够自动检测启动按钮的状态变化是否与标准相符。

对于遥控钥匙与 FBD 之间信号传输的故障，可以通过测量 FBD 与 CAS 之间的 LIN 信号波形进行判断，如果 LIN 信号波形正常，说明遥控钥匙与 FBD 之间信号传输正常。如果 LIN 信号波形不正常，则有可能是线路故障，还有可能是遥控钥匙和 FBD 本身故障。遥控钥匙本身故障可以通过遥控钥匙频率读取器进行检查，在操作遥控钥匙的时候能够从频率读取器上读取遥控钥匙的发射频率是否正常。

启动信号验证的故障诊断首先可以通过测量 CAS 是否发出 KL.50L 供电端信号进行判断，如果操作启动按钮，KL.50L 供电端电压不正常，则可判断为启动信号验证出现故障。涉及验证的控制单元有 CAS、DME、EGS 及连接控制单元的总线，控制单元故障和总线故障都会有相应的故障提示，可以根据故障提示进行维修。对于总线故障可以通过测量总线信号波形判断总线是否存在故障。对于控制单元故障，先要排除控制单元供电、接地等外围线路故障，再考虑控制单元自身损坏故障，具体诊断可参考控制单元诊断相关章节。

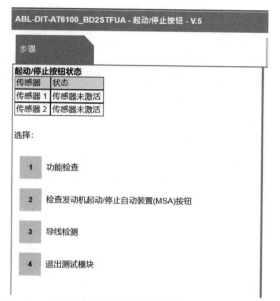

(a) 启动按钮检测计划(一)

(b) 启动按钮检测计划(二)　　　　(c) 启动按钮检测计划(三)

图 7-15　启动按钮检测计划

7.2　发动机自动启停系统

7.2.1　经典故障案例

7.2.1.1　F12 发动机自动启停功能报警

（1）车辆信息

车型	发动机型号	里程/km
F12，640i	N55	46000

（2）故障现象描述

客户反映：仪表显示“发动机启停功能”黄灯报警；之前可以使用，但早上出家门过几个红绿灯后，发现自动启停功能无法正常使用。

故障现象确认：接车后进行试车，CID 显示“发动机节能启停功能，发动机无法自动启停”如图 7-16 所示，此外在组合仪表处也有报警灯显示，故障现象确实存在。

（3）故障分析思路及排除方法

诊断仪诊断无相关故障；关闭点火开关让车辆休眠，然后重新打开点火开关，报警灯不亮，试车，踩刹车停车时发动机无法自动熄火，然后报警灯亮起。

检查蓄电池情况，正常，断开蓄电池复位，复位后，故障依旧。

由于之前没有维修过自动启停故障，于是查看相关技术资料，看看哪些原因会导致自动启停功能中发动机无法自动关闭。禁止关闭的因素如图 7-17 所示，根据这些因素对照检查，没有发现有关的因素。

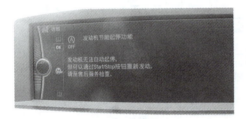

图 7-16　车辆报警信息

禁止关闭的因素

在某些特定条件下必须禁用 MSA 功能：

- 踩下制动踏板的力度不够，因此系统将车辆识别为无法完全保持不动
- 车辆停在上坡 / 下坡坡度 > 12% 的路面上
- 车轮转向角度 > 6°
- 转向移动还未结束（否则会造成转向助力不足）
- 自上次关闭发动机以来，车辆从未以 9 km/h 以上的车速行驶
- 发动机未以怠速转速运转（正在踩下加速踏板）
- 倒车期间
- 发动机运行温度过低
- 正在进行活性炭罐清污
- 燃油质量不满足要求
- 变速箱匹配功能启用
- 液压蓄压器还未蓄能
- 停停走走的交通环境
- 蓄电池电量过低
- 车外温度低于 +3 °C（车外温度警告）
- 车外温度高于 +30 °C（空调系统接通时）
- 自动恒温空调 IHKA 的水雾传感器识别出风挡玻璃起水雾
- 空调系统已接通，但是未像期望的那样加热或冷却车内空间
- 制动时 ABS 曾进行干预。

图 7-17　发动机禁止关闭的因素

结合客户的描述，最近几天早上又一直大雾，决定按图 7-18 所示自动启停功能检查内容进行试车确认到底是车子质量问题还是本身功能限制问题。

客户投诉	是	否
发动机偶尔不关闭：在发动机应自动关闭的情况下发动机偶尔不关闭。		
检查是否出于安全或舒适原因自动功能阻止发动机关闭。向客户解释自动功能：	□	□
空调系统已接通且正在冷却车内空间（例如开始行驶或以前关闭了发动机时）	□	□
自动空调运行时风挡玻璃开始起水雾	□	□
车辆静止时移动方向盘	□	□
走走停停的交通情况（车速 < 25 km/h 时至少连续三次短时关闭）	□	□

如果所有检查标准都以“否”回答：

- 执行 MSA 系统检查服务功能。如果至少有一个检查标准以“是”回答：
- MSA 功能正常。

图 7-18　自动启停功能检查表

根据图 7-19 所示的技术要求，只能让车辆静止 6h 以上再试车，试车的时候关闭空调系统，此时天气无雾，正是中午时分，将方向盘保持在直线位置，MSA 功能仍然无法使用，故障报警。看来不是 MSA 功能限制问题，可能车辆确实存在跟 MSA 相关的故障。

第 7 章 启动系统

电源管理系统和蓄电池更换

MSA 与电源管理系统联系紧密。

进行下列工作

- 发动机管理系统编程
- 更换智能型蓄电池传感器
- 断开蓄电池接线
- 更换蓄电池

之后,蓄电池类型和充电状态数据可能会丢失。

只有在车辆处于休眠和关闭状态时测量车辆内部休眠电流后,才能重新提供这些数据。测量持续时间约六小时,在此期间不允许唤醒车辆,只要未传输数据,MSA 就不会启用。

为了在更换蓄电池后车辆记录蓄电池数据,必须测量内部休眠电流。

更换蓄电池时必须重新安装 AGM 蓄电池,以确保 MSA 能继续正常工作。

图 7-19　自动启停维修技术要求

经寻找技术支持,发现在服务功能—驱动系统里面有 MSA 系统检查检测计划。执行该检测计划,了解停机抑制因素,对历史存储器进行复位后,再次试车获得图 7-20 所示的提示信息。

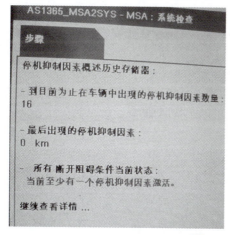
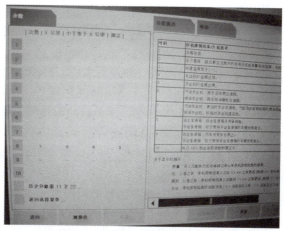

图 7-20　MSA 系统检查结果

从以上信息,我们可以推断变速箱相关抑制因素影响较大,通过调用 EGS 控制单元功能发现 MSA 电磁阀断路,如图 7-21 所示。

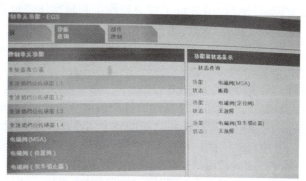

图 7-21　变速器控制单元数据流

经咨询技术部建议更换变速箱电磁阀。更新电磁阀后对车辆进行编程编码等处理后试

225

车，车辆 MSA 功能仍无法使用，但是不报警。车辆静止 6h 后试车，车辆 MSA 功能恢复正常，故障彻底解决。

(4) 故障总结

该故障是典型的由车辆存在故障导致的 MSA 功能失效。导致 MSA 功能失效或功能被禁用的条件比较多，在解决这类客户投诉时，技师首先要对 MSA 功能及禁用的因素有详细的了解，清楚到底是车辆故障导致的，还是由禁用因素导致的功能失效。同时服务功能中的 MSA 系统检查能够帮助我们系统分析到底是什么因素导致的功能失效，维修时要充分利用。

7.2.1.2　F02 自动启停功能（MSA）失灵

(1) 车辆信息

车型	发动机型号	里程 /km
F02，740Li	N55	22500

(2) 故障现象描述

客户反映：MSA 开启时 D 挡行驶等待红灯时间稍长，有时挡位跳到 P 挡后，发动机无法自动启动。

故障现象确认：开启 MSA 行驶时，踩刹车车辆短暂停留几秒后松开刹车能继续行驶，可以自动启动发动机；如果停留时间稍微长（1min 以上），MSA 启动时延迟，起动机无力；开大灯及空调后更吃力，但是按下启动按钮时发动机可以正常启动。

(3) 故障分析思路及排除方法

首先用 ISID 对车辆进行检测，发现有下列故障代码。

0x93076A　总线端 KL.15 关闭：达到上部启动能力极限。然而妨碍关闭信号源已激活

0x9308B0　识别传感器：蓄电池低电压

0x8020E8　总线端 KL.30F 复位或关闭

0x216002　MSA 监控：超时

0X216104　MSA 监控：启动滞后

查阅车辆维修记录，发现该车此前进店维修过该故障，清洗了积炭，更换了蓄电池，更换曲轴位置传感器，编程，测量线束，检查起动机。

首先根据诊断系统检测计划提示进行了以下操作：测量高压喷油器波形，结果波形正常；测量发动机缸压损失，结果压力损失在正常范围；用蓄电池检测仪测量蓄电池，结果蓄电池正常；清洗进气歧管与缸内积炭；编程到最新版本。执行完以上操作后并没有找到任何故障线索。

重新整理维修思路，再次分析故障码 0X216002（MSA 监控：超时）和故障码 0X216104（MSA 监控：启动滞后）细节，如图 7-22 所示，在故障细节中提示检查启动系统的供电。

虽然蓄电池是好的，但蓄电池到起动机之间的整个回路还没得到确认，于是对整个回路进行以下测量：测量蓄电池启动瞬间的电压从 12.3V 降到 10.8V；测量蓄电池负极端到车身搭铁端的电压降为 240mV；测量蓄电池负极到发动机舱搭铁处的电压降为 156mV。

为了判断回路到底是否有问题，找来同款车辆进行对比测量，结果正常车辆数据为：蓄电池启动瞬间的电压从 12.3V 降到 9.5V；蓄电池负极端到车身搭铁端的电压降为 310mV；测量蓄电池负极到发动机舱搭铁处的电压降为 182mV。

第 7 章 启动系统

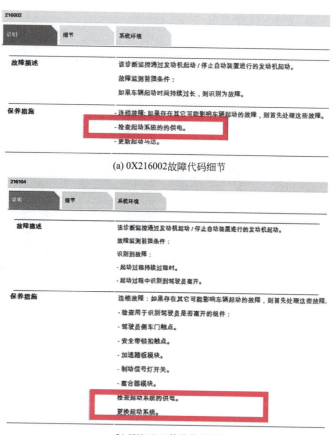

(a) 0X216002故障代码细节

(b) 0X216104故障代码细节

图 7-22 故障代码细节

经过对比测量发现故障车蓄电池负极端到车身搭铁端及蓄电池负极端到发动机舱搭铁端的电压降都比正常车辆要低。明显蓄电池有电但输送不出去。

经仔细查阅本车的维修历史，发现该车曾经进行过后部事故维修，自从事故维修后一直存有 0x216104 的故障代码。于是检查后备厢饰板，发现后围板与车身连接处打了车身胶没有充分压紧，使后围板与车身连接处产生电阻，在连接处电流产生限流，如图 7-23 所示。

在后围板与车身连接处钻孔，使用专用零电位补偿螺丝连接。维修后再次使用示波器测量启动蓄电池负极电压降为 254mV，说明起动机电流有提高。

维修后进行试车发现故障有所好转，启用 MSA 功能 D 挡正常行驶，等待红绿灯时发动机熄火，正常起步后发动机没有出现熄火后无法自动启动的故障现象，但是发动机启动时有启动延迟和电机无力的现象。

图 7-23 后围板打胶处

再次梳理维修思路，虽然后围板与车身连接处使用专用零电位补偿螺丝连接后，电压降有明显提高，但是与正常车辆相比还是有差距。电流从蓄电池正极到起动机，再通过车身搭铁到蓄电池负极端，这是一个闭环电路，由于有了之前的经验，接下来检查蓄电池的正极输出线路，测量蓄电池正极端到发动机舱正极接口的电压降为 206mV，正常车辆为 172mV，说明正极这段线路存在较大的接触电阻。

接下来检查蓄电池到起动机处正极线正常，检查起动机，发现起动机电磁开关输出到起动机处正极有烧蚀很久的迹象，如图7-24所示。

图7-24　起动机电磁开关处烧蚀

打磨清洁处理烧蚀，使用示波器测量蓄电池正极端到发动机舱正极接口电压降为176mv，启动电压降恢复正常。删除故障码，多次试车，故障不再重现。交车后客户回访，故障不再重现。

MSA启用时，发动机为快速启动，燃油喷射量较正常启动小。如果启动电流过小，就会造成难启动或者无法启动。所以能够解释故障车为什么只有MSA启用时，发动机有时无法启动，但按下启动开关启动时却能正常启动。

（4）故障总结

本故障是典型的由启动线路上的接触电阻过大导致的自动停功能失效故障。由于对自动启停系统维修较少，对此系统不是特别熟悉，导致维修过程中走了一些弯路。此故障也提示我们，对于一些不熟悉的故障，要仔细阅读故障码里的故障描述及保养措施，可以根据故障的出现条件找到对应的诊断方法。此故障在维修过程中有效地用到了启动电压降诊断启动线路故障，非常值得借鉴。

7.2.2　故障解析

7.2.2.1　自动启停系统结构特点

（1）控制逻辑

发动机自动启停功能（MSA）通过在车辆静止期间自动关闭发动机来降低耗油量。符合相应的启动条件时，发动机也会重新自动启动。MSA功能集成在发动机管理系统（DME/DDE）内。执行MSA功能时利用总线系统现有的多种数据。此外还需要用于确保系统功能正常的新传感器，其控制逻辑如图7-25所示。

（2）工作过程

发动机自动关闭过程如图7-26所示，满足以下条件时就会关闭发动机：车辆静止时（车速小于3km/h）；自上次关闭发动机以来一直以大于5km/h的车速行驶；自上次切换总线端KL.15以来一直以大于5km/h的车速行驶；手动变速箱必须处于空挡位置；不允许踩踏离合器踏板；未转动方向盘时；发动机转速必须接近于怠速转速。

第 7 章 启动系统

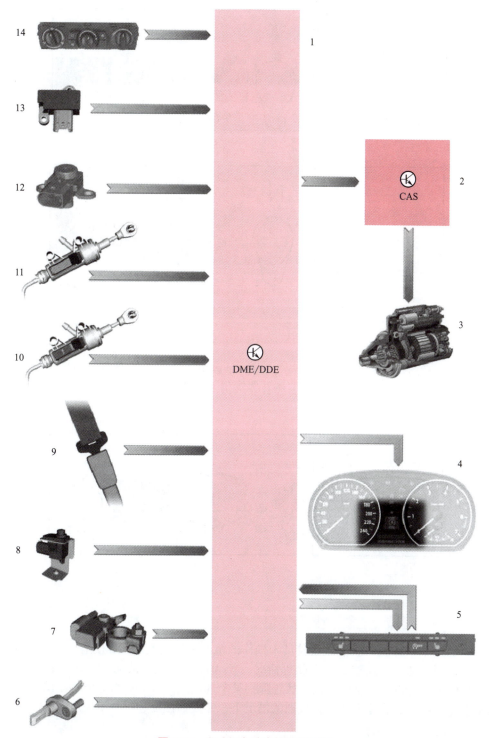

图 7-25 发动机自动启停控制逻辑

1—发动机控制系统（DME/DDE）；2—便捷登车及启动系统；3—起动机；4—组合仪表；5—带有 MSA 按钮的中控台开关中心；6—车轮转速传感器；7—智能型蓄电池传感器 IBS；8—发动机室盖触点开关；9—安全带锁扣开关；10—离合器开关，90%；11—离合器开关，10%；12—制动真空压力传感器；13—变速箱空挡位置传感器；14—自动恒温空调（IHKA）/手动恒温空调（IHKR）

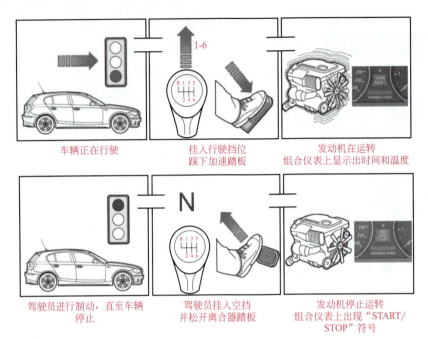

图 7-26　发动机自动关闭过程

发动机自动启动过程如图 7-27 所示，当满足以下条件时，就会在驾驶员进行操作时启动发动机：变速箱处于空挡位置且踩下离合器踏板 10%；轻推变速箱换挡且踩下离合器踏板 90%。

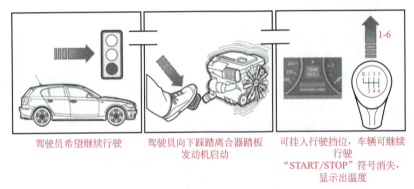

图 7-27　发动机自动启动过程

当满足以下条件时，就会在驾驶员未操作的情况下启动发动机（仅适用于通过 MSA 关闭的情况，即不适用于通过 SST 关闭等情况）：车辆移动（向前或向后，5km/h）；制动压力降到某个规定限值以下；蓄电池充电状态降到某个规定限值以下；水雾传感器识别出风挡玻璃起水雾（IHKA）；在空调压缩机接通的情况下，蒸发器温度超过某个规定限值。

(3) DC/DC 变流器

由于执行启动过程的频率明显增多，因此车载网络内常常因出现电气负荷产生电压降。为了确保特定电气组件的供电电压保持稳定进而保护这些电气组件，配合 MSA 功能使用了一个 DC/DC 变流器。

如图 7-28 所示，DC/DC 变流器负责为总线端 KL.30g_DC/DC 和 KL.30g_f_DC/DC 继电

器提供恒定电压。DC/DC 变流器需要总线端 KL.50、总线端 KL.15、总线端 KL.30g、总线端 KL.30g_f 接通，总线端 KL.30g_f 关闭，等控制信号。总线端 KL.50 信号由 CAS 提供，总线端 KL.15 和总线端 KL.30g 的信号由接线盒控制单元提供。

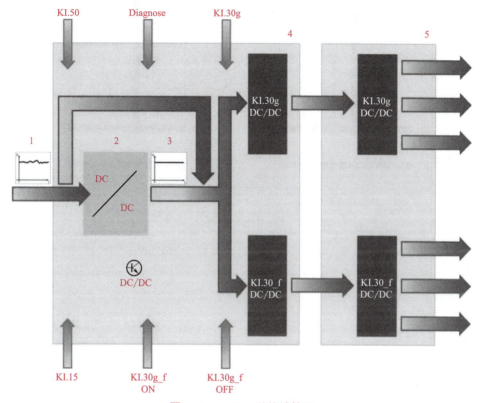

图 7-28 DC/DC 总线端管理

1—DC/DC 变流器前部的车载网络电压；2—DC/DC 变流器；3—DC/DC 变流器后部的车载网络电压；4—DC/DC 控制单元；5—接线盒配电盒

在 DC/DC 变流器内部装有真正的变流器模块，该模块根据运行情况为相应的总线端 KL.30g_DC/DC 和 KL.30g_f_DC/DC 提供匹配的或正常的车载网络电压，如图 7-29 所示。DC/DC 电子装置根据输入电压测量导线和总线端 KL.50 决定是否通过分路或 DC/DC 变流器为 DC/DC 总线端供电。

处于分路模式时，不通过 DC/DC 变流器输送车载网络电压，通过一个分路直接将车载网络电压传输至 DC/DC 变流器的输出端。

处于增压模式时对车载网络电压进行调整。有关何时需要或可以稳定电压的决定取决于总线端 KL.50 接通/关闭信息及 DC/DC 变流器的输入电压。当总线端 KL.50 接通且电压降至 10.5V 以下时，启用增压模式。

（4）手动变速箱空挡位置传感器

手动变速箱空挡位置传感器安装在变速箱壳体上方，用于识别换挡杆的空挡位置。空挡位置传感器是一个 PLCD 传感器（永磁线性非接触式位移传感器），其结构如图 7-30 所示。进行换挡时，换挡拨叉随之移动，从而带动变速箱内的磁铁移动。PLCD 传感器供电电压为 5V，输出电压是一个 PWM 信号，其脉冲占空因数随换挡杆位置变化而变化（10%～90%），DME 可通过 PLCD 传感器识别出换挡杆位置。

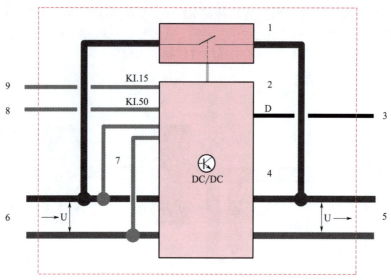

图 7-29 DC/DC 电子装置工作原理

1—分路转换开关；2—DC/DC 电子装置；3—诊断导线；4—DC/DC 变流器；5—稳定的车载网络电压；6—取决于车载网络波动情况的输入电压；7—输入电压测量导线；8—总线端 KL.50 数据导线；9—DC/DC 电子装置的供电

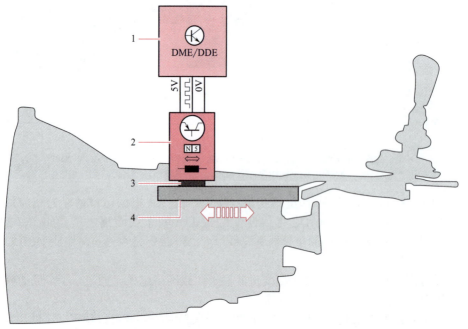

图 7-30 空挡位置传感器

1—发动机控制单元（DME/DDE）；2—PLCD 传感器；3—磁铁；4—换挡拨叉

7.2.2.2 自动启停系统故障分析

发动机启停功能主要的故障形式就是功能失效，分为无法自动关闭发动机和无法自动启动发动机。根据以上分析可知，导致自动启停功能失效的因素非常多，主要有两方面的因素，一是功能抑制因素，可能不是故障，只是在某些特定的条件下系统保证车辆安全的前提下需要关闭该功能；二是车辆确实存在故障，故障导致了自动启停功能退出工作。因此在维修此类客户投诉时要区分到底是什么因素导致的。

7.2.2.3 自动启停系统故障诊断方法

(1) 根据抑制因素列表诊断

当自动启停功能失效时,要先根据抑制因素列表进行相应检查,判断是否是自动启停功能因车辆的使用要求被停用,而非车辆故障。

禁止关闭的因素和要求启动的因素包括以下几个方面。

① 发动机情况要求禁止关闭的因素。发动机冷却液温度低于某个规定值(根据发动机型号,大约为 20～50℃);必须进行活性炭罐清污;没有以怠速转速运行,即转速大于 900r/mim。

② 蓄电池状态要求禁止关闭的因素。充电状态过低;充电状态不可信;蓄电池温度过高;之前以 MSA 方式启动时的启动电压降过低;

③ 车载网络能量要求。发电机有效功率降低或在即将关闭发动机前车载网络内出现较高的电功率需求,电流大于 60A 时。

④ 空气调节要求。空调处于加热模式时冷却液温度明显低于规定出风温度,在发动机静止期间运行加热模式时,会启用电动辅助水泵或电动主水泵。

空调模式时按下了 MAXAC 按钮;鼓风挡较高,鼓风机出风温度较低,并按下了压缩机按钮;鼓风挡较高,空气吹向风挡玻璃;按下了除霜按钮且压缩机处于受控状态。

如果水雾传感器发出风挡玻璃起水雾信号,就会在空调系统接通的情况下禁用 MSA(禁止关闭)。如果在发动机关闭期间出现这种情况,就会发出要求启动的请求,可在驾驶员没有主动干预的情况下启动发动机。

如果在空调系统接通的情况下蒸发器温度超过某个限值,则视为禁止关闭或要求启动的因素。

⑤ 制动真空压力不足。为了确保始终提供所需制动效率(即使发动机已关闭),必须持续监控制动助力器内的真空压力。需要时,会在发动机关闭阶段真空压力低于 50kPa 时自动启动发动机

⑥ 转向助力不足。只要方向盘处于移动状态,就不会关闭发动机,在任何情况下都必须确保转向助力。只有当 MSA 没有通过转向柱开关中心识别出方向盘移动状态时,才能关闭发动机。

禁止启动的因素和要求关闭的因素包括以下几个方面。

① 打开发动机舱盖时就会停用 MSA,以免进行发动机舱内的相关工作时发动机自动启动。

② 驾驶员离开车辆时就会停用 MSA 功能,以免发动机自动启动。如果驾驶员安全带锁扣已打开,就会停用 MSA。

③ 手动变速箱车辆的传动系统传递动力时,必须禁用发动机自动启动功能。通过变速箱内的空挡位置传感器识别动力传输过程何时中断。

④ 系统要求关闭。发动机应急运行;传感器或总线信号不可信;被牵引的车辆;不再识别车钥匙。

(2) 执行服务功能 MSA 系统检查

当通过基本检查没有检查出功能失效的原因时,可通过诊断系统提供的 MSA 系统检查检测计划对自动启停失效的原因进行检查,进一步判断是哪些原因导致的功能失效。如图 7-31 所示,通过 MSA 检测计划,能够显示出最近 25 次抑制启停功能出现的里程,每次都能显示四组抑制因素。

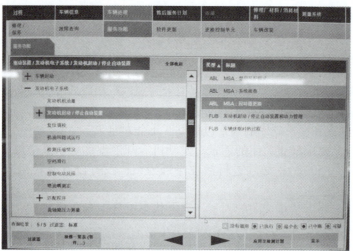

(a) MSA系统检查检测计划(一)

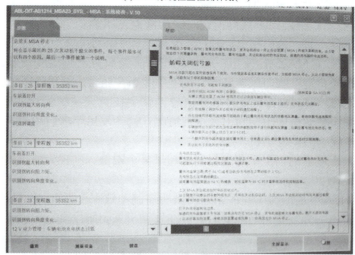

(b) MSA系统检查检测计划(二)

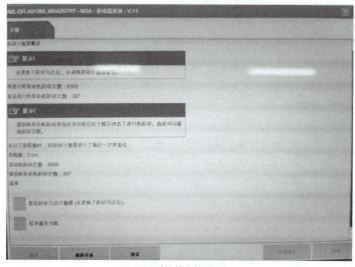

(c) MSA系统检查检测计划(三)

图 7-31　MSA 系统检查检测计划

案例索引

第 1 章　发动机械械系统

1.1　气门室罩盖
F15 发动机异响
G38 发动机机油消耗异常

1.2　气缸盖
F30 发动机怠速抖动
F07 发动机防冻液经常缺失

1.3　曲轴及活塞连杆
F25 发动机缸体损坏
G38 发动机抖动
F18 发动机自动熄火

第 2 章　发动机控制系统

2.1　发动机控制单元
F18 传动系统故障报警
F30 车辆无法启动

2.2　传感器
F18 发动机无法启动
F02 发动机故障灯亮

2.3　执行器
F02 车辆无法启动
F20 发动机报警，加速无力

第 3 章　进气控制系统

3.1　VVT 系统

F25 发动机怠速抖动
F49 发动机故障灯亮
3.2　VANOS 系统
F45 发动机怠速抖动，传动系统报警
F02 发动机加速无力
3.3　废气涡轮增压系统
F02 传动系统报警
G30 发动机故障灯亮
F02 加速无力，传动系统报警

第 4 章　电控燃油供给系统

4.1　低压燃油供给系统
F20 行驶中熄火，无法启动
G28 车辆无法启动
F45 车辆无法启动
4.2　高压燃油供给系统
F02 发动机启动延迟
F20 大修后发动机故障灯亮
4.3　混合气系统
F25 发动机故障灯点亮
F18 发动机轻微抖动，故障灯亮。
F35 行驶中发动机故障灯突然点亮
4.4　燃油箱通风系统
F02 加油跳枪
G38 发动机故障灯亮

第 5 章　冷却系统

5.1　电子节温器式冷却系统
F15 行驶过程中发动机高温报警
G12 发动机高温报警
5.2　热量管理模块式冷却系统
F35 发动机高温报警
F34 行驶中发动机前部冒白烟

第 6 章　润滑系统和点火系统

6.1　润滑系统
F49 发动机怠速抖动熄火
F35 机油油位无法测量
6.2　点火系统

G12 发动机抖动，传动系统报警
F18 抖动严重并且发动机故障灯亮

第 7 章　启动系统

7.1　启动控制系统
F02 发动机启动后自动熄火
F02 遥控钥匙功能失效，车辆无法启动
7.2　自动启停系统
F12 发动机自动启停功能报警
F02 自动启停功能（MSA）失灵